欠陥住宅被害救済の手引 全訂四版

日本弁護士連合会消費者問題対策委員会編

発行 民事法研究会

全訂四版はしがき

　1995年（平成7年）に発生した阪神・淡路大震災では、多数の死傷者や建物倒壊等の被害が発生しました。その翌年、日本弁護士連合会は、消費者問題対策委員会に土地・住宅部会を設置し、消費者の視点から土地住宅問題に関する研究や提言を行うべく活動を開始しました。

　同委員会は、建築行政や関連法案に対し、多くの提言や研究成果を発表する一方、『いま、日本の住宅が危ない！』、『消費者のための家づくりモデル約款の解説』、『欠陥住宅被害救済の手引』（いずれも民事法研究会刊）などの出版を通して、欠陥住宅被害の予防と救済に役立つ取組みを続けてきました。

　そのような取組みを踏まえ、2005年（平成17年）11月には、日本弁護士連合会第48回人権擁護大会において、シンポジウム「日本の住宅の安全性は確保されたか──阪神・淡路大震災10年後の検証」を開催し、安全な住宅に居住することが基本的人権であることを明らかにしてきました。その直後に、いわゆる耐震強度偽装問題が発覚し、「安全な住宅に居住する権利」を具体的に実現していくことの重要性がますます明らかとなりました。

　前回の改訂から10年が経過しようとする中、2011年（平成23年）発生の東日本大震災による宅地・地盤被害の顕在化、2016年（平成28年）の熊本地震による戸建て住宅に関する建築基準法令の問題などが強く認識される状況となっており、重要な最高裁判例をはじめ裁判例も多数出されるに至っています。

　本書は、これまで、多くの弁護士に愛用されただけでなく、建築士や研究者、さらには消費生活相談員など建築紛争にかかわる専門家の方々から高い評価を受け、欠陥住宅被害の予防と救済に一定の影響と役割を担うことができました。しかし，欠陥住宅被害はなくならないばかりか、消費者の立場からますます予防と救済活動が強く求められています。関係各所から前回の改訂後の立法・行政・裁判等の進展や宅地・地盤関係の視点も踏まえた改訂の希望が寄せられ、本書を改訂する運びとなりました。

全訂四版はしがき

　安全で良質な住宅を確保し居住することは人間らしい生活をするうえでの大前提であり、まさに基本的人権にほかなりません。本書が、欠陥住宅による悲惨な被害の撲滅に少しでも寄与・貢献できれば、望外の喜びであります。

　2018年5月

日本弁護士連合会

会　長　菊　地　裕太郎

序　文

　欠陥住宅被害救済のための実践的な実務書として多くの弁護士・建築士・研究者・消費生活相談員などから高い評価を受けてきた『欠陥住宅被害救済の手引〔全訂三版〕』の発行から10年が経過しようとしています。

　この間、日本を代表する企業による免震ゴム偽装問題、マンション杭打ちデータ偽装問題など、集合住宅の安全性に対する信頼を揺るがす事件が発生し、さらに、大地震だったとはいえ、熊本地震では、多くの木造住宅が倒壊し、犠牲者を出しました。

　わが国は、世界有数の地震国であり、これまで、建築基準法の度重なる改正により建物の耐震基準が強化されてきていますが、2011年（平成23年）発生の東日本大震災による宅地・地盤被害や、2016年（平成28年）の熊本地震による戸建て住宅倒壊被害は、自然災害として済ませるべき事象ではなく、設計・施工者側が消費者の立場に立って住宅建築を行っていなかった実態を明らかにしたものでした。

　欠陥住宅といえば、設計ミスや手抜き工事を想定するかもしれません。しかし、想定される事象に対し、期待される安全性を保てない住宅は欠陥住宅です。住宅は居住者らの生命・身体を守るものです。住宅の新築・購入は、多くの消費者にとって、人生に一度の最大の買い物であり、それが欠陥であったときには、生命・身体が危険に晒され、また、立ち直れないほどの経済的・精神的な打撃を受けます。住居が借家であっても、その倒壊や損傷による被害を入居者が受け、甚大な経済的被害となることに変わりはありません。

　そのような大きな被害からきちんとした救済を図るための最新の道筋を示したものが、本書です。欠陥住宅をつかまされてしまった人、住宅の安全性が欠けたために被害に遭った人たちの救済のための「手引」なのです。また、これから住宅取得を考えている方にとっても大きな予防の「手引」となるものです。

　建築問題は、専門的で難しいといわれますが、本書は、まさに「被害救済

序　文

　の手引」として、被害を受けた方々が、きちんとした被害救済を受けられるために、誰にどのような責任を追及できるのか、どのような方法で追及するのか、どのような法律構成をし、どのような資料を集めればよいのか等々、まさに実践のために必要不可欠の知識や情報を提供しています。

　この10年間に積み重ねられた被害救済のための必須の裁判例も多数加え、実務の進展・問題点にも網羅的かつ的確に対応し、民法（債権関係）改正にも触れ、まさに「必携の書」となっています。

　「安全な住宅に居住する権利」は国民の最も重要な基本的人権の1つです。本書が安全・安心で平穏な暮らしを確保し、被害救済の一助になれば幸いです。

　2018年5月

　　　　　　　　　　日本弁護士連合会消費者問題対策委員会
　　　　　　　　　　　　　委員長　瀬　戸　和　宏

『欠陥住宅被害救済の手引〔全訂四版〕』
目　次

はじめに——本書における2017年民法改正の取扱いについて

I　民法（債権法）改正の経緯 ………………………………… 1
II　改正法の影響（概要） ……………………………………… 1
　1　意思表示 ……………………………………………………… 1
　2　売買契約 ……………………………………………………… 2
　3　請負契約 ……………………………………………………… 2
　4　消滅時効 ……………………………………………………… 3

第1章　欠陥住宅問題とは何か

I　欠陥住宅問題の本質と対策 ………………………………… 6
　1　地震と欠陥住宅問題 ………………………………………… 6
　2　欠陥住宅被害の実情 ………………………………………… 7
　3　欠陥住宅を生む建築生産システム ………………………… 8
　　(1)　施工者の問題 …………………………………………… 8
　　(2)　建築士制度の問題 ……………………………………… 8
　　(3)　行政の問題 ……………………………………………… 9
　4　法改正と今後の課題 …………………………………………10
　5　弁護士に期待される役割と建築士との協働 ………………11
　6　被害救済に向けて ……………………………………………12
II　欠陥住宅問題に対する日弁連の取組み …………………13
　1　はじめに——消費者問題としての位置づけと「土地・住宅部会」の設置 …………………………………………………13

2 「欠陥住宅110番」……………………………………………………13
 3 各種シンポジウムの実施……………………………………………13
 4 時宜を得た意見書や提言の発表……………………………………14
 5 出版活動………………………………………………………………14
 6 海外視察………………………………………………………………15
 7 10年間の集大成としての人権擁護大会シンポジウム……………15
 8 人権擁護大会後の取組み……………………………………………16

第2章　欠陥住宅被害救済の基礎知識

Ⅰ　欠陥（瑕疵）の概念と判断基準……………………………………18
 1 欠陥（瑕疵）の概念…………………………………………………18
  (1) 主観的瑕疵と客観的瑕疵…………………………………………18
  (2) 2017年改正民法……………………………………………………19
 2 欠陥現象と欠陥原因…………………………………………………19
  (1) 欠陥原因の重要性…………………………………………………19
  (2) 欠陥原因の主張・立証責任………………………………………20
 3 欠陥（瑕疵）の判断基準……………………………………………21
  (1) 契約書および設計図書……………………………………………21
  (2) 建築基準関係法令（建築基準法、同法施行令、国土交通省（旧建設省）告示等）……………………………………………………22
  (3) 旧住宅金融公庫の住宅工事共通仕様書（公庫仕様書）…………22
  (4) 日本建築学会その他権威ある建築団体の定める標準的技術基準（建築工学上または実務上確立された標準的技術基準）………24
  (5) 住宅瑕疵担保責任保険設計施工基準……………………………25
  (6) 慣行上認められている標準的な工法……………………………25

(7)　紛争処理ガイドラインに関する問題……………………………25
Ⅱ　責任追及の法律構成①──請負型…………………………27
　1　請負人の責任………………………………………………27
　　(1)　契約責任……………………………………………………27
　　　(ア)　瑕疵担保責任と債務不履行責任の関係………………27
　　　(イ)　瑕疵担保責任……………………………………………28
　　　(ウ)　債務不履行責任…………………………………………30
　　　(エ)　改正民法…………………………………………………30
　　(2)　不法行為責任………………………………………………30
　　　(ア)　注意義務違反の根拠法令………………………………30
　　　(イ)　契約責任と不法行為責任の関係………………………31
　　　(ウ)　別府マンション事件最高裁判決………………………31
　　　(エ)　別府マンション事件最高裁判決と不法行為の成立要件………32
　　　(オ)　「安全性瑕疵」の具体的内容……………………………33
　2　使用者責任…………………………………………………33
　3　取締役の責任………………………………………………34
　4　建築士の責任………………………………………………34
　　(1)　設計業務委託契約に基づく責任…………………………34
　　　(ア)　「設計」とは………………………………………………34
　　　(イ)　基本設計と実施設計……………………………………35
　　　(ウ)　設計業務における債務不履行…………………………36
　　　(エ)　法令違反と設計上の瑕疵………………………………37
　　(2)　工事監理業務契約に基づく責任…………………………37
　　　(ア)　「監理」とは………………………………………………37
　　　(イ)　工事監理業務における債務不履行……………………39
　　　(ウ)　監理義務違反による損害………………………………42
　　(3)　不法行為責任………………………………………………42
　　　(ア)　設計・工事監理…………………………………………42

(イ)　名義貸しに関する責任···42
　5　部材供給者の責任···43
　　(1)　製造物責任法(PL法)に基づく損害賠償請求·················43
　　(2)　「欠陥」の内容と主張・立証責任···44
　　(3)　シックハウス問題···44
　6　建築確認・検査主体の責任···45
　　(1)　建築主事による場合···45
　　(2)　民間指定確認検査機関による場合···45
　　　(ア)　民間指定確認検査機関に対する請求···45
　　　(イ)　地方自治体に対する請求···46

Ⅲ　責任追及の法律構成②──売買型···48
　1　売主の責任···48
　　(1)　瑕疵担保責任···48
　　　(ア)　損害賠償請求···48
　　　(イ)　瑕疵修補請求···49
　　　(ウ)　契約解除···49
　　(2)　不法行為責任···51
　2　施工業者の責任···52
　3　取締役の責任···53
　4　建築士の責任···53
　5　部材供給者の責任···53
　6　仲介業者の責任···53
　　(1)　仲介業者の義務···53
　　(2)　宅建業法35条···54
　　　(ア)　重要事項説明の主体および相手方···54
　　　(イ)　重要事項説明の時期···54
　　　(ウ)　重要事項説明の対象となる事項···55
　　(3)　宅建業法47条1号···55

(4)　仲介業者の調査義務……………………………………………56
　　　(5)　仲介業者の責任が認められた裁判例………………………56
Ⅳ　損害論──損害賠償請求の範囲……………………………………58
　1　瑕疵修補費用………………………………………………………58
　2　補修期間中の代替建物の賃料……………………………………59
　3　引っ越し費用………………………………………………………59
　4　休業損害・逸失利益………………………………………………59
　5　欠陥調査鑑定費用・弁護士費用…………………………………59
　6　その他………………………………………………………………60
　7　慰謝料………………………………………………………………61
　　　〔表1〕　慰謝料を認容した裁判例…………………………………62
Ⅴ　紛争解決手段…………………………………………………………90
　1　示　談………………………………………………………………90
　　　(1)　交渉方法……………………………………………………90
　　　(2)　補修を求める場合…………………………………………90
　　　(3)　補修に代わる損害賠償を求める場合……………………91
　2　調　停………………………………………………………………92
　3　訴　訟………………………………………………………………93
　4　仲裁合意がある場合の注意事項…………………………………93
　5　ADR（裁判外紛争解決手続）……………………………………94
　　　(1)　住宅紛争審査会……………………………………………94
　　　　(ｱ)　評価住宅………………………………………………94
　　　　(ｲ)　中古住宅………………………………………………94
　　　　(ｳ)　保険付住宅……………………………………………94
　　　(2)　建設工事紛争審査会………………………………………94
　　　(3)　弁護士会のADR……………………………………………95
Ⅵ　被害回復の手段………………………………………………………96
　1　住宅瑕疵担保履行法………………………………………………96

目 次

  (1) 制度の概要……………………………………………………96
  (2) 適用範囲………………………………………………………96
  (3) 対象となる瑕疵の範囲………………………………………96
  (4) 資力確保措置の具体的内容…………………………………97
   (ア) 保険の場合………………………………………………97
   (イ) 供託の場合………………………………………………98
  (5) 期間制限………………………………………………………98
 2 宅地建物取引業保証協会…………………………………………99
  (1) 営業保証金制度………………………………………………99
  (2) 2つの宅地建物取引業保証協会……………………………99
  (3) 苦情申立ての手続……………………………………………99

第3章　相談から受任まで
　　　　～欠陥住宅物語～

 ・事情聴取にあたって受容的聴取態度の重要性 ………………103
 ・聴取すべき事項 ………………………………………………103
 ・建築士の協力 …………………………………………………107
 ・現場保存と記録 ………………………………………………108
 ・資料の入手 ……………………………………………………110
 ・弁護士の現場確認 ……………………………………………112
 ・欠陥現象と欠陥原因 …………………………………………113
 ・時効と除斥期間に注意 ………………………………………114
 ・補修費用 ………………………………………………………115

第4章　調査・鑑定および調査報告書（私的鑑定書）の作成

- I 建築士による調査・鑑定……………………………………………118
  - 1 調査・鑑定を先行させる意義 …………………………………118
    - (1) 相談・方針決定のための予備調査（簡易調査）……………118
    - (2) 訴訟手続のための調査・鑑定 ………………………………119
  - 2 調査報告書の証拠価値（証明力）………………………………120
- II 調査・鑑定依頼における注意事項…………………………………121
  - 1 簡易調査（予備調査）の先行 …………………………………121
  - 2 建築士の専門分野の確認と連携 ………………………………122
  - 3 調査建築士の関与範囲とその事前説明 ………………………122
  - 4 調査鑑定業務委託契約書の作成および費用の決定 …………123
- III 調査における注意点…………………………………………………124
  - 1 欠陥判断の基準の設定 …………………………………………124
  - 2 依頼者の指摘事項にとらわれないこと ………………………124
  - 3 専門的調査を外注する場合 ……………………………………125
- IV 調査報告書作成における注意点……………………………………126
  - 1 証拠資料たりうること …………………………………………126
    - (1) 必ず欠陥部分の写真を付けること …………………………126
    - (2) 欠陥となる根拠を示す ………………………………………126
    - (3) 事実に基づいて作成する ……………………………………127
  - 2 平易であること …………………………………………………127
  - 3 読み手の裁判官を意識すること ………………………………128
    - (1) 裁判官は建築の素人である …………………………………128
    - (2) 裁判官は論理性を重視し、また信頼性の高い根拠を好む…129
    - (3) 裁判官は多忙であり、調査報告書を繰り返し読む時間がない……130

4　的を絞り、軽重をつけること……………………………130
　　5　説明を受け、記載内容の確認をすること……………131
　Ⅴ　調査報告書の内容……………………………………………132
　　1　報告書の形式……………………………………………132
　　2　記載すべき項目…………………………………………132
　　　(1)　欠　陥………………………………………………132
　　　(2)　補修方法・費用……………………………………133
　　　(3)　その他………………………………………………134

第5章　欠陥住宅訴訟の実際

　Ⅰ　欠陥住宅訴訟の概要…………………………………………136
　　1　訴状の作成………………………………………………136
　　2　訴訟提起から第1回期日まで…………………………136
　　3　弁論期日…………………………………………………136
　　　(1)　争点整理……………………………………………136
　　　(2)　技術訴訟としての対応……………………………137
　　　(3)　専門用語等の理解を助ける工夫…………………138
　　　(4)　追加の主張・立証…………………………………138
　　4　弁論準備手続と現地見分………………………………138
　　5　付調停・専門委員………………………………………139
　　6　人証調べ…………………………………………………139
　　7　鑑　定……………………………………………………140
　　8　和解勧試…………………………………………………140
　Ⅱ　付調停、専門委員選任等についての対応…………………141
　　1　付調停……………………………………………………141
　　2　専門委員の関与…………………………………………142
　　3　付調停か、専門委員か…………………………………143

Ⅲ 証人尋問の留意点 ……………………………………………………145
1 協力建築士への主尋問 ………………………………………145
2 敵性専門家への反対尋問 ……………………………………145
3 対質尋問の活用 ………………………………………………146
Ⅳ 裁判上の鑑定についての対応 …………………………………148
1 鑑定の臨み方 …………………………………………………148
2 鑑定人の選任 …………………………………………………149
3 鑑定事項 ………………………………………………………150
4 鑑定人質問 ……………………………………………………151
Ⅴ よくある反論とこれに対する再反論 …………………………153
1 欠陥論(瑕疵判断の基準) …………………………………153
(1) 「建築基準法令は行政取締法規にすぎない」との反論 ………153
(2) 「公庫融資住宅ではないから、公庫仕様は守らなくてよい」との反論 …………………………………………………………153
(3) 「建築基準法の基準は余力があるので、多少下回っても安全である」との反論 ……………………………………………154
(4) 「現に建っているから安全である」との反論 …………………155
2 施主(買主)の関与 …………………………………………156
(1) 「施主(買主)が同意していた」との反論 ……………………156
(2) 「注文者側・買主側にも過失がある(過失相殺)」との反論 ……157
(3) 「注文者の指図によるものである」との反論 …………………157
(4) 注文者の同意・過失・指図に関する最高裁判例 ………………159
3 損害論 …………………………………………………………159
(1) 「取壊し・建替え費用の請求をしながら当該建物を利用し続けるとしたら、二重取りとなる」との反論 …………………159
(2) 「居住利益を控除すべきである」との反論 ……………………160
4 追加主張の時期 ………………………………………………161
Ⅵ 残代金請求への対応 ……………………………………………163

目 次

 1　残代金の存在を前提とした抗弁——同時履行と相殺 …………163
  (1)　問題の所在 ……………………………………………………163
  (2)　同時履行の抗弁 ………………………………………………163
  (3)　相殺の抗弁 ……………………………………………………164
 2　追加・変更工事代金の問題 ………………………………………165
  (1)　問題の所在 ……………………………………………………165
  (2)　追加・変更工事代金請求の要件事実 ………………………165
  (3)　総論的反論——契約書なき追加・変更工事 ………………166
   (ｱ)　追加・変更工事に関する契約書作成の必要性 …………166
   (ｲ)　契約書なき追加・変更工事代金請求の不当性 …………166
  (4)　各論的反論 ……………………………………………………168
   (ｱ)　追加・変更工事であるか（追加性）………………………168
   (ｲ)　追加・変更工事の合意があるか（追加合意）……………168
   (ｳ)　有償の合意があるか（有償性）……………………………168
   (ｴ)　施工の有無 …………………………………………………171
  (5)　商法512条による請求 …………………………………………171
  (6)　裁判例 …………………………………………………………172
 3　残代金の一部の請求の場合——出来高算定の問題 ……………173
  (1)　出来高算定が問題となる場合 ………………………………173
  (2)　出来高算定の方法 ……………………………………………175
   (ｱ)　割合方式 ……………………………………………………175
   (ｲ)　積算方式 ……………………………………………………175
   (ｳ)　控除方式 ……………………………………………………176
  (3)　損害賠償 ………………………………………………………176
Ⅶ　時効と除斥期間 ……………………………………………………177
 1　請負人の瑕疵担保責任の存続期間 ………………………………177
  (1)　民法の規定 ……………………………………………………177
  (2)　品確法による特則 ……………………………………………177

2　売主の瑕疵担保責任の存続期間……………………………178
　　(1)　民法の規定……………………………………………………178
　　(2)　品確法による特則……………………………………………178
　3　不法行為に基づく損害賠償責任の存続期間………………179
　4　改正民法……………………………………………………………180
　　(1)　売買契約、請負契約による契約不適合責任の存続期間…………180
　　(2)　品確法の特則…………………………………………………180
　　(3)　不法行為に基づく損害賠償責任の存続期間………………180
　　【書式】　欠陥住宅訴訟における訴状、瑕疵一覧表、調査報告書のモデル書式例………………………………………………………181

第6章　シックハウス問題

Ⅰ　シックハウス問題の基礎知識……………………………………206
　1　シックハウス症候群とは………………………………………206
　2　シックハウス症候群の原因物質………………………………207
　3　法規制等…………………………………………………………207
　　〔表2〕　厚生労働省が定める室内化学物質濃度指針値…………208
Ⅱ　受任時の留意点……………………………………………………210
　1　シックハウス関連事件を受任する際の心構え………………210
　2　原因物質の特定…………………………………………………210
　3　症状の診断………………………………………………………211
Ⅲ　訴訟における問題点………………………………………………212
　1　因果関係…………………………………………………………212
　2　過失（予見可能性）……………………………………………212
　3　損害論……………………………………………………………213
　　(1)　物的損害と人的損害…………………………………………213
　　(2)　逸失利益………………………………………………………213

(3) 補修費用 …………………………………………………… 214
Ⅳ　裁判例等 ………………………………………………………… 215
　1　訴訟の趨勢 ………………………………………………… 215
　2　参考事例 …………………………………………………… 216

第7章　地盤・宅地被害

Ⅰ　東日本大震災による被害・問題の顕在化 …………………… 220
Ⅱ　被害救済のための裁判例 ……………………………………… 221
　1　1978年発生の宮城県沖地震に関するもの ……………… 221
　2　「宅地としての基本的な安全性」を必要とするもの …… 221
　3　東日本大震災に関するもの ……………………………… 222
　4　その他の参考裁判例 ……………………………………… 223
Ⅲ　法制度上の問題点と行政・学会の動向 ……………………… 224
　1　法制度上の問題点など …………………………………… 224
　2　行政・学会の動向など …………………………………… 224
Ⅳ　被害予防と救済に向けて ……………………………………… 225

第8章　欠陥住宅紛争の取り組む場合に必要な建築知識

Ⅰ　地盤と基礎 ……………………………………………………… 228
　1　地　盤 ……………………………………………………… 228
　　(1) 地盤の重要性 ………………………………………… 228
　　(2) 地盤調査の方法 ……………………………………… 228
　　(3) 地盤の欠陥 …………………………………………… 230
　2　基　礎 ……………………………………………………… 230

(1)	法　令	230
(2)	地盤と基礎の構造	230
(3)	基礎の欠陥	231
	〈図1〉　べた基礎	232
	〈図2〉　布基礎	232

Ⅱ　木　造 ……234

1　軸組構法（在来工法） ……234
(1)　軸組構法（在来工法）とは ……234
(2)　耐力壁の量と配置 ……234
　〈図3〉　軸組構法 ……234
　〈図4〉　偏　心 ……235
(3)　斜めの部材（筋かい、火打梁） ……236
　〈図5〉　構　造 ……236
(4)　柱や梁の接合 ……237
　〈図6〉　取合（仕口）の一例 ……237
　〈図7〉　継手の一例 ……237
(5)　木材の材質・断面寸法 ……238

2　ツーバイフォー工法 ……239
(1)　ツーバイフォー工法とは ……239
(2)　釘ピッチ等 ……239

3　4号建築物に関する法規制 ……239
(1)　4号建築物に対する現行法の特例的取扱い ……240
　(ア)　実体的な特例──構造計算の免除 ……240
　(イ)　手続的な特例──構造審査の省略 ……240
(2)　4号建築物に対する規制の不十分さと欠陥住宅被害 ……241
　(ア)　仕様規定の不十分さ ……241
　(イ)　構造安全性のチェックがない ……242
(3)　4号建築物に関する欠陥住宅訴訟での留意点 ……242

　　　　(ア)　完了検査等に合格しているとの反論 242
　　　　(イ)　直ちに瑕疵にあたるとはいえないとの反論 243
Ⅲ　鉄筋コンクリート造 244
　1　鉄筋コンクリート造とは 244
　2　ひび割れ 244
Ⅳ　鉄骨造 246
　1　鉄骨造の特徴 246
　2　鉄骨造の構造形式 246
　3　耐火被覆 247
　4　柱　脚 247
　5　部材の接合方法 247
　　　〈図8〉　完全溶込み溶接 248
　　　〈図9〉　隅肉溶接 248
　6　溶接の検査方法 249
　7　溶接の欠陥 249
Ⅴ　不具合現象──瑕疵現象、欠陥現象 251
　1　雨漏り 251
　2　結　露 252
　3　傾　斜 252
　4　ひび割れ 254

第9章　欠陥住宅被害救済に参考となる裁判例

Ⅰ　瑕疵判断基準の参考になる裁判例 256
Ⅱ　瑕疵と施主の要望・承諾に関する裁判例 262
Ⅲ　補修方法に関する裁判例 264

Ⅳ	補修費用以外の損害に関する裁判例	270
Ⅴ	取壊し・建替えを認めた裁判例	272
Ⅵ	契約解除を認めた裁判例	280
Ⅶ	不法行為責任に関する裁判例	285
Ⅷ	追加・変更工事代金請求、工事中断・残工事代金請求に関する裁判例	297
Ⅸ	地盤・宅地の瑕疵に関する裁判例	299
Ⅹ	シックハウスに関する裁判例	301
Ⅺ	その他の裁判例	303

第10章　欠陥住宅問題に関する参考資料

Ⅰ　日弁連の意見書等……………………………………………308
　【資料①】　安全な住宅に居住する権利を確保するための法整備・施策を求める決議（2005年11月11日）……………309
　【資料②】　宅地被害者の救済及び予防のための法改正等を求める意見書（2012年3月15日）……………………319
　【資料③】　4号建築物に対する法規制の是正を求める意見書（2018年3月15日）……………………334
Ⅱ　参考文献……………………………………………344
　1　事典・用語辞典等………………………………344
　2　技術基準解説書…………………………………344
　3　法令集・法令解説………………………………346
　4　法律実務書………………………………………347
　5　その他資料………………………………………349
Ⅲ　欠陥住宅紛争に関する相談窓口・紛争処理機関……………351

目 次

  1 全国の弁護士会紛争解決センター一覧 ……………………………351
  2 住宅紛争審査会一覧 …………………………………………………352
  3 欠陥住宅被害全国連絡協議会・同地域ネット ……………………355
  4 住宅リフォーム・紛争処理支援センター …………………………357
 Ⅳ 日弁連建築請負契約約款…………………………………………………358

事項索引 ……………………………………………………………………………379

あとがき ……………………………………………………………………………385

凡　例

[法令]

PL法　：　製造物責任法

宅建業法　：　宅地建物取引業法

品確法　：　住宅の品質確保の促進等に関する法律

住宅瑕疵担保履行法　：　特定住宅瑕疵担保責任の履行の確保等に関する法律

[判例集]

民集　：　最高裁判所民事判例集

集民　：　最高裁判所裁判集民事

判時　：　判例時報

判タ　：　判例タイムズ

欠陥住宅判例　：　欠陥住宅被害全国連絡協議会編『消費者のための欠陥住宅判例』

[参考文献]

LP建築訴訟　：　小久保孝雄＝徳岡由美子編著『建築訴訟（リーガル・プログレッシブ・シリーズ14）』（青林書院、2015年）

実務大系建築訴訟　：　齋藤繁道編著『建築訴訟（最新裁判実務大系6）』（青林書院、2017年）

はじめに──本書における2017年民法改正の取扱いについて

I　民法（債権法）改正の経緯

　2017年5月26日に民法（債権法）の改正法律案が成立した。改正民法は、同年6月2日に公布され、2020年4月1日から施行されることになっている。また、これにあわせて「民法の一部を改正する法律の施行に伴う関係法律の整備等に関する法律」により、「住宅の品質確保の促進等に関する法律」および「特定住宅瑕疵担保責任の履行確保等に関する法律」も一部改正された。

　同改正によって、売買契約、請負契約、時効などの場面で、欠陥住宅被害の法的救済の要件、効果に変更が生ずることはいうまでもない。今回の改訂にあたっては、施行まで約2年あること、そして施行日までに引渡しを受けた建物については改正前民法の適用を受けること、かつ建築紛争は引渡し後解決に至るまで数年間を要することが多いことから、基本的に改正前民法に基づく解説を維持しつつ、適宜各項目の中で改正後の民法によって影響を受ける法律関係についても触れることによって、改正民法にも対応できるように工夫した。なお、これまで積み上げられてきた判例・学説の基本的解釈のほとんどは、2017年の民法改正によって大きく変わるところはないと思われる。

II　改正法の影響（概要）

　欠陥住宅問題に影響する改正部分の概略は以下のとおりである。

1　意思表示

　錯誤による意思表示の効果は、無効から取消しに変更となった。また、法

律行為の要素、動機の錯誤の取扱い、第三者の保護について、従前の判例・学説の内容を明文化した。

2　売買契約

①「瑕疵」の文言を削除してこれに代えて「目的物が種類、品質又は数量に関して契約の内容に適合しないものであるとき」と規定されることになった。ただし、品確法および住宅瑕疵担保履行法では、「瑕疵」の定義規定をおくことによって「瑕疵」の文言を残している。

②従来の瑕疵担保責任に関する法定責任説を排斥し、契約責任説による規定に改められた。その結果、目的物に瑕疵（契約不適合）があった場合は債務不履行責任が生じることになり、契約解除、損害賠償も債務不履行の一般原則によることになる。また、売買契約の特則として追完請求権、減額請求権が新たに設けられた（その他の有償契約にも準用される）。

③買主は、契約不適合責任を追及する場合は、その不適合を知った時から1年以内にその旨を売主に通知しなければならないとされた。改正前のように、具体的な瑕疵の内容とそれに基づく損害賠償請求する旨を表明する（最判平成4・10・20民集46巻7号1129頁）までの必要はない。

3　請負契約

①売買と同様、「瑕疵」に代えて「目的物が種類又は品質に関して契約の内容に適合しないものであるとき」と規定された。

②契約不適合責任について、売買の担保責任の規定を準用する。

③仕事の未完成の場合において、すでにした仕事の結果に対する請負人の報酬請求権が認められた。

④改正前は、土地工作物の瑕疵担保責任を理由とする解除ができないとしていたが、これを削除した。

⑤注文者は、契約不適合責任を追及する場合は、その不適合を知った時から1年以内にその旨を請負人に通知しなければならないとされた。

4　消滅時効

　債権の消滅時効期間は、権利を行使することができることを知った時から5年間、権利を行使することができる時から10年間（166条）とし、職業別の短期消滅時効の規定は廃止された。商事消滅時効も廃止された。この結果、改正前民法170条2号は、「工事の設計、施工又は監理を業とする者の工事に関する債権」について3年の短期消滅時効が規定されていたが、これら債権の時効も5年間となる。

　当事者の協議を行う旨の合意による時効の完成猶予の制度が設けられた（151条）。協議を行う旨の合意があったときは、合意の時から1年間時効の完成猶予となり、従前のように時効完成を阻止するためだけに裁判上の請求をすることを回避できるようになった。

　不法行為による損害賠償請求権の20年の権利行使期間は消滅時効であることが明記され（724条）、また人の生命または身体を害する不法行為による損害賠償請求の消滅時効については、損害および加害者を「知った時から5年間」とする既定が新設された（724条の2）。

　時効は、原則として施行日より前に発生していた債権（原因が施行日前でも同じ）については、改正前の規定が適用される。不法行為については、改正前民法の時効期間が満了しないまま施行日を迎えた債権については、改正民法が適用される。

第1章

欠陥住宅問題とは何か

第1章　欠陥住宅問題とは何か

Ⅰ　欠陥住宅問題の本質と対策

1　地震と欠陥住宅問題

　1995年1月17日午前5時46分、阪神・淡路大震災は、6434名もの人命を奪った。そのうち約8割近くは、建物等の倒壊による圧死であり、倒壊建物の大部分は、1981年に施行された新耐震基準を満たさない既存不適格住宅であった。しかし、他方では、築年数を問わず、建築当時の安全基準を下回る欠陥住宅が多数倒壊したことも指摘されている。既存不適格住宅も欠陥住宅も、安全性を欠いた危険な住宅という意味では、本質的に変わりない。手抜き工事による構造上の欠陥（溶接欠陥、筋かいの手抜き等）が地震によって露呈し、多くの人命を奪った事実は、私たちに大きな衝撃を与えた。本来、地震や台風など自然界の外力から私たちの命や生活を守ってくれるはずの「生活の器」が、逆に、私たちの命を奪う「凶器」と化してしまったからである。

　この阪神・淡路大震災をきっかけに、人々の住宅の安全性に対する意識が急速に高まり、その後の大地震のたびに、欠陥住宅問題がクローズアップされるようになった。わが国では、2000年10月6日の鳥取県西部地震、2001年3月24日の芸予地震、2003年9月26日の十勝沖地震、2004年10月23日の新潟県中越地震、2005年3月20日の福岡県西方沖地震、2005年8月16日の宮城県沖地震、2007年3月25日の能登半島地震、2007年7月16日の新潟県中越沖地震、2008年6月14日の岩手・宮城内陸地震、2011年3月11日の東北地方太平洋沖地震（震度7）、同年3月12日の長野県・新潟県県境付近の地震、同年3月15日の静岡県東部の地震、同年4月7日の宮城県沖の地震、同年4月11日の福島県浜通りの地震、同年4月12日の福島県中通りの地震、2013年4月13日の淡路島付近の地震、2014年11月22日の長野県北部の地震、2016年4月14日・16日の熊本地震（震度7）、同年6月16日の北海道内浦湾の地震、同年10月21日の鳥取県中部の地震、同年12月28日の茨城県北部の

地震など震度6以上の地震が各地で多発し（気象庁ウェブサイト<http://www.data.jma.go.jp/svd/eqev/data/higai/higai1996-new.html>参照）、今後は、地震の予測で名前があげられる東海・東南海・南海地震だけでなく、日本中どこで大地震が発生しても不思議ではない状況といわれている。

欠陥住宅問題は、地震との関係で意識されるようになった「安全な住宅に居住する権利」の確保を中心に、日本全国共通の普遍的な問題となってきたのである。

2　欠陥住宅被害の実情

欠陥住宅被害は、旧来から存在していたが、施主と大工という対等当事者間の契約上のトラブルとして把握されていた（むしろ、明治時代に制定された現行民法の請負の規定からは、「力の強い施主から力の弱い大工を保護すべし」との立法者意思が読み取れるものもある）。ところが、第2次世界大戦後の政府のいわゆる持家政策を背景に、大企業の住宅産業への参入と資本力のある住宅メーカーの台頭、プレハブ工法やツーバイフォー工法等の導入、工場生産方式の採用、重層的下請構造等、住宅生産システムの社会構造的な変化が住宅供給者と取得者の力関係を逆転させるに至っている。

最近の新規住宅着工戸数はここ数年間は毎年100万戸弱となっており（2016年度は約97万戸）、これら新規住宅建設の受注や販売をめぐって、圧倒的な専門知識と資金力を有する住宅メーカーが華美な宣伝を振りまいて消費者の購入意欲を煽り、これに負けじと業者間では激しい価格競争が起こっている。住宅は人生で最も高価な買い物といわれる反面、建築の専門的知識に乏しい消費者は、住宅メーカーなど施工者を信頼して、すべてを任せてしまう傾向が強く、情報量の格差は拡大する一方である。

また、消費者が欠陥住宅の被害に遭った場合は、単に財産的損害にとどまらない。被害者の多くは、住宅を取得するため、長期の住宅ローンを抱えており、ようやく取得した夢のマイホームが一転、欠陥住宅と判明した際の精神的ショックと怒りは、計り知れないものがある。時には、欠陥が原因で生

命・身体の安全を脅かされ、健康被害や家族関係の崩壊などを招くケースもあり、欠陥住宅被害は、基本的人権に対する重大な侵害にあたる。

他方、欠陥住宅被害の救済への取組みは、これまで必ずしも十分であったとはいえない。欠陥住宅紛争は、建築の専門分野にかかわるため、弁護士にとって難解な事件というイメージが強く、かつては積極的に被害救済に取り組む者が少なかった。このため、被害者は、救済窓口にすらたどり着けず、施工者の専門的な弁明になす術もなく、事実上泣き寝入りをせざるを得ないケースが多かった。

3 欠陥住宅を生む建築生産システム

(1) 施工者の問題

わが国の住宅建築においては、重畳的下請構造による建築費圧縮などにより、費用的にも時間的にも、現場施工者にしわ寄せがいき、現場職人の技術の低下と相まって、手抜き工事等による欠陥工事を招く原因となっている。

(2) 建築士制度の問題

工事監理とは、工事を設計図書と照合し、それが設計図書のとおり実施されているかいないかを確認することをいう（建築士法2条8項）。建築基準法等によれば、一定規模以上の建物を建築する場合には、資格ある建築士による監理がなければ建物を建築することができないこととされており、施工者の能力不足や不注意によるミスを是正し、安易な手抜き工事や杜撰工事を未然に抑止することが期待されている。

ところが、建築士の中には、確認申請図面の作成と確認申請代行だけを引き受け、初めから工事監理を行うつもりもないのに、確認申請書の監理者欄に名前を掲げて確認通知を取得することを請け負う者も少なからず存在した。このような名義貸しの現場では、実際の監理は全く行われず、欠陥住宅被害の原因の1つとなっていた。

また、名義貸しではなくても、わが国の建築士は、施工者から依頼を受けて仕事をするケースが多く、監理者が施工者の従属的立場になりがちであり、

厳格な監理が期待できない場合もある。さらに、従属性が最も顕著な形態として、施工者自ら併設している建築士事務所に、自社物件の監理を行わせることも、法律上禁止されておらず、現にそのような監理の形態は日常的に行われている。これらは、監理の形骸化につながるおそれがあり、監理者が施工者から独立して適正な監理を行うことが制度化されるべきである。

さらに、従来の建築士制度では、専門性未分離による監理機能の希薄化や資格や業務に関する情報開示の不備など、制度上の問題も多かった。

(3) 行政の問題

建築主は、一定規模以上の建物を建築しようとする場合、当該工事に着手する前に、その計画が建築基準関係規定に適合するものであることについて、確認の申請書を提出して建築主事の確認を受け、確認済証の交付を受けなければならない（建築基準法6条1項）。このような建築確認制度は、建築主事が工事着手前のチェックを行うことにより、建築基準関係規定に抵触する建築物の出現を未然に防止することを目的とする。しかし、建築確認制度は、あくまで事前に図面をチェックして、建築しようとする建築物の法令適合性を行政が判断するにすぎない。よって、工事着手後に確認図面と異なる違法な建築物が建築されることを完全に防止することはできない。

実際に完成した建築物とその敷地が建築基準関係規定に適合しているか否かを事後的にチェックする制度として、完了検査制度（建築基準法7条1項・2項・4項）があるが、これは建築士が工事監理者として十分なチェックを行っていることを前提とした制度であり、完成後の検査には限界がある。そこで、1998年6月の建築基準法改正で新たに中間検査制度（同法7条の3）が導入され、特定行政庁は、必要に応じて中間検査を行うべき対象建物と工程（特定工程）を定め、建築工程の途中で、主として安全性に関係する構造面の検査を行うことになった。

なお、建築確認や中間検査は建築主事が行うものとされているが、1998年の建築基準法改正により、確認・検査業務が民間開放され、指定確認検査機関も確認・検査業務を行うことになった。しかし、2005年11月17日、国

土交通省は、多くのマンションやホテルなどで、建築構造設計事務所が構造計算書を偽造していたため、建築基準法の耐震基準を満たしていないことを発表した（耐震強度偽装事件）。これらの建築物の建築確認・中間検査の多くを民間の指定確認検査機関が行っていたことから、そもそも適切な確認・検査は自由競争原理になじまないのではないか、という制度上の問題も指摘された。

4　法改正と今後の課題

わが国の建築生産システムは、設計―施工―工事監理と行政によるチェックシステムのすべてが正しく行われていることを前提に成り立っていた。しかし、耐震強度偽装事件により、これらの建築生産システムに対する国民の信頼は大きく揺らぎ、住宅の安全性確保の観点から、わが国の建築生産システムを抜本的に改革すべき、との世論が高まった。

これを受けて、耐震強度偽装事件の再発を防止し、法令遵守を徹底することにより、建築物の安全性に対する国民の信頼を回復するための建築基準法・建築士法等の改正として、2006年6月に改正建築基準法が公布された。しかし、その改正の骨子をみると、①建築確認・検査の厳格化、②指定確認検査機関の業務の適正化、③図書保存の義務づけ等、④建築士等の業務の適正化および罰則の強化、⑤建築士、建築士事務所および指定確認検査機関の情報開示等であり、欠陥住宅被害根絶に向けた建築生産システム全体の抜本的な改革にはほど遠いものであった。

その後、2006年12月には、耐震強度偽装事件により失われた建築物の安全性および建築士制度に対する国民の信頼を回復するために、建築士法の一部を改正する法律が公布された。しかし、この改正の骨子をみると、①建築士の資質・能力の向上、②高度な専門能力を有する建築士による構造設計および設備設計の適正化、③設計・工事監理業務の適正化、④団体による自立的な監督体制の確立等を盛り込んではあるものの、日本弁護士連合会等が提言していた監理の独立性確保のための制度導入等は見送られた。耐震強度偽

装事件を、1人の建築士だけの特殊な事案として予防策を講じるだけでは不十分であり、そのような建築士を生み出した建築士制度自体の問題点を抜本的に解消する改革こそが欠陥住宅被害の根絶にとって不可欠である。

　また、これらの法改正に続いて、2007年5月に「特定住宅瑕疵担保責任の履行の確保等に関する法律」が公布された。この法律は、新築住宅の売主等が倒産したなどの場合に、住宅購入者等が瑕疵担保責任の履行を受けられない事態を避けるため、保険方式または供託方式により、売主等の資力を確保しようとするものであり、欠陥住宅被害者の救済に有効な制度である。

　以上のように、耐震強度偽装事件を契機に、一連の法改正や制度の創設がなされているが、欠陥住宅被害の予防と根絶にとっては、まだまだ十分とはいえない。これらは、欠陥住宅被害の予防・救済に向けた第一歩にすぎず、今後、消費者が欠陥住宅被害に苦しむことがなくなるように、さらなる改革に取り組んでいかなければならない。

　また、2017年5月に民法（債権法）改正がなされたので、これに対する対応も必要である。

5　弁護士に期待される役割と建築士との協働

　従来、欠陥住宅問題に詳しくない弁護士は、欠陥現象とその発生原因とを区別することなく、ともすれば、争点を明確に整理しきれないまま、当事者の主張（クレーム）をそのまま主張・立証として援用してきたきらいがある。そこで、後述するとおり、建築基準法とその施行令、さらには一般社団法人日本建築学会の標準工事仕様書（JASSと称される）、旧住宅金融公庫の仕様書等が建物の安全性を維持するための技術基準を定めたものである点に着目し、これらに基づいて欠陥現象の背後にある欠陥原因をきちんと指摘し、補修方法とそれに要する費用の見積りを提示して、裁判官に欠陥および損害額の判断を迫るという手法で被害救済に努める必要がある。

　近年、欠陥住宅被害救済訴訟における理論は、飛躍的に進歩している。これまでの民法の請負や売買規定における瑕疵担保責任の理論構成に加え、不

法行為構成の裁判例が集積している。被害救済にあたる弁護士には、これらの最新の理論と裁判例を駆使し、迅速に紛争を解決することが期待されている。また、前述の欠陥の有無の判断基準のほか、補修方法や損害論、とりわけ建替え費用相当額の損害賠償請求や契約解除の可否、さらには慰謝料の問題等、新たな論点や理論構築にも、今後積極的に取り組まなければならない。

　また、欠陥住宅訴訟の専門性から、建築士との協働が必要不可欠である。弁護士と建築士は、欠陥住宅被害の救済において、車の両輪の関係にあり、専門家である建築士の存在なくして被害救済は困難である。近年、被害者側に立つ建築士等が増えつつあるが、今後も、欠陥住宅被害の救済に向けて、弁護士と建築士との協働を一層拡大・充実していかなければならない。

6　被害救済に向けて

　欠陥住宅被害は、基本的人権に対する重大な侵害であり、私たちは、多くの被害者の苦しみを目の当たりにしてきた。だからこそ、これ以上同様の被害者が出ないことを願い、消費者教育や建築生産システムの抜本的改革を提言してきた。

　しかし、現在の住宅供給者と取得者の力関係や建築生産システムが変わらない限り、欠陥住宅被害は生み出され続けるであろう。欠陥住宅問題は、最も重大な消費者問題の1つであり、その被害救済は、私たち弁護士の責務である。安全な住宅に居住する権利の確保のため、私たちは、欠陥住宅被害の救済に向けた理論の構築、建築士との協働等、努力と研鑽を重ねることが不可欠である。

　本書が、欠陥住宅被害の救済に取り組む弁護士にとって、有効なノウハウとして活用され、欠陥住宅被害根絶をめざすための一助となれば幸いである。

Ⅱ 欠陥住宅問題に対する日弁連の取組み

1 はじめに——消費者問題としての位置づけと「土地・住宅部会」の設置

　日本弁護士連合会（以下、「日弁連」という）は、阪神・淡路大震災の5カ月後の1995年6月、欠陥住宅問題を消費者問題の1つとして位置づけるとともに、継続的な取組みを行っていくべく、消費者問題対策委員会の中に「土地・住宅部会」を設置し、その後20年以上にわたって、欠陥住宅問題の予防と救済をリードしてきた。

2 「欠陥住宅110番」

　1996年3月、初めて「欠陥住宅110番」を実施したところ、全国で702件もの相談が殺到した。その後2000年まで毎年1回、5回にわたって「110番」を実施し、寄せられた相談は4440件に上った。

　これを通じて、欠陥住宅問題が大きな社会問題として認知されることになった。

3 各種シンポジウムの実施

　また、日弁連として、「欠陥住宅被害を考える」（1997年5月）、「建築基準法改正を考えるシンポジウム——第三者の中間検査制度の確立をめざして」（同年11月）、「住宅瑕疵担保履行法で何が変わるか？」（2009年11月）、「建築基準法を守れ！——安全な住宅の回復のための補修方法を考える」（2011年1月）、「消費者法の課題と展望Ⅵ——消費生活の安全・安心の確立をめざして」（2012年12月）、「わが家の地盤は大丈夫？——東日本大震災後の地盤情報開示のあり方を考える」（2013年3月）、「宅地の安全性と消費者の知る権利」（2015年2

月)、「木造戸建住宅の耐震性は十分か？——熊本地震を契機として4号建築物の耐震基準を考える」(2017年4月)など、その時々の重要テーマでさまざまなシンポジウムを行ってきた。

4　時宜を得た意見書や提言の発表

さらに、重要な法改正に先立って、「『住宅検査官』による検査制度の導入を——建築基準法改正に関する意見」(1997年10月)、「建築基準法改正についての申入書」(1998年3月18日)、「指定住宅紛争処理機関に関する要請書」(2000年2月)、「宅地被害者の救済及び予防のための法改正等を求める意見書」(2012年3月)、「今後の大震災に備えるための建築物の耐震化に関する意見書」(2012年3月)、「住宅建築請負契約における前払金の規制に関する意見書」(2012年3月)、「4号建築物に対する法規制の是正を求める意見書」(2018年3月)など、日弁連としての意見書や提言を積極的に発表してきた(第10章Ⅰ参照)。

5　出版活動

また、欠陥住宅問題を世に広く知らせ、また被害救済の到達点やノウハウを弁護士や建築士の共通認識にするために、出版活動も精力的に行ってきた。『いま、日本の住宅が危ない！』(1996年12月)は、わが国の欠陥住宅の現状、「欠陥住宅110番」の分析と被害者救済への指針、欠陥住宅被害はなぜ起きるのか、欠陥住宅被害に遭わないための消費者の対応とチェックリスト、被害者からの相談の受け方と救済のための対処法、米国のインスペクター制度視察報告など、コンパクトながら欠陥住宅問題を全面的に解説した画期的なものであった。本書の初版である『欠陥住宅被害救済の手引』(1997年8月)は、平易かつコンパクトに、被害相談の開始から事件の解決に至るまでの道筋やノウハウを紹介し、欠陥住宅被害救済の理論的武器を提供するものであった。

　2001年5月には、消費者の立場に立った「消費者のための家づくりモデル約款(日弁連)」を作成し、出版した。

その後も、2002年5月に『欠陥住宅被害救済の手引〔全訂増補版〕』、2004年9月に『家づくり安心ガイド』（岩波書店）、2008年12月に『欠陥住宅被害救済の手引〔全訂三版〕』（本書は、この書籍の改訂版である）、2009年11月に『まだまだ危ない！日本の住宅』、2011年1月に『消費者のための家づくりモデル約款の解説〔第2版〕』、2015年5月に『消費者のための住宅リフォームの法律相談Q＆A』を発行している（第10章Ⅱ参照）。

消費者のための家づくりモデル約款は、日弁連のウェブサイト<https://www.nichibenren.or.jp/contact/information/iedukuri.html>から、ダウンロードできる。

6　海外視察

他方、諸外国の欠陥住宅を防止するシステムを研究すべく、海外調査も積極的に行ってきた。アメリカのインスペクター制度の視察（1996年3月）を皮切りに、これまで視察した国はイギリス、ドイツ、オランダ、ベルギー、スウェーデン、カナダ、台湾、韓国、中国に及んでいる。

7　10年間の集大成としての人権擁護大会シンポジウム

このように、日弁連は1995年以降精力的に欠陥住宅問題に取り組んできたが、その10年間の活動の集大成が、2005年11月に鳥取市で開かれた第48回人権擁護大会シンポジウムの第3分科会「日本の住宅の安全性は確保されたか——阪神・淡路大震災10年後の検証」であった。そこでは、10年間の活動を詳細にまとめた基調報告書を基に、約500名の参加の下でシンポジウムが行われた。そして、シンポジウム終了後、第48回人権擁護大会の決議として「安全な住宅に居住する権利を確保するための法整備・施策を求める決議」が採択された。これは、日弁連の歴史上初めて欠陥住宅問題について取り上げた決議であり、歴史的な意義をもつものである。

8　人権擁護大会後の取組み

　この人権擁護大会シンポジウムのわずか1週間後、いわゆる耐震強度偽装事件が発覚し、日弁連の問題提起の正しさが図らずも明らかになった。

　日弁連は、この問題について直ちに会長声明を出すとともに（2005年12月）、「安全な住宅を確保するための提言――構造計算偽装問題を契機として」を発表した（2006年2月16日）。

　また、アメリカのインスペクター制度の実情を学ぶため、シンポジウム「住宅の安全確保のために、地震被害と戦うロス市に学ぶ――日本の建築生産システムの現状と問題点」を開催した（2007年12月8日）。

　その後も、2011年3月11日の東北地方太平洋沖地震、2016年4月14日・16日の熊本地震などの被害に対して、上記のとおりのシンポジウムを開催するなど、日弁連は、欠陥住宅による被害の予防と救済のための活動を続けている。

第2章

欠陥住宅被害救済の基礎知識

I　欠陥（瑕疵）の概念と判断基準

1　欠陥（瑕疵）の概念

(1)　主観的瑕疵と客観的瑕疵

　欠陥住宅問題においては、何をもって「欠陥（瑕疵）」というのか、という概念定義が非常に重要になる。

　欠陥住宅における「欠陥」とは、民法570条または同法634条1項における「瑕疵」と基本的に同義である。

　その意味するところは、売主の瑕疵担保責任においては「目的物に何らかの欠陥があることであるが、何が欠陥かは、当該目的物が通常備えるべき品質・性能が基準になるほか、契約の趣旨によって決まる。つまり、契約当事者がどのような品質・性能を予定しているかが重要な基準を提供することになる」（内田貴『民法Ⅱ債権各論〔第3版〕』134頁）などと説明されたり、また、請負人の瑕疵担保責任に関しては、「契約で定めた内容どおりでなく、使用価値又は交換価値を減少させる欠点があるか、又は当事者があらかじめ定めた性質を欠くなど不完全な点を有すること」（我妻榮『民法講義Ⅴ3債権各論中巻二』631頁）などと説明されている。

　以上からもわかるように、欠陥概念の中には、①契約によって有すべきことが求められる品質・性能が欠如している場合と、②通常有すべきものとして一般的に求められる品質・性能が欠如している場合の2種類が存在する。前者を「主観的瑕疵」、後者を「客観的瑕疵」と呼ぶ。

　一般的に要求される品質・性能を満たしていても、契約違反は欠陥となる（第9章判例1、判例7参照）。

　また、建築基準法等の法令に適合しない建物の建築を目的とする請負契約は、公序良俗違反で無効となる場合がある（第9章判例19参照）。

(2) 2017年改正民法

2017年改正民法では、売買契約、請負契約とも、「瑕疵」の文言を削除してこれに代えて、「契約の内容に適合しないものであるとき」と記述されることになった。

瑕疵の概念については、その物として取引上一般に期待される品質・性能を欠いている場合（客観的瑕疵）が含まれることについて従来より判例・学説上異論はなく、さらにこれに加えて契約上予定した仕様についても、それに対する適正を害するような欠点（主観的瑕疵）を含むか否かが議論されてきた。この点について学説の多くは、売主が保証した性質の欠陥も瑕疵に含めて理解しており、最高裁判例も同様に解していた（第9章判例1）。

なお、同最高裁の事案のように、設計図書上300㎜×300㎜の鉄骨柱を特に約定して設計図書上の合意とするようなケースはむしろ稀である。むしろ、抽象的に「安全性の高い家」との要望だったり、また構造については設計図書すら存在しないケースも珍しくない。このように、特段の明示的合意がなかったりあるいは不明瞭な場合は、建物の通常の品質が基準にならざるを得ないのであって、従来の判例・学説の流れからすると、改正民法が瑕疵概念を「契約の内容に適合しないこと」と置き換えたことは、従来の客観的瑕疵を排除する趣旨ではなく、客観的瑕疵のない建物を建築することは当然に契約内容に含まれていると解すべきである。

客観的基準を下回るような品質・性能について合意がなされた場合については、第5章Ⅴ2を参照されたい。

なお、品確法および住宅瑕疵担保履行法では、民法規定と同趣旨の表現の「瑕疵」の定義規定（品確法2条5項）をおくことによって「瑕疵」の文言を残している。

2　欠陥現象と欠陥原因

(1) 欠陥原因の重要性

欠陥住宅被害は、何らかの不具合現象をきっかけに表面化することが多い

が、欠陥判断の前提として、注意しなければならないことは「欠陥現象」（不具合事象）と「欠陥原因」の区別である。訴訟において欠陥に関する主張が当事者間で噛み合わない理由は、この区別を自覚しないまま「瑕疵」や「欠陥」という言葉を使っていることに起因するものも少なくない。

「欠陥原因」と「欠陥現象」は、原因と結果の関係にあり、「欠陥原因」を除去しない限り、その結果である「欠陥現象」をなくすことはできない。たとえば、床の傾斜という「欠陥現象」が、敷地地盤の不同沈下という「欠陥原因」に起因する場合、「欠陥原因」は除去されない以上、後日さらに傾斜を生じる可能性が高い。また、いまだ不具合現象が発生していなくとも、「欠陥原因」が存在している場合もある。

このように「欠陥現象」は、「欠陥原因」を発見する端緒となりうるものであるが、ある「欠陥現象」の原因となる「欠陥原因」を特定しなければ、瑕疵修補の方法が特定されず、その結果、損害賠償請求額も確定しないことになる。たとえば、雨漏りに関して損害賠償を請求する場合、雨漏りには種々の原因がありうるところ、①瓦の枚数不足により瓦と瓦の重ね合わせが少なくなったことが原因である場合には、瓦の葺き替えが相当補修費用ということになるであろうし、また、②外壁施工において防水紙と水切りの納め方の順序を逆にした施工上の誤りが原因である場合には、外壁を撤去して問題箇所を施工し直す費用が相当補修費用ということになろう。

したがって、表面的な「欠陥現象」のみに目を奪われることなく、「欠陥原因」こそが本質的な「欠陥」であることに十分留意しなければならない。

(2) 欠陥原因の主張・立証責任

被害者側は、原則として欠陥現象のみならずその欠陥原因の主張・立証責任を負っていると考えられる。しかし、瑕疵によってはその原因が多様で特定が困難である場合もある。仮に欠陥原因の特定ができなくても、建物として通常あってはならない欠陥現象である場合は、欠陥現象によって瑕疵の一応の推定がなされると考えるべきである（LP建築訴訟180頁も同旨）。たとえば、雨漏り、鉄筋コンクリートの過大なひび割れなどがこれに該当する。裁判例

として、コンクリートひび割れに関する大阪地判平成25・2・26判タ1389号193頁（第9章判例17）、タイル剥離に関する大阪地判平成20・10・30判例集未登載（第9章判例10）などがある（タイル剥離については、高嶋卓「〈大阪民事実務研究会〉外壁タイルの瑕疵と施工者の責任」判タ1438号48頁が詳しい）。

3　欠陥（瑕疵）の判断基準

　欠陥原因が特定されたとして、それがはたして法的に「欠陥」と評価されるか否かが検討されなければならない。

　その欠陥の判断基準としては、①契約書および設計図書、②建築基準関係法令、③旧住宅金融公庫仕様書、④日本建築学会等の標準的技術基準、⑤慣行上認められている標準的な工法等が考えられる。

　この点、東京地方裁判所建築訴訟対策委員会「建築鑑定の手引き」判時1777号3頁以下でも、瑕疵の存否の判断を行う前提となる建築物の出来・不出来に関する技術的評価については、①建築基準法等の法令の規定の要件を満足しているか、②当事者が契約で定めた内容、具体的には設計図書に定められた内容を満足しているか、③公庫融資を受けることを予定した建築物において公庫融資基準を満足しているか、④わが国の現在の標準的な技術水準を満足しているか、等の各種の基準がありうるとして、瑕疵の判断基準を簡略に説明している。

　以下、欠陥の判断基準を個別に説明する。

(1)　契約書および設計図書

　設計図書とは、建築物や敷地に関する工事用の図面（現寸図等の施工図は含まれない）および仕様書（設計図で表せない工事の仕様を文書・図・表等で示したものであり、共通仕様書・特記仕様書・現場説明書・質問回答書が含まれる）をいう（建築基準法2条12号、建築士法2条6項参照）。

　契約書および設計図書によって、建物の種類・規模・構造・平面計画・選材・工法・諸設備等が具体的に表記され、契約目的物が具体的に特定されることになる。

(2) 建築基準関係法令（建築基準法、同法施行令、国土交通省（旧建設省）告示等）

建築基準関係法令違反の欠陥に関しては、以前には、欠陥住宅を供給した業者側から「建築基準関係法令は行政取締法規であるから、これに違反しても契約法上の瑕疵に該当しない」などの反論がなされることがあった。しかし、今日では、建築基準関係法令違反が瑕疵に該当することは判例・通説上争いがなく、建築基準関係法令で定められた技術基準は、契約内容の前提となり、あるいは、これを補充するものと考えられている。

すなわち、そもそも建築物は社会的存在であるため、建築主が恣意的にどのような建物でも建築できるというものではない（憲法29条2項）。建築基準法は、この憲法の趣旨を受けて、「建築物の敷地、構造、設備及び用途に関する最低の基準を定めて、国民の生命、健康及び財産の保護を図り、もつて公共の福祉の増進に資することを目的とする」と定め（同法1条）、原則として、すべての建築物の新築または大幅な修繕、増改築にはこの最低限の基準を遵守した設計・施工をなすべきことを要求している。そして、同法は、この最低限の基準を遵守させるべく、設計段階において、その計画が建築基準関係規定の要求を充足していることを担保するために建築確認を受け、確認済証の交付を受けることを義務づけ、これを受けない工事を禁止している（同法6条1項・8項）。

このような法令の趣旨・性質からすると、建築基準関係法令、特に構造安全性能（建築基準法20条1項）や防火安全性能（同法21条以下）等を定めた単体規定は、建物利用者等の安全を確保するための最低基準なのであり、これを充足することが契約上当然の前提と考えられ、当事者間の黙示の合意の最低限を画するものと解される（第9章判例5参照）。

したがって、建築基準関係法令の定める技術基準も、欠陥判断の基準となり、この基準に反する場合も、当然に欠陥であるということができる。

(3) 旧住宅金融公庫の住宅工事共通仕様書（公庫仕様書）

旧住宅金融公庫（現独立行政法人住宅金融支援機構）の融資住宅の場合であ

れば、同公庫の住宅工事共通仕様書を遵守すべきことは当然であるが、公庫融資住宅でない場合、これが欠陥判断の基準と認められるかについては、否定する見解もある。

　しかし、それは、公庫仕様が標準的技術基準を超える高級仕様であるかのような誤解に基づくものと思われる。

　以下に説明するように、公庫仕様は、建築基準関係法令と同様に最低限の技術基準を定める趣旨であり、公庫融資の住宅であるか否かを問わず、法令を補充・補完するものと解すべきである。

　すなわち、旧住宅金融公庫法は、その1条1項において、「住宅金融公庫は、国民大衆が健康で文化的な生活を営むに足る住宅の建設及び購入（住宅の用に供する土地又は借地権の取得及び土地の造成を含む。）に必要な資金について、銀行その他一般の金融機関が融通することを困難とするものを自ら融通し、又は銀行その他一般の金融機関による融通を支援するための貸付債権の譲受け若しくは貸付債権を担保とする債券等に係る債務の保証を行うことを目的とする」と定めている。したがって、公庫融資基準たるいわゆる公庫仕様は、国民大衆、しかも同法の制定（1950年）当時、銀行その他一般の金融機関から融資を受けることが困難であったいわゆる庶民階層の住宅を対象とするものであり、その意味において「不必要に高品質であってはならず」、かつ、「その融資の対象とするに足らないほど、低品質（不良品）であってはならない」という、わが国の一般庶民用住宅としての最低限の品質を画するものである。また、公庫仕様書は、旧建設省（現国土交通省）や日本建築学会の仕様書等の権威ある団体の技術基準を基に、金物類を多用することによって、特殊な職人的技術をもたない平均的レベルの職人でも前記程度の品質の建物を建築できるように工夫された仕様であるから、現行庶民住宅の標準的な選材や工法についての技術基準（法令に定める技術基準については、その具体的解釈基準）を示したものと解されるのである（第9章判例3、判例4）。

　したがって、意図的に公庫仕様書を変更した場合、または仕様書と異なる施工をした場合、施工者は「その異なる施工結果が標準的技術基準による場

合と同等以上の効果がある」ということを立証する責任を負うことになる。

この点、「建築知識」1995年5月号25頁は、公庫仕様を無視した手抜き工事のために阪神・淡路大震災で倒壊した新築木造住宅の事例を紹介している。

なお、旧住宅金融公庫は、2007年4月から独立行政法人住宅金融支援機構となり、一般金融機関と提携して行うローン形態をとり、住宅資金の個人向け直接融資は原則として廃止された。住宅金融支援機構の提供するフラット35（固定金利型住宅ローン）の適用を受けるには、フラット35の定める耐久性、耐震性、省エネ性等の上乗せ技術基準を充足していることを要件としている。しかし、これら一部の上乗せ基準を除いて、従来から引き継がれている基本的技術基準は、前述の趣旨からすれば、今後も欠陥の判断基準として維持されることになる。

(4) 日本建築学会その他権威ある建築団体の定める標準的技術基準（建築工学上または実務上確立された標準的技術基準）

前述のとおり、建築基準関係法令は最低限遵守すべき技術基準を定めているが、そこから直ちに建築現場における施工方法や技術の詳細まで具体的仕様として特定しうるとは限らない。というのも、技術基準を細部にわたって仕様規定として定めることは、日進月歩の建築技術と矛盾・抵触を来す可能性が高く、技術の進歩を妨げかねないため、建築基準関係法令は、一定の範囲で仕様の詳細をその時々の実務における標準的技術基準に委ねているからである。なお、建築基準法令の1998年改正（2000年にかけて段階的施行）において、技術基準の性能規定化が図られ、仕様の多様化は一層促進されることとなった。

したがって、建築基準関係法令が仕様および性能について具体的技術基準まで定めていない場合には、契約当事者の意思は、現在の標準的技術基準に委ねたものと解されるから、公庫仕様書以外にも、日本建築学会の建築工事標準仕様書（JASS）や一般財団法人日本建築センター等の権威ある団体の定める標準的技術基準を遵守した場合に初めて契約の内容に適合したものとなり、かつ法的に要求される技術基準を遵守したとの推定が働くものと解釈で

きる。また、近時は国土交通省の国土技術政策総合研究所等がさまざまな建築技術についての技術資料（たとえば「木造住宅モルタル外壁の設計・施工に関する技術資料」など）を作成提供しており、これも標準的技術基準として参考となる。もし、施工業者など住宅供給業者がこれと異なる方法をとった場合には、業者側は少なくともその方法が標準的技術基準と同等、またはそれ以上の効力を有することの立証責任を負担すると考えるべきである。

(5) 住宅瑕疵担保責任保険設計施工基準

特定住宅瑕疵担保責任の履行の確保等に関する法律（住宅瑕疵担保履行法）に基づき、住宅瑕疵担保責任保険を担っている保険法人は、保険契約申込みを行う住宅施工に関して保険契約申込者が守るべき最低限の基準を設け、保険法人間で統一的に運用されている。同保険は法律により保険契約申込者（施工業者）の加入が強制され、かつ同設計施工基準の遵守を義務づけているものであって（ただし、供託案件を除く）、これに反する施工は原則として瑕疵との認定を受けるものであるから、特定瑕疵（構造欠陥および雨漏り）については、客観的な技術基準として通用しているものと解される。

(6) 慣行上認められている標準的な工法

前記(4)(5)のように明文化された標準的技術基準でなくても、慣行上認められている標準的な工法と評価できる場合には、欠陥の判断基準になりうる。ただし、この場合には、慣行上認められている標準的な工法であること等について、これを基準として主張する側（一般には買主または注文者側）が立証責任を負担することになると考えられる。

(7) 紛争処理ガイドラインに関する問題

2000年4月1日に施行された品確法では、ADRとして住宅紛争処理機関（住宅紛争審査会）の制度が創設された。品確法74条（旧70条）は、「国土交通大臣は、指定住宅紛争処理機関による住宅に係る紛争の迅速かつ適正な解決に資するため、住宅紛争処理の参考となるべき技術的基準を定めることができる」と規定し、これを受けて、平成12年建設省大臣告示第1653号は、「住宅紛争処理の参考となるべき技術的基準」として、「不具合事象の発生と構造

耐力上主要な部分に瑕疵が存する可能性との相関関係」について定めている。そこで、施工業者側から、この告示による基準が欠陥判断基準として主張されることが少なからず見受けられる。

　そもそも、この技術的基準は、品確法の法案作成過程において、「一定の不具合現象から欠陥原因を推定して立証責任を住宅供給者側に転換する『瑕疵推定規定』を設けよう」という構想に基づき検討されていたものであるが、検討過程において基準値の設定で議論が紛糾したうえ、推定自体にも立法技術論的な問題が指摘されたため、この瑕疵推定規定構想が途中で頓挫し、基準に対する議論も尽くされずに不十分なまま、その数値だけが住宅紛争処理機関の紛争処理ガイドラインとして流用されたという経緯がある。

　しかし、このような数値の１人歩きが誤った欠陥判断を招くことが危惧されたため、当時、品確法について検討していた日弁連のワーキンググループ（現・住宅紛争処理機関検討委員会）から建設省（当時）に申し入れた結果、同技術的基準には、末尾に「留意事項」として、「この基準は、構造耐力上主要な部分における瑕疵の有無を特定するためのものではないため、レベル１に該当しても構造耐力上主要な部分に瑕疵が存する場合があり、また、レベル３に該当しても構造耐力上主要な部分に瑕疵が存しない場合もあること」を留意すべき旨が定められるに至ったのである。

　以上の経緯から明らかなように、同技術的基準は、あくまでも住宅紛争審査会が審査を行うにあたって、費用をかけて欠陥原因の調査を十分に行えない場合などに備えて、不具合現象から欠陥の程度のあたりをつけようという程度の目安・参考基準にすぎない。

Ⅱ　責任追及の法律構成①──請負型

1　請負人の責任

(1)　契約責任

㋐　瑕疵担保責任と債務不履行責任の関係

　請負人（施工業者、建設業者）の契約責任については、建物完成前は債務不履行責任（民法415条）、建物完成後は債務不履行責任の特則である瑕疵担保責任（同法634条）と解するのが一般である。

　そして、建物完成の時期については、「請負工事が当初予定された最終の工程まで一応終了し、建築された建物が社会通念上建物として完成されているかどうか、主要構造部分が約定どおり施工されているかどうか」等を基準として判断される（東京地判平成3・6・14判時1413号78頁）。

　もっとも、建築物には安全に居住・利用できることが最低限の必要条件として要求されているのであるから、重大な構造欠陥等があれば、機能的にみて「建物」とは認められないというべきであり、仕事は完成していないと評価しうる場合がある。

　したがって、そのような場合には仕事未完成であると評価して債務不履行解除が認められる。

　この点、建物としての外観が一応整った建物であっても、契約の目的を達成することができないような重大な瑕疵がある場合に、未完成であると認定して契約解除を認めた裁判例もある（東京高判平成3・10・21判時1412号109頁、盛岡地判平成25・8・28欠陥住宅判例［第7集］208頁）。

　訴訟上の主張としては、建物未完成として債務不履行解除を主張しながら、建物が完成していると認定される可能性に備え、予備的に瑕疵担保責任の主張において解除を制限する民法635条ただし書の適用はないと主張することになろう。瑕疵担保責任における解除の可否については後記㋑(C)で詳述する。

(ｲ)　瑕疵担保責任

　請負人は、仕事の目的物である建物に瑕疵があるときは、注文者に対し瑕疵担保責任を負う（民法634条）。請負人の瑕疵担保責任は、売買における売主の瑕疵担保責任と同様に無過失責任である。瑕疵担保責任の内容は、注文者の請負人に対する瑕疵修補請求や、修補に代えてまたは修補とともに行う損害賠償請求である。すなわち、①修補が可能な場合でも修補の請求をせずに損害賠償請求をすることができるし、②仕事の完成が遅延するなどして修補によってはカバーされない損害（店舗用建物における営業上の損失など）が生じた場合には修補とともに損害賠償を請求できる（山口康夫『判例にみる請負契約の法律実務』141頁(新日本法規出版)）。

　以下、瑕疵担保責任の内容を各別に説明する。

(A)　瑕疵修補請求

　比較的軽微な瑕疵があるにすぎないような事案では、補修を要請された建設業者がすぐ補修を行い問題が解決することも多い。

　これに対し、大がかりな修補工事が必要となるような重大な瑕疵の場合には、建設業者が修補工事に応じず、十分な補修を行わないことが多い。

(B)　損害賠償請求

　他方、損害賠償請求を行う場合、補修前の見積額を損害として請負人に対して請求するか、または実際に他の建設業者に補修をしてもらい、その費用を請負人に請求するかのいずれかになる。通常の欠陥住宅紛争においては、当該欠陥が緊急の補修を要しないケースでは、後日の立証を考慮して前者によることが多いであろう。

　請負人の瑕疵担保責任に基づく損害賠償の範囲が、信頼利益に限らず、履行利益にも及ぶことについては、売主の瑕疵担保責任と異なり、特に争いがない。請負人は仕事を完成する義務（瑕疵のない完全な仕事をする義務）を負っているから、その責任は瑕疵によって生じるすべての損害の賠償、すなわち履行利益に及ぶとするのが妥当であると考えられるからである（幾代通ほか編『注釈民法(16)〔新版〕』138頁）。

(C) 解除の可否

　請負契約における注文者の契約解除権に関する民法635条がただし書で「建物その他の土地の工作物については、この限りでない」と規定しているため、建物完成後の解除は認められないというのが従来の通説であった。しかし、近時は、建物完成後でも重大な瑕疵により契約の目的を達成できない場合には、契約解除を認める説もある。

　そもそも民法635条ただし書の趣旨は、①建物完成後の解除を認めると請負人に酷であること、②完成後の建物を取り壊すことは社会経済的損失を招くことにあるとされている。

　しかるに、最判平成14・9・24判時1801号77頁・欠陥住宅判例［第3集］292頁は、「請負人が建築した建物に重大な瑕疵があって建て替えるほかはない場合に、当該建物を収去することは社会経済的に大きな損失をもたらすものではなく」「建物を建て替えてこれに要する費用を請負人に負担させることは……請負人にとって過酷であるともいえない」として、請負人に対して建替え費用相当額の賠償を命じても民法635条の趣旨に反しないと判示した。

　この判決は、注文者の契約解除権を正面から認めたものではないが、判示のような重大な瑕疵が存在する建物については、そもそも民法635条ただし書の趣旨があてはまらないとの判断をしており、その論理を敷衍すれば、少なくとも建替えが相当であるような重大な瑕疵が存在する場合には、契約解除権も認められるということになろう。

　この点、京都地判平成16・3・31欠陥住宅判例［第4集］140頁は、「請負人が建築した建物に重大な瑕疵があって建て替えるほかないと認められる場合には、注文者には解除を認める必要性が高く、他方、解除権の行使を認めたとしても、民法635条ただし書の趣旨に反するとはいえない」と述べ、契約解除権が発生することを正面から認めた。

　なお、後記(エ)のとおり改正民法においては、635条ただし書は削除され、解除制限について立法的な解決がなされた。

(ウ) 債務不履行責任

　請負人が仕事を完成させない間は、注文者は何時にても損害を賠償して契約を解除することができる（民法641条）し、請負人に帰責性がある場合には、債務不履行解除も認められる（同法541条）。

　この点、建物がすでに一部完成している場合に、全部解除ができるのか一部解除にとどまるのか、一部解除の場合の請負人による報酬請求（出来高請求）はどのようになるのか等については、第5章Ⅵに詳述するので参照されたい。

　これに対し、建物完成後は一般的に債務不履行責任の適用はないと解されている。しかし、請負人の責に帰すべき事由により、重大な瑕疵が存するケースについて、担保責任しか追及できないとするのでは除斥期間や解除の点で不当な場合があり、そのような事案において債務不履行責任を追及することが可能と解した裁判例もある（横浜地判昭和50・5・23判タ327号236頁参照）。

(エ) 改正民法

　改正民法においては、請負人の瑕疵担保責任を規定していた民法634条は削除され、売買の規定を有償契約に準用する民法559条により、売買契約の担保責任が準用された。また、民法635条本文およびただし書も削除されたことから、現在の土地工作物の解除制限は廃止された。そのほか担保責任の期間制限については、民法637条が全面改正され、今後は、注文者が契約不適合責任を追及する場合、その不適合を知った時から1年以内の通知をしなければならないとされた。

(2) 不法行為責任

(ア) 注意義務違反の根拠法令

　請負人である建設業者に「故意・過失」が認められれば、不法行為が成立する。問題は、過失すなわち注意義務違反を基礎づける法令上の根拠である。この点、建設業法25条の27第1項が、「建設業者は、……施工技術の確保に努めなければならない」旨定め、建築基準法令は建築物に関する「最低の基準」（建築基準法1条）であるから、建築基準法令は建設業者が最低限守らなけれ

ばならない技術的基準である。したがって、請負人である建設業者が同法令に違反して同法令に違反する住宅を建築した場合には、請負人に課された注意義務に違反したものとして私法上も不法行為を構成し、注文者は請負人に対して不法行為に基づく損害賠償請求をなしうる（大阪高判平成13・11・7判タ1104号216頁・欠陥住宅判例［第2集］4頁参照）。

(イ) **契約責任と不法行為責任の関係**

周知のように、契約責任と不法行為責任の関係については請求権競合説が判例・通説であるから、請負契約の当事者間においても、民法709条の要件を満たせば、不法行為に基づく損害賠償請求ができる。欠陥住宅訴訟において、この点を明示した判例としては、福岡地判平成11・10・20判時1709号77頁がある。

(ウ) **別府マンション事件最高裁判決**

建築瑕疵紛争において建設業者の不法行為責任を追及する場合、いわゆる別府マンション事件に関する2つの最高裁判例を理解しておく必要がある。

事案は、共同住宅・店舗として建築された建物を、建築主から買い受けた原告が、同建物に瑕疵があることを理由に、施工者に対する瑕疵担保責任および不法行為に基づく損害賠償、並びに設計・監理者に対する不法行為に基づく損害賠償を請求したものである。

原審（福岡高判平成16・12・16判タ1180号209頁）は、不法行為の成立には強度の違法性が必要であるとして、いずれの請求も棄却した。

これに対し、第1次上告審は、「建物の建築に携わる設計者、施工者及び工事監理者（以下、「併せて設計・施工者等」という）は、建物の建築に当たり、契約関係にない居住者等に対する関係でも、当該建物に建物としての基本的な安全性が欠けることがないように配慮すべき注意義務を負う」、「この義務を怠ったために建築された建物に建物としての基本的な安全性を損なう瑕疵があり、それにより居住者等の生命、身体又は財産が侵害された場合には、設計・施工者等は、不法行為の成立を主張する者が上記瑕疵の存在を知りながらこれを前提として当該建物を買受けていたなど特段の事情がない限り、

これによって生じた損害について不法行為による賠償責任を負うというべきである」、「建物としての基本的な安全性を損なう瑕疵がある場合には、不法行為責任が成立すると解すべきであって、違法性が強度である場合に限って不法行為責任が認められると解すべき理由はない」と判示し、契約関係のない第三者に対する設計・施工者等の不法行為責任を認め、原審を破棄し、差戻しを命じた（最判平成19・7・6民集61巻5号1769頁・欠陥住宅判例［第5集］224頁。以下、「19年判決）という）。

第2次控訴審（福岡高判平成21・2・6判時2051号74頁）は、「建物としての基本的な安全性を損なう瑕疵」を、建物の瑕疵の中でも居住者等の生命、身体または財産に対する現実的な危険を生じさせる瑕疵と解釈し、本事案では現実的危険が生じていないとして、すべての不法行為に基づく損害賠償請求を棄却した。

しかし、第2次上告審は、「『建物としての基本的な安全性を損なう瑕疵』とは、居住者等の生命、身体又は財産を危険にさらすような瑕疵をいい、建物の瑕疵が、居住者等の生命、身体又は財産に対する現実的な危険をもたらしている場合に限らず、当該瑕疵の性質に鑑み、これを放置するといずれは居住者等の生命、身体又は財産に対する危険が現実化することになる場合には、当該瑕疵は、建物としての基本的な安全性を損なう瑕疵に該当すると解するのが相当である」として、再度破棄し、差戻しを命じた（最判平成23・7・21判時2129号36頁・欠陥住宅判例［第6集］452頁。以下、「23年判決」という）。

(エ)　別府マンション事件最高裁判決と不法行為の成立要件

「建物としての基本的な安全性を損なう瑕疵」（以下、「安全性瑕疵」という）は、不法行為の成立要件において、どう位置づけられるべきか。

この点、「安全性瑕疵」を違法性要件の問題として位置づけつつ、19年判決は、不法行為責任が成立する余地のある瑕疵を限定したと解する見解もある（LP建築訴訟186頁以下）。

しかし、前記のとおり、請求権競合が認められる以上、建物の請負契約についてのみ、条文（民法709条）上、記載されていない違法性要件が加重され

ると解すべきではない。むしろ、「安全性瑕疵」の存在は、建物としての基本的な安全性を確保する義務に違反しているという過失を推定する間接事実である、と解すべきである（松本克美「建物の安全性確保義務と不法行為責任」立命館法学337号218頁参照）。

　また、19年判決は、「安全性瑕疵」がある場合には不法行為責任を認める旨判示しているが、それ以外の場合には不法行為責任を認めないと判示したわけではない。すなわち、「安全性瑕疵」は、不法行為成立の十分条件にすぎず、不法行為の成立を限定する必要条件と解すべきではない（松本・前掲論文226頁参照）。

　したがって、たとえば、契約当事者間で、建築基準法令上の「最低限の基準」を超える品質・性能について特に合意したにもかかわらず、これに違反した場合（すなわち、いわゆる主観的瑕疵の場合）、当該請負人には、当該品質・性能を確保すべき加重的な注意義務が課されている以上、これに違背すれば、安全性瑕疵にはあたらないとしても、不法行為責任を負うものと考えられる。

　　(オ)　「安全性瑕疵」の具体的内容

　いずれにしても、上記各判例は事例判例であって、「安全性瑕疵」の内包・外縁は必ずしも明らかとなっておらず、この点は、今後の判例の集積が待たれるところであるが、「安全性瑕疵」を認定して、施工者に不法行為責任を認めた裁判例として、第9章Ⅶ(2)(ア)に掲載した裁判例等がある。

2　使用者責任

　請負人である建設業者の従業員の故意または過失によって欠陥が生じた場合、その従業員に不法行為責任を追及することができることはもちろん、使用者である建設業者に対して使用者責任を追及することがある。

　建設業者は、施工技術確保義務を負っており（建設業法25条の27第1項）、その義務を履行するために、建築現場に資格を有する主任技術者をおくことを義務づけられている（同法26条1項）。欠陥工事が、主任技術者の施工管理義務違反による場合には、主任技術者に対して民法709条に基づく不法行為

責任を問うとともに、その雇用者である建設業者に対して民法715条に基づく使用者責任を追及できる。

また、建設業者が下請業者を利用した場合に、使用者と被用者の関係と同視できる指揮・監督関係が認められる場合には、下請業者の不法行為責任のみならず、元請たる建設業者の使用者責任（民法715条）も追及することができる。

3　取締役の責任

請負人が法人の場合、当該法人の取締役等の責任追及も検討すべきである。

取締役には、工事実施にあたって、建設業法25条の27の定める施工技術を確保させるべき注意義務、建築基準関係法令に準拠した施工をさせるべき注意義務が課せられており、当該注意義務を怠り、建築した建物に瑕疵が発生した場合は、請負会社の取締役の責任（会社法429条、民法44条2項・709条）を追及することも検討されるべきである。建築基準法を考慮しない建築方法が常態化していた請負会社の代表取締役に、旧商法266条ノ3の責任を負わせた裁判例がある（大阪地判平成13・2・15欠陥住宅判例［第2集］364頁等）。

取締役等に対する責任追及は、当該法人が破産するなどした場合の損害回復にも有益である。

4　建築士の責任

(1)　設計業務委託契約に基づく責任

㋐　「設計」とは

「設計」とは、「その者の責任において設計図書を作成すること」をいい、「設計図書」とは、「建築物の建築工事の実施のために必要な図面（現寸図その他これに類するものを除く。）及び仕様書」をいう（建築士法2条6項）。

建築士法は、「建築士は、常に品位を保持し、業務に関する法令及び実務に精通して、建築物の質の向上に寄与するように、公正かつ誠実にその業務を行わなければならない」（同法2条の2）と規定し、設計について、「建築士

は、設計を行う場合においては、設計に係る建築物が法令又は条例の定める建築物に関する基準に適合するようにしなければならない」と定める（同法18条1項）。

したがって、建築士は、設計契約に基づく設計業務を行うにあたり、法令または条例の定める建築物に関する基準に適合するような設計を行う義務（債務）を負い（福岡高判昭和61・10・1判タ638号183頁）、これに反した場合には、上記請負人の責任と同様、債務不履行責任や瑕疵担保責任または後述の不法行為責任を負う。

なお、設計契約の法的性質については、請負契約説と準委任契約説とに分かれるが、この点が実際の訴訟の中で争われることは少ない。なお、設計事務所が、設計契約に基づき作成した実施設計により見積もった工事額が、当初の予定工事額を大幅に超えたため、施主が、設計事務所に対し、債務不履行を理由に契約を解除し、それまでの既払い報酬について損害賠償を求めたところ、設計事務所は、施主に対して反訴を提起し、報酬残金の支払いを請求した事案で、東京高判平成21・4・23判例集未登載は、設計契約の法的性質は準委任契約であるとした設計事務所の主張を退け、「一般に建築設計契約は、設計図書の作成及び引渡しを目的とする請負契約と解される」としたうえで、設計事務所が設計契約に基づき労力および費用を費やしたとしても、設計契約が遡及的に解除された以上、その対価を施主に請求することはできないと判断した裁判例であり、参考になる。

設計者が設計契約に基づいて作成すべき設計図書の内容、および設計に関する業務の具体的内容は当事者間の合意によることとなるが、実際に争いとなる事案においては、契約内容が契約書等から明らかでない場合が多い。この場合、平成21年国土交通省告示第15号（以下、「告示15号」という）や、民間（四会）連合協定建築設計・監理等業務委託契約約款（以下、「民間（四会）連合約款」という）の定めが参考になる。

　(イ)　基本設計と実施設計

一般的な設計業務は、建築工事の内容を具体化していく過程に応じて、第

1段階の基本設計に関する業務と、第2段階の実施設計に関する業務に分けられる。告示15号や民間（四会）連合約款でも、基本設計と実施設計に分けて整理されている。

　基本設計に関する業務とは、建築主から提示された要求その他の諸条件を設計条件として整理したうえで、建築物の配置計画、平面と空間の構成、各部の寸法や面積、建築物として備えるべき機能、性能、主な使用材料や設備機器の種別と品質、建築物の内外の意匠等を検討し、それらを総合して、基本設計図書を作成するために必要な業務をいう（告示15号別添一・1一参照）。基本設計図書には、仕上表・仕様概要書・配置図・各階平面図・断面図・立面図・矩計図・計画説明書・構造計画書・設備計画書・工事費概算書などが含まれる。

　実施設計に関する業務とは、工事施工者が設計図書の内容を正確に読み取り、設計意図に合致した建築物の工事を的確に行うことができるように、また、工事費の適正な見積りができるように、基本設計に基づいて、設計意図をより詳細に具体化し、その結果として、実施設計図書を作成するために必要な業務をいう（告示15号別添一・1二参照）。基本設計図面のほか、さまざまな詳細図、展開図、建具表、仕様書、構造図、設計図などが含まれる。

　　(ウ)　設計業務における債務不履行

　設計業務における債務不履行の内容は、最終的に施主と設計者との間で合意に至った設計条件と、実際に行われた設計内容との間に齟齬があるか否かによって判断される。

　設計業務は、多種多様で、かつ主観的、抽象的な施主の要求・要望を整理して、設計者が専門的な知識、経験、あるいは想像力を駆使して具体化していく作業であり、施主との協議を重ね、徐々に発展的に形成、変更されるという実態がある。したがって、建築実務において、基本設計と実施設計の境界は明確に判然できる場合ばかりではなく、また、設計変更等によって、実施設計まで進んでいたものが、設計業務の全部または一部について再び基本設計に戻ることもある。よって、設計者の債務不履行を問うにあたって、最

終的に施主と設計者との間で合意に至った設計条件、あるいは実際に行われた設計内容を指摘する場合には、設計業務にみられる上記特性に十分注意を払う必要がある。

また、最判平成15・11・14（後掲42頁）に照らせば、自らの設計を基礎に法適合性の建物が作出されるよう一定の配慮義務が存すると解されるところ、設計のみを行う建築士であっても、単に設計図面を作成するのみで事後の建築経過にはいっさい責任を生じないと解するのは妥当ではない。

　　(エ)　法令違反と設計上の瑕疵

施主は、通常、建築基準法令その他の関連法令に適合する設計を求めていると解されるから、施主と設計者との間には、関連法令に適合する設計を行うことが契約の内容となっていると考えるのが、当事者の合理的意思に合致する。したがって、設計内容が法令に違反している場合には、原則として設計上の瑕疵があり、設計者は債務不履行責任を負うことになる。

建築訴訟の実務では、設計者側から、建築基準法令に違反する設計を行うことについて施主との間に合意があったとの主張がなされることがある。しかし、一般に施主は建築基準法令に関する十分な知識を有していないのが通常であり、設計内容が建築基準法令に違反しているかどうかを自ら判断することは困難である。建築士は、設計について、「建築士は、設計を行う場合においては、設計に係る建築物が法令又は条例の定める建築物に関する基準に適合するようにしなければならない」（建築士法18条1項）という法律上の義務を負うものである以上、単に施主が承諾したというだけでは足りず、施主が当該法令違反の事実を認識していることに加えて、当該法令違反の意味内容や、当該法令違反によって生じる結果等についても十分認識していた等の特段の事情がない限り、設計者は、債務不履行責任を免れないと解するべきである。

　(2)　工事監理業務契約に基づく責任

　　(ア)　「監理」とは

「監理」という用語は、さまざまな意味で用いられており多義的である。

建築士法2条8項は、「工事監理とは、その者の責任において、工事を設計図書と照合し、それが設計図書のとおりに実施されているかいないかを確認することをいう」と定め、これを建築士の独占業務としている（「狭義の監理」）。

しかし、実際の工事監理は、「工事と設計図書との照合・確認」にとどまらず、告示15号が示す「工事監理に関する標準業務及びその他の標準業務」を含めた意味での監理（「広義の監理」）や、民間（四会）連合約款に定める業務までも含めた意味での監理（「最広義の監理」）もある。

一般に、「狭義の監理」を「工事監理」と表記し、「工事監理」を含む広い意味での監理を単に「監理」と表記することが多い。

(A)　建築士法2条8項が定める「工事監理」

「工事監理」とは、「工事を設計図書と照合し、それが設計図書のとおりに実施されているかいないかを確認すること」をいう（建築士法2条8項）。

また、建築士は、工事監理を行う場合において、工事が設計図書のとおりに実施されていないと認めるときは、直ちに、工事施工者に対して、その旨を指摘し、当該工事を設計図書のとおりに実施するよう求め、当該工事施工者がこれに従わないときは、その旨を建築主に報告しなければならず（建築士法18条3項）、工事監理を終了したときは、直ちに、国土交通省令に定めるところにより、その結果を文書で建築主に報告しなければならない（同法20条3項）。

これらの業務は、建築士でなければ行うことができない独占業務とされている。

(B)　告示15号が定める工事監理に関する標準業務

告示15号とは、建築士法25条の規定に基づき、建築士事務所の開設者がその業務に関して請求することのできる報酬の基準を定めた告示である。

告示15号は、成果図書に基づき、工事を設計図書と照合し、それが設計図書のとおりに実施されているかいないかを確認するために行う業務として、①工事監理方針の説明等、②設計図書の内容の把握等、③設計図書に照

らした施工図等の検討および報告、④工事と設計図書との照合および確認、⑤工事と設計図書との照合および確認の結果報告等、⑥工事監理報告書等の提出を掲げ、これらを標準業務としている。

　上記④の業務は建築士法上の工事監理であり、⑤および⑥は同法が定める工事監理者の義務である。①ないし③については、建築士法上の工事監理そのものではないが、④の工事監理を行ううえで密接に関連する重要な業務であるから、これらも建築士の独占業務としての工事監理の一環と考えるべきである。

(C)　民間（四会）連合約款

　民間（四会）連合約款では、監理に関する業務について、「監理に関する業務」と「監理に関するオプション業務」に分けて規定し、さらに「監理に関する業務」は「基本業務」と「その他の業務」に分けて規定しているが、それらの内容は、告示15号の標準業務とほぼ同様である。

　(イ)　工事監理業務における債務不履行

(A)　契約上の監理業務

　具体的な監理契約の内容は当事者間の合意によることとなるが、実際に争いとなる事案においては、監理契約の内容が明らかでない場合が多い。

　このような場合であっても、建築士法が一定規模の建物について工事監理を義務づけている趣旨に鑑みれば、建築士法上の工事監理は、当事者間の合理的な意思解釈として、監理契約の内容に含まれると解すべきである。

　さらに、告示15号が定める標準業務のうち建築士法上に定めのある業務以外の業務（前記(ア)(B)の①ないし③の業務）についても、工事監理を適正に実施するうえで不可欠の業務といえるから、これらの業務についても、当事者間の合理的な意思解釈として、監理契約の内容に含まれると解すべきである。

(B)　監理契約の法的性質

　監理契約の法的性質について、請負契約説、準委任契約説、無名契約説がある。

　監理者の債務を、建築士の専門的知識・経験に基づく裁量的な事務処理に

本質があると考えると準委任契約と解することになるし、他方、設計意図の実現・完成という結果の達成に重きをおいて考えれば請負契約と解することになる。

法的性質に関する議論は、実際の訴訟の中で争われることは少なく、また、具体的な問題の結論に大きな影響を与えることはほとんどない。結局のところ、当該契約の内容や趣旨、目的ごとに個別具体的に判断されるものであり、いずれの性質と一律に決めることは困難であるし、それほど実益はない。

(C) 工事監理の債務の内容

工事監理の中心は、工事と設計図書との照合および確認であるから（建築士法2条8項）、工事監理者の債務不履行責任を問うには、まずは工事が設計図書に適合していないことを指摘する必要がある。そのうえで、設計図書との不適合があることの確認を怠ったこと、もしくは、設計図書との不適合を確認しながら是正を指示しなかったことを指摘する必要がある。

もっとも、建築士法2条8項は、工事と設計図書との照合および確認の対象や項目、その具体的な方法について特に規定はない。確認の対象・項目については、これを一律に決するのは実際には困難であるが、監理契約の内容や工事内容等から明らかとなる当該工事の重要性、事後的な是正工事の困難性、あるいは建築主の要望に照らし、個別具体的に明らかにするよりほかない。

なお、この点、2009年9月、国土交通省が策定した「工事監理ガイドライン」（告示15号において「工事監理に関する標準業務」とされているもののうち、「工事と設計図書との照合及び確認」の確認対象工事について策定）には、工事内容、種別ごとに確認項目が詳細に定められており、参考になる。

確認の方法については、ある工事項目について、すべての施工箇所や材料、部材等の使用数量などを含む工事結果の全部を確認する「全数確認」と、一部を抽出して行う「抽出による確認」がある。また、工事監理者が現場に立ち会い施工等を確認する「立会確認」と、工事監理者が施工者から受け取った品質監理記録等の書類と設計図書を照合する「書類確認」がある。どの方法をどのように組み合わせて行うかは、工事内容等に照らし個別具体的に検

討するほかない。

　ところで、工事監理の対象や方法に関連し、現場に工事監理者が常駐する方法を「常駐監理」、必要に応じて工事現場に赴く方法を「重点監理」といった言葉で表現することがある。これらは法律上の用語ではなく、そのいずれかによって工事監理者が契約上なすべき工事監理の内容が直ちに導かれるものではない。とりわけ、告示15号における標準業務については、工事監理に密接に関連し、建築士の独占業務と解されることからすれば、監理業務が「常駐監理」であるか「重点監理」であるかを問わず、監理者の業務の範囲に含まれると解すべきである。

　「建築基準関係規定に適合し、安全性等が確保された建築物を提供すること等のために、建築士には建築物の設計及び工事監理等の専門家としての特別の地位が与えられている」（後記最判平成15・11・14）ことに鑑みれば、常駐監理か重点監理という二者択一的な分類から監理の内容を一義的に導く解釈は不当である。この点、「監理者の義務の内容は、契約で具体的に定められている場合にはそれによるべきものであり、常駐監理か重点監理かという二者択一的な分類から一義的に導かれるものではない」として、監理契約上、監理者の監理義務の内容となっている防水工事の「下地状況の確認」および「施工の確認」、タイル工事の「施工図の検討・承諾」、「材料見本の検討・承諾」および「施工の確認」について、監理義務を尽くしたとはいえないとした裁判例が参考になる（大阪地判平成21・2・17判例集未登載）。

　また、監理契約の報酬額との兼ね合いによってあるべき監理の内容はおのずと異なるとする見解があるが、少なくとも告示15号における標準業務については、その業務内容に照らし、監理者の業務の範囲に含まれると解すべきである。なお、監理費用・報酬が低廉であっても、当然に建築士の義務が軽減されるわけではなく、「設計監理料」名目で極端に低い報酬を受領した建築士との間で監理契約の成立を認め、監理責任を負わせた裁判例がある（名古屋地判昭和48・10・23判タ302号179頁）。

(ウ)　監理義務違反による損害

　監理者は、監理義務違反と相当因果関係が認められる範囲の損害を賠償しなければならない。具体的には、設計図書との不整合箇所を是正するための工事費用相当額であり、是正のために建替えが必要となれば、建替え費用相当額も損害となる。

　是正工事の間、仮住まいが必要になれば、仮住まい費用や引っ越し費用も損害となる。

　(3)　不法行為責任

　(ア)　設計・工事監理

　建築士の責任についても、上記請負人の責任と同様に、不法行為責任と瑕疵担保責任は請求権競合の関係にあり、契約責任のみならず不法行為責任も負う。

　また、前掲の2つの最高裁判決（19年判決、23年判決）で明らかにされたとおり、「建物の建設に携わる設計者、(施工者又は)工事監理者は、建物の建築にあたり、契約関係にない居住者等に対する関係でも、当該建物に建物としての基本的な安全性が欠けることのないように配慮すべき注意義務を負う」とされており、建築士は、契約関係にない者との間であっても不法行為責任を負うこととなる。

　(イ)　名義貸しに関する責任

　建築工事を行うにあたっては、建築士である工事監理者を定める必要がある（建築基準法5条の6第4項）。しかるに、当初から工事監理を行うつもりもないにもかかわらず、工事監理者として名義を貸すだけの建築士を「名義貸し建築士」といい、欠陥住宅被害発生の一因となっている。

　このような「名義貸し建築士」の責任について、最判平成15・11・14判時1842号38頁・欠陥住宅判例［第3集］166頁は、次のとおり判示して「名義貸し建築士」の不法行為責任を認めた。

　「建築士法及び法の上記各規定の趣旨は、建築物の新築等をする場合におけるその設計及び工事監理に係る業務を、その規模、構造等に応じて、これ

Ⅱ　責任追及の法律構成①——請負型

を適切に行い得る専門的技術を有し、かつ、法令等の定める建築物の基準に適合した設計をし、その設計図書のとおりに工事が実施されるように工事監理を行うべき旨の法的責務が課せられている一級建築士、二級建築士又は木造建築士に独占的に行わせることにより、建築される建築物を建築基準関係規定に適合させ、その基準を守らせることとしたものであって、建築物を建築し、又は購入しようとする者に対し、建築基準関係規定に適合し、安全性等が確保された建築物を提供することを主要な目的の一つとするものである。このように、建築物を建築し、又は購入しようとする者に対して建築基準関係規定に適合し、安全性等が確保された建築物を提供すること等のために、建築士には建築物の設計及び工事監理等の専門家としての特別の地位が与えられていることにかんがみると、建築士は、その業務を行うに当たり、新築等の建築物を購入しようとする者に対する関係において、建築士法及び法の上記各規定による規制の潜脱を容易にする行為等、その規制の実効性を失わせるような行為をしてはならない法的義務があるものというべきであり、建築士が故意又は過失によりこれに違反する行為をした場合には、その行為により損害を被った建築物の購入者に対し、不法行為に基づく賠償責任を負うものと関するのが相当である」。

5　部材供給者の責任

(1)　製造物責任法（PL法）に基づく損害賠償請求

　製造物責任法（以下、「PL法」という）では、不動産は「製造物」から除外されており、製造物責任の対象にならない(同法2条1項)。しかし、住宅の場合、それを構成する部材や部品、建築材料は元々動産として製造され、住宅メーカーに引き渡されたのであるから、流通におかれたときに動産である以上、当該部材等に欠陥があればPL法の適用があり、たとえその後の建築工事により建物の一部となったとしても製造物責任の対象となる。

　したがって、住宅の欠陥が部材等の欠陥に起因する場合には、その部材等の製造業者の責任を追及することが可能である。たとえば、住宅の柱や梁と

して使用された鉄骨材に欠陥があり強度が不足していた結果、建物自体の強度が欠ける場合には、鉄骨業者に補修費用ないし建替え費用等を請求できる。

　もっとも、部材等には製造者が表示されていないものも多く、あるいは、部材等が相手先ブランドによる生産（OEM）、プライベートブランド（PB）により住宅メーカーのブランドで流通している場合もある。そのような場合は、住宅メーカー自身が表示製造業者（PL法2条3項2号）として、あるいは実質的製造業者（同項3号）として製造物責任を負うことも考えられる。

　また、部材等は施工の良否によって性能が左右され、部材のクレームの大半は施工不良に起因しているといわれる。しかし、通常は材工分離により部材のみが市場に供給されていても、部材には元々施工がつきものである。そこで、誤施工が起こらないように製造業者が作成する施工要領書が不適切で誤施工が発生した場合、当該部材の「警告表示上の欠陥」として製造業者の責任を問うことも考えられる。

(2) 「欠陥」の内容と主張・立証責任

　PL法においては、当該製造物が通常有すべき安全性を欠いている場合を「欠陥」と定義している（同法2条2項）。

　そこで、被害者が住宅部材等の製造業者の責任を追及する場合、①住宅に使用された特定の部材等が通常有すべき安全性を欠いていたこと、②拡大損害が生じたこと、③欠陥と損害との間に相当因果関係があること、を主張・立証しなければならない。

(3) シックハウス問題

　近時、欠陥住宅被害としてシックハウス問題が顕著になっているが、その原因と思われる部材（合板、壁紙、接着剤、塗料、畳など）について、建設業者の責任とともに部材供給者に対する責任追及が考えられる（なお、シックハウスについては第6章参照）。

6　建築確認・検査主体の責任

(1)　建築主事による場合

　建築主事が建築確認申請についての審査を行うにあたり、設計上の瑕疵を見落として建築確認を行うという過失が認められ、その結果、欠陥住宅となった場合には、国家賠償法に基づく損害賠償請求が考えられる（山口地裁岩国支判昭和36・2・20下民集12巻2号320頁）。

　2005年に発覚した「耐震強度偽装事件」を契機に、耐震強度を偽装された構造計算書について偽装の事実を見落としたまま建築確認を行った自治体に対して、各地で国家賠償請求訴訟が提起された。

　この点、最判平成25・3・26集民243号101頁において、「建築主事による当該計画に係る建築確認は、例えば、当該計画の内容が建築基準関係規定に明示的に定められた要件に適合しないものであるときに、申請書類の記載事項における誤りが明らかで、当該事項の審査を担当する者として他の記載内容や資料と符合するか否かを当然に照合すべきであったにもかかわらずその照合がされなかったなど、建築主事が職務上通常払うべき注意をもって申請書類の記載を確認していればその記載から当該計画の建築基準関係規定への不適合を発見することができたにもかかわらずその注意を怠って漫然と不適合を看過した結果当該計画につき建築確認を行ったと認められる場合に、国家賠償法1条1項の適用上違法となる」と判示し、非常に限定的であるものの国家賠償法に基づく損害賠償請求を認めた（具体的あてはめでは、漫然と看過したとは認められないとし、国家賠償法1条1項の適用上違法を認めなかった）。

(2)　民間指定確認検査機関による場合

⑦　民間指定確認検査機関に対する請求

　民間指定確認検査機関自身に対しては、不法行為に基づき損害賠償請求することとなる。この点、横浜地判平成24・1・31判タ1389号155頁・欠陥住宅判例［第7集］298頁は、「（民間）指定確認検査機関は、行政とは独立して、公権力の行使である建築確認業務を行っているのであって、指定確認検査機

関の行った建築確認に瑕疵がある場合には、その国賠法上の責任は指定確認検査機関自身が負うものと解するのが相当である」と判示し、国家賠償法に基づく責任を認めた。

　　(イ)　地方自治体に対する請求

　判例上、民間指定確認検査機関の建築確認処分の違法に関し、地方自治体に対して国家賠償請求をすることは可能と解されている。すなわち、最決平成17・6・24判時1904号69頁は、民間指定確認検査機関の建築確認につき、地方自治体（横浜市）が行政事件訴訟法21条1項所定の「当該処分又は裁決に係る事務の帰属する国又は公共団体」にあたると判断した。その場合に、地方自治体が、どのような場合に国家賠償法上の責任を負うのかについては、現在まだ明らかになっていない。裁判例については、以下のとおり判断が分かれている。

　横浜地判平成17・11・30判例地方自治277号31頁は、上記最高裁決定の判断を前提に、民間指定確認検査機関による建築確認処分に関する事務の違法を原因として、地方自治体に対して、国家賠償請求が可能であることを認めた（ただし、あてはめとしては賠償責任を否定）。

　一方、前掲・横浜地判平成24・1・31では、民間指定確認検査機関によって建築確認処分がされた場合について、「特定行政庁においても、一定の監督権限は与えられているから、特定行政庁が同権限（執筆者注・監督権限）の行使を怠った場合には、特定行政庁が属する地方公共団体も、国賠法上の責任を負う」と判示しつつ、監督権限の行使を怠ったとは認められないとして賠償責任を否定した。なお、同裁判例は、前掲・最決平成17・6・24については、指定確認検査機関の建築確認の事務の帰属先について判断したものであり、事務の帰属先と指定確認検査機関が行った建築確認について地方公共団体が国家賠償法上どのような場合に責任を負うかは別問題と判示している。

　2005年に発覚した「耐震強度偽装事件」では、民間指定確認検査機関が建築確認を行ったマンションにおいて、耐震強度偽装の見落としが多数判明し

たが、その後、民間指定確認検査機関が倒産したケースもあったため、これを監督する立場にある自治体に対し国家賠償請求がされてきた。自治体が責任を負うことは裁判例においても否定されているものではないが、具体的にどのような場合に責任を負うのかについては残された問題となっている。

Ⅲ　責任追及の法律構成②——売買型

1　売主の責任

(1)　瑕疵担保責任

㈇　損害賠償請求

　購入した建物に「隠れた瑕疵」があった場合、買主は売主に対し、瑕疵担保責任に基づいて損害賠償請求をなしうる（民法570条・566条1項）。

　売主の損害賠償責任の範囲について、最高裁判例はなく、下級審判例は以下のとおり主として3つに分かれており、統一的な説明は困難であるといわれている。また、学説上も、信頼利益か履行利益かという講学上の概念の違いで賠償の範囲が異なるとはいえないとする見解が有力である。改正民法は売主の瑕疵担保責任を債務不履行責任に統合したので、損害賠償の範囲は信頼利益の賠償に限られない。

① 　信頼利益の賠償に限るとしたもの　　大阪地判平成3・6・28判時1400号95頁、神戸地判平成9・9・8判時1652号114頁、東京地判平成13・6・27判タ1095号158頁・欠陥住宅判例［第2集］32頁、東京地判平成16・10・28判時1897号22頁、東京地判平成17・12・5判時1914号107頁・欠陥住宅判例［第4集］438頁など。

② 　信頼利益以外の賠償（修補費用、弁護士費用、慰謝料等）を認めたもの　　神戸地判平成11・7・30判時1715号64頁・欠陥住宅判例［第1集］130頁、大阪地判平成12・9・27判タ1053号137頁・欠陥住宅判例［第2集］4頁、京都地判平成12・10・16判時1755号118頁・欠陥住宅判例［第2集］198頁、東京地判平成15・4・10判時1870号57頁、東京地判平成18・1・20判時1957号67頁、福岡高判平成18・3・9判タ1223号205頁、東京地判平成21・2・6判タ1312号274頁、福岡地裁小倉支判平成21・7・14判タ1322号188頁など。

③　売買代金額の範囲に限定されるとしたもの　千葉地裁松戸支判平成6・8・25判時1543号149頁、東京地判平成9・5・29判タ961号201頁、東京地判平成16・4・23判時1866号65頁、札幌地判平成17・4・22判タ1203号189頁、東京地判平成20・6・4判タ1298号174頁など。

(イ)　瑕疵修補請求

買主の瑕疵修補請求権については民法上明文の規定がなく、最高裁判決もない。この点、民法の瑕疵担保責任の本質を特定物売買のみに適用される法定責任であると理解する立場から、当該瑕疵ある物の給付によっても履行は完了するので、瑕疵修補請求権は認められないとの見解もある。

しかし、不動産業者による新築分譲住宅やマンション等の場合には、当事者意思の合理的解釈等の法律構成により、売主に瑕疵なき物の給付義務を認め、瑕疵補修請求権を認めるべき場合もあるとの見解（柚木馨ほか編『注釈民法⑭〔新版〕』397頁）も有力であり、裁判例にも、瑕疵担保責任としてではないが、売主の本来の債務として瑕疵修補を認めたものがある（神戸地判昭和61・9・3判時1238号118頁）。

品確法の適用がある瑕疵については、同法が民法634条1項（請負人の瑕疵修補義務）を準用していることから、瑕疵修補請求権が認められる。

改正民法においては、売買の目的物に瑕疵がある場合には契約不適合として、追完請求権が認められる。

(ウ)　契約解除

購入した建物に「隠れた瑕疵」があり、「契約をした目的を達することができないとき」には売買契約を解除できる（民法570条・566条1項）。「契約をした目的を達することができないとき」とは、修繕不能である場合はもとより、修繕が物理的に可能であっても、長時間を要して適時にこれをなすことができず、あるいは多額の修繕費を要して経済上合理性の認められない場合には、これは修繕不能と解すべきである（柚木ほか編・前掲書376頁、大判昭和4・3・30民集8巻226頁）。

解除を認めた主な裁判例としては以下のものがある。

- 東京高判平成 6・5・25判タ874号204頁（マンション、雨漏り等）
- 横浜地判平成 9・7・16欠陥住宅判例［第 1 集］48頁（建売新築住宅、不同沈下等）
- 大阪地判平成11・6・30欠陥住宅判例［第 1 集］60頁（売建新築住宅、基礎欠陥等）
- 神戸地判平成11・4・23欠陥住宅判例［第 1 集］358頁（中古マンション、蟻被害）
- 大阪高判平成13・11・7欠陥住宅判例［第 2 集］4頁（売建新築住宅、軸組長さ不足等）
- 東京地判平成13・6・27欠陥住宅判例［第 2 集］32頁（建売新築住宅、地盤沈下）
- 東京地判平成13・1・29欠陥住宅判例［第 2 集］124頁（建売新築住宅、不同沈下等）
- 大阪地判平成12・10・20欠陥住宅判例［第 2 集］146頁（建売新築住宅、耐火性能の欠如等）
- 釧路地裁帯広支判平成15・3・31欠陥住宅判例［第 3 集］64頁（建売新築住宅、床下浸水等）
- 京都地判平成16・2・27欠陥住宅判例［第 3 集］116頁（売建新築住宅、構造欠陥等）
- 神戸地裁尼崎支判平成16・3・23欠陥住宅判例［第 4 集］98頁（中古住宅、擁壁傾斜亀裂等）
- 東京地判平成17・12・5判時1914号107頁・欠陥住宅判例［第 4 集］438頁（新築マンション、シックハウス等）
- 大阪高判平成20・1・23欠陥住宅判例［第 5 集］360頁（建売戸建て、接道要件不備）
- 横浜地判平成22・3・25欠陥住宅判例［第 6 集］62頁（中古戸建て、擁壁の基準不適合等）

・盛岡地判平成25・8・28欠陥住宅判例［第7集］208頁（戸建て請負、床・壁に多数の瑕疵）

(2) 不法行為責任

売主が建設業者で、自ら建築した建物を売却したような場合には、請負人と同様に、自らが建物の瑕疵を作り出しているから、瑕疵の作出に過失があり、不法行為責任を負う。

売主が建物を建築したのではない場合でも、売主が当該建物に瑕疵があることを知りまたは容易に知り得たにもかかわらず、これを秘して売却した場合など、瑕疵ある建物を販売したことについて故意・過失が認められる場合には、買主は、売主に対し、契約責任とは別に不法行為責任（民法709条）を追及できる。

前記Ⅱ（請負型）で述べたとおり、わが国の判例・通説は、契約責任と不法行為責任の関係について請求権競合説に立っているので、不法行為の成立要件を満たす限り、売買契約の当事者間においても不法行為が成立する。

売主の不法行為責任を認めた主な裁判例は以下のとおりである。

・千葉地裁一宮支判平成11・7・16欠陥住宅判例［第1集］98頁（立地不適合）
・札幌地判平成13・1・29欠陥住宅判例［第2集］72頁（公庫仕様違反）
・大阪地判平成12・10・20欠陥住宅判例［第2集］146頁（防火性能、不実告知）
・大阪地判平成12・6・30欠陥住宅判例［第2集］170頁（不実告知）
・京都地判平成13・8・20欠陥住宅判例［第3集］4頁（構造耐力）
・大阪高判平成14・9・19欠陥住宅判例［第3集］4頁（構造耐力）
・松山地裁西条支判平成14・9・27欠陥住宅判例［第3集］30頁（構造耐力）
・釧路地裁帯広支判平成15・3・31欠陥住宅判例［第3集］64頁（構造

耐力)
- 京都地判平成15・9・3欠陥住宅判例［第3集］96頁（構造耐力）
- 大阪地判平成15・11・26欠陥住宅判例［第3集］172頁（傾斜）
- 名古屋地判平成17・3・31欠陥住宅判例［第4集］80頁（構造耐力）
- 東京地判平成21・10・1欠陥住宅判例［第5集］244頁（シックハウス）
- 京都地判平成23・7・29欠陥住宅判例［第6集］4頁（防火戸、天井構造、換気扇）
- 京都地判平成23・10・20欠陥住宅判例［第7集］260頁（構造耐力、防火性能）
- 京都地判平成23・12・6欠陥住宅判例［第6集］20頁（構造耐力、防火性能）
- 大阪高判平成24・10・25欠陥住宅判例［第7集］56頁（構造耐力、防火性能）
- 名古屋地判平成24・12・14欠陥住宅判例［第7集］70頁（地耐力）
- 大阪地判平成25・4・16欠陥住宅判例［第7集］134頁（溶接不良）
- 名古屋高判平成26・10・30欠陥住宅判例［第7集］106頁（基礎の構造耐力）

　売主の過失の有無については、建物の瑕疵について売主が容易に知り得たか否か、すなわち瑕疵の部位、重大性のほか、売主の地位、資格などを考慮して判断する必要がある。たとえば、専門的知識を有する建売業者が、一般消費者に対し、建築基準法令に定める最低の基準さえ満たしていない欠陥住宅を売却した場合、過失が認められる。

2　施工業者の責任

　買主と建物の施工業者（建設業者）との間には通常直接の契約関係は存しないが、不法行為の成立要件を満たす限り、施工業者は、買主に対して不法行為責任（民法709条）を負う。施工業者の不法行為責任については、請負型

に関する前記Ⅱ1⑵を参照されたい。

また、民法715条に基づく損害賠償請求については、請負型における民法715条の責任に関する前記Ⅱ2を参照されたい。

3　取締役の責任

取締役の責任については、請負型における取締役の責任に関する前記Ⅱ3を参照されたい。

4　建築士の責任

建築士の責任については、請負型における建築士の責任に関する前記Ⅱ4を参照されたい。

5　部材供給者の責任

部材供給者の責任については、請負型における部材供給者の責任に関する前記Ⅱ5を参照されたい。

6　仲介業者の責任

⑴　仲介業者の義務

不動産売買の際は、宅地建物取引業者が売買の仲介を行うことが一般である。

住生活基本法（平成18年6月8日法律第61号）8条は、住宅関連事業者の責務として、次のとおり規定する。

> 第8条　住宅の供給等を業として行う者（以下「住宅関連事業者」という。）は、基本理念にのっとり、その事業活動を行うに当たって、自らが住宅の安全性その他の品質又は性能の確保について最も重要な責任を有していることを自覚し、住宅の設計、建設、販売及び管理の各段階において住宅の安全性その他の品質又は性能を確保するために必要な措

置を適切に講ずる責務を有する。
2　前項に定めるもののほか、住宅関連事業者は、基本理念にのっとり、その事業活動を行うに当たっては、その事業活動に係る住宅に関する正確かつ適切な情報の提供に努めなければならない。

　不動産仲介業者（宅地建物取引業者）は、住宅関連事業者として、また準委任契約に基づく受任者として、重要事項説明義務（宅建業法35条）等を中核とする信義誠実を旨とする業務上の注意義務を負う（民法656条、644条、宅建業法31条１項参照）。この義務の対象は、仲介業者と不動産仲介契約（民事仲立・準委任契約）を締結した相手方に限定されないから、仲介業者は、直接の契約関係にない第三者に対しても注意義務を負う（最判昭和36・５・26判時261号21頁等）。

　したがって、仲介業者は、欠陥住宅の売買契約を仲介した際、これらの注意義務に違反したと認められる場合には、買主との間で仲介契約がなくとも不法行為責任を負い、仲介契約があればさらに債務不履行責任をも負うことになる。

(2)　宅建業法35条

(ア)　重要事項説明の主体および相手方

　重要事項説明の主体は宅地建物取引業者であり、売主業者、代理業者または仲介業者のいずれをも含む。重要事項説明は、宅地建物取引士が重要事項説明書を交付して、行わなければならない。

　重要事項説明の相手方は、宅地・建物の買主（交換によって取得しようとする者を含む）または借主である。

(イ)　重要事項説明の時期

　重要事項説明書の交付と説明は、契約前（売買・賃貸借・交換の契約締結前）に行わなければならない。

　また、重要事項説明が求められる趣旨は、①買主等に対し、契約を締結するかどうかの判断に影響を及ぼす重要事項について、②書面の交付を伴う説

明を行わせ、③買主等が適切に判断できるような機会を確保することにある。そのため、重要事項説明書の交付と説明に際しては、「購入者等が契約を締結するかどうかを事前に検討することができるだけの時間的な余裕を設けることが必要である」(岡本正治ほか『逐条解説宅地建物取引業法〔改訂版〕』398頁(大成出版社))。

　(ウ)　重要事項説明の対象となる事項

　仲介業者が重要事項説明義務を負う事項は、宅建業法35条に例示列挙された事項に限らず、一般的に取引当事者（になろうとする者）が不動産取引を行うか否かの判断または意思決定を行ううえで重要な要素となる事項を含むと解される（東京地判平成13・6・27欠陥住宅判例［第2集］32頁、大阪地判平成15・11・26欠陥住宅判例［第3集］172頁等）。このことは同条において、「少な・く・と・も次に掲げる事項について、これらの事項を記載した書面（第5号において図面を必要とするときは、図面）を交付して説明をさせなければならない」と規定していることからも明らかである。

　(3)　宅建業法47条1号

　宅建業法47条1号は、同法35条による重要事項説明義務のほかに、「宅地若しくは建物の所在、規模、形質、現在若しくは将来の利用の制限、環境、交通等の利便、代金、借賃等の対価の額若しくは支払方法その他の取引条件又は当該宅地建物取引業者若しくは取引の関係者の資力若しくは信用に関する事項であって、宅地建物取引業者の相手方等の判断に重要な影響を及ぼすこととなるもの」についての事実不告知・不実告知を禁じている。ここから、たとえ一般的には重要事項説明義務の対象とはならない事項であっても、仲介業者が現に認識している事項、および、その認識した事項を前提として容易に認識しうる事項については説明義務の対象となる。

　したがって、仲介業者は、住宅に欠陥があることや建築基準法令違反の事実を知っていたにもかかわらず、これを買主に説明しなかった場合には、債務不履行責任ないし不法行為責任を負う（横浜地判平成9・5・26判タ958号189頁。なお、この裁判例は、4階建てRC構造のマンションにおける木造建築部

分が違法建築であることを知りながら、依頼者である買主にそれを告知しなかった仲介業者に対し、不法行為責任を認めたものである）。

(4) 仲介業者の調査義務

仲介業者は、宅建業法35条に基づき説明義務を負う重要事項に関して、正確かつ適正な説明の前提として調査義務を負う。また、同条による重要事項説明義務の対象外の事項であっても、当該事項が取引当事者の意思決定に与える影響力の大きさと、仲介業者の調査の難易度に応じて、一定の場合には仲介業者は調査義務を負う。

したがって、仲介業者が建物の欠陥について容易に調査しうるにもかかわらず、調査義務を怠った場合には、知っていた場合と同様に、仲介業者は責任を負う。

近時、仲介業者の説明義務の範囲が拡大しつつあることからすると、たとえば、建築確認の有無や中間検査・完了検査の有無、あるいは容易に調査しうる欠陥等について調査を怠り、欠陥建物を仲介した場合には、仲介業者は責任を免れない。

(5) 仲介業者の責任が認められた裁判例

仲介業者の責任が認められた裁判例には、接道要件や通行権等、権利の瑕疵に関するケースが多い（大阪高判平成11・9・30判タ1042号168頁、大阪高判昭和61・11・18判タ642号204頁等）。

① 物的瑕疵に関して、不同沈下が発生した事案において、軟弱地盤であることを知りながら買主に対する説明を欠いた仲介業者に対して不法行為責任を認めた裁判例もある（東京地判平成13・6・27欠陥住宅判例［第2集］32頁。なお、この控訴審判決である東京高判平成13・12・26判タ1115号185頁は、「本件各土地が軟弱地盤であることを認識していたというためには、報告書に記載されたような地質についての詳細な分布までを正確に認識していなければならないと解すべきものではなく、水分が多くて軟弱であり、沈下を起こしやすい地盤というほどの意味を認識していれば足りると解すべきである」として、仲介業者の買主に対する説明・告知義務違反を認めている）。

② 極端に軟弱な地盤により、建物の傾きや、壁面に多数のひび割れが生じるなどしていた事案において、売主側仲介業者は「媒介委託の目的に適合するように、本件建物及び本件土地について必要な情報の収集、調査を行」う義務を負うとしたうえ、「瑕疵につながる可能性のある不具合の存否を目視等で確認し、不具合が認められた場合」には、売主を通じて買主に対しても、その旨を説明すべき信義則上の義務があるとした裁判例がある（東京地判平成25・3・22（ウェストロー・ジャパン））。
③ 売主側仲介業者が自ら認識した重要な隠れた瑕疵や、自らが認識した瑕疵から容易に知りうる重要な瑕疵については、適宜の方法で事実を確認したうえ、買主に告知・説明する義務があるとした裁判例がある（大阪地判平成15・11・26欠陥住宅判例［第3集］172頁）。
④ 建築確認申請図面と著しく異なる施工がなされ、法令の要求する強度基準を満足しない建物（耐力壁量不足の建物。建築確認も経ていない）の売買を仲介した事業者に対し、不法行為責任を認めた裁判例がある（東京地判平成18・7・24（ウェストロー・ジャパン））。
⑤ 実際には東京都建築安全条例の適用（擁壁の低地側に位置するためRC造としなければならない規制）があるにもかかわらず、仲介業者が重要事項説明において「条例適用の可能性がある」旨の記載にとどめ、買主に対して木造建物を建築する参考プランを示した事案で、仲介業者に説明義務違反（不法行為責任）を認めた裁判例がある（東京地判平成24・5・31（ウェストロー・ジャパン））。
⑥ 仲介業者の調査・説明義務（一見してわかりにくい場所にある防火戸の位置・操作方法を買主に説明する義務）を認めた最上級審の裁判例として、最判平成17・9・16判時1912号8頁がある（ただし、当該業者が仲介以外の業務も受託しており、かつ当該業者が売主の100％子会社であったという事情もある）。

Ⅳ　損害論——損害賠償請求の範囲

　欠陥住宅訴訟で請求を検討すべき損害の項目としては、以下のようなものがあげられる。

1　瑕疵修補費用

　瑕疵修補費用の請求にあたっては、①瑕疵（欠陥）を是正し、本来要求されるべき性能と品質を回復するために必要かつ相当な補修方法を確定するとともに、②その補修に要する費用額を確定する必要がある。

　瑕疵の修補については、単に「構造的な安全性を回復するためにどのような補強が必要か」などという視点から検討するだけでは足りない。本来要求されるべき性能と品質を回復させるために相当な方法は何かという視点が重要である。そうでなければ契約に適合しない施工を行っても、次善の補修で足りるという考え方に陥る危険があり、契約に基づく履行責任を軽視する結果となるからである。

　また、民法634条1項ただし書が「瑕疵が重要でない場合において、その修補に過分の費用を要するとき」には、修補を求めることができないと規定していることから、瑕疵の重大性と補修費用額等とを踏まえて、補修の要否や相当な補修方法を判断することが求められる。

　補修方法が決定すれば、補修工事に要する費用について積算を行い、請求すべき損害額を確定する。

　部分的な補修によっては欠陥の除去ができない場合、取壊し・建替えをせざるを得ないこともある。その場合は、取壊し・建替え費用が瑕疵修補に代わる損害賠償の額となる。

　この点、請負契約において、従前、契約解除を認めない民法635条ただし書の趣旨を根拠に請負人に対する取壊し・建替え費用の損害賠償を否定する見解、下級審裁判例もあったが、前述のとおり、最判平14・9・24は、取壊し・

建替え費用の損害賠償を認め、この問題に決着をつけた。

2　補修期間中の代替建物の賃料

補修期間中、当該建物を使用して居住することができない場合に、仮住まいのための代替建物の賃料相当額を請求できる。

3　引っ越し費用

前記2の場合、欠陥建物から代替建物への引っ越し費用および補修後の建物への引っ越し費用（すなわち、往復分）も損害となる。

4　休業損害・逸失利益

欠陥建物が賃貸物件や店舗併用の場合、相当収受賃料、営業用代替建物レンタル料、休業損害が請求できる。代表的な裁判例として、雨漏りによる漏電のおそれから電力の供給を停止され、喫茶店を廃業した事案につき、月額60万円（喫茶店の営業による純収益）の逸失利益を認定したものがあげられる（大阪高判昭和58・10・27判時1112号67頁・判タ524号231頁）。

ただし、被害者側に損害軽減義務があるとして損害額を制限した判例があるので留意する必要がある（最判平成21・1・19判時2032号45頁）。

5　欠陥調査鑑定費用・弁護士費用

欠陥住宅をめぐる民事訴訟においては、注文者の側で瑕疵の存在や損害賠償額等を主張・立証しなければならないが、これには建築や法律に関する専門的知見を要する。

建物における瑕疵の有無および程度並びにその修補に要する費用については、専門家がこれを調査したうえで専門的知見に基づき判断することが適切であり、建築士等の専門家または調査会社による調査および書面の作成等のため、これら専門家等に支払った費用は、不法行為だけでなく、不完全履行や瑕疵担保責任の法律構成の場合であっても、損害として認められる。

弁護士費用については、自己の権利擁護のため訴えを提起することを余儀なくされ、訴訟追行を弁護士に委任した場合には、損害として認められる。欠陥住宅をめぐる民事訴訟においては、不完全履行や瑕疵担保責任の法律構成の場合であっても、あるべき施工と現状の施工およびこれらの食い違いが瑕疵にあたることを基礎づける具体的事実を特定して主張・立証する責任を負うため、不法行為に基づく損害賠償請求訴訟と変わることはなく、弁護士に委任しなければ十分な訴訟活動をすることが困難な類型に属する。そのため、不法行為の場合に限られず、不完全履行や瑕疵担保責任の法律構成の場合であっても、弁護士費用が損害として認められる。

不法行為を主張することによって、これらの費用が認容された裁判例として仙台高判平成18・3・29欠陥住宅判例［第4集］74頁等、不完全履行や瑕疵担保責任の法律構成によりながら調査鑑定費用や弁護士費用を認容した裁判例として仙台地判平成18・8・9欠陥住宅判例［第4集］234頁等がある。

なお、弁護士費用を請求する場合、総損害額の1割程度が一応の目安となる。

6　その他

取壊し・建替えや契約解除が認められた場合には、当該欠陥建物に関する不動産取得税、表示・保存登記費用、住宅ローンのための抵当権設定登記費用、火災保険料、住宅ローン金利などを請求しうる。その他、欠陥と相当因果関係を有する限度において、修補交渉のための交通費、相談料などの諸雑費が損害となりうる。

建物の雨漏りにより建物内の家具等が汚損したことによる損害（拡大損害）も請求しうる（東京地判平成25・3・25判例集未登載等）。

瑕疵の修補が不可能な場合で、瑕疵があることによってその建物の経済的価値が減少したものと認められるときには、瑕疵がない建物と瑕疵がある建物との経済的価値の差額（評価損）が損害となる（福岡地判平成22・5・19欠陥住宅判例［第6集］150頁等）。なお、建物に重大な瑕疵があるために建て替えざるを得ない場合には、建替え費用相当額の損害賠償が認められるため、評

価損は問題とならない。

7 慰謝料

　住居は人間の生活の基本となるものであり、しかも多額の代金を対価として出費するものであるから、建物の欠陥の存在は、財産的損害にとどまらず、重大な精神的損害を惹起する。そのため、瑕疵ある住宅を取得させられた者は、精神的な損害について慰謝料を請求しうる。

　この点、財産的被害の場合には精神的な苦痛を伴っても、財産的損害の回復により精神的損害が回復されるという趣旨の裁判例（たとえば、大阪地判平成12・6・30欠陥住宅判例［第2集］170頁）や、瑕疵担保責任の場合の賠償責任は信頼利益に限るとして、慰謝料の請求を認めない裁判例もある。

　しかし、民法710条の文言からは、財産権の侵害についても慰謝料請求が認められることが明らかである。そもそも財産的損害が回復されたからといって、直ちに精神的な損害が回復されたとする立論は法律的な根拠に乏しい（松本克美「欠陥住宅訴訟における損害調整論・慰謝料論」立命館法学289号806頁以下）。

　また、瑕疵担保責任に基づく請求の場合も、損害賠償の範囲が信頼利益に限定されると明示した最高裁判所の判例はない。それどころか、瑕疵担保責任の構成をとりつつ慰謝料を認容する裁判例も、最近では多数出されていることが注目される。さらに、実務上は瑕疵担保責任と同時に不法行為責任を追及することが多いが、双方の責任が認められる場合には、瑕疵担保責任に基づく慰謝料請求の可否は特に問題とならず、少なくとも不法行為責任に基づく慰謝料が認められうる。

　なお、慰謝料の金額について明確な基準を打ち出すことは難しいが、慰謝料の増額要素としては瑕疵の重大性、補修を要する箇所の多さ、安全性に対する不安感の大きさ、生活上の不便さ、居住期間の長さ、快適な住宅を取得できるという期待の大きさなどが考えられる。

　比較的高額な慰謝料を認めた裁判例としては、合計900万円の慰謝料を認

めた神戸地判平成14・11・29裁判所ウェブサイト、400万円の慰謝料を認めた静岡地裁沼津支判平成17・4・27欠陥住宅判例〔第4集〕258頁、500万円の慰謝料を認めた名古屋高判平成19・6・20欠陥住宅判例〔第5集〕106頁などをあげることができる。

その他慰謝料を認容した裁判例は、以下の表のとおりである。

〔表1〕 慰謝料を認容した裁判例

番号	判決年月日	認められた慰謝料額	入手経緯入手時期	相手方	認められた法律構成・損害額	認定された欠陥	慰謝料を認めた理由
1	大阪地判S57.5.27判タ477号154頁	60万円	請負昭和40年10月	建築士	債務不履行(不完全履行)185万9500円	〔構造〕水平外力に対する耐性の不足。	建設直後から瑕疵に悩まされ、建物を取り壊して居宅を再築するに至ったため。
2	名古屋高判S57.6.9判時1051号99頁	50万円	請負昭和47年8月	請負人	瑕疵担保307万6189円	〔雨漏り〕防水工事不十分による雨水の浸入	入居後まもなく始まった雨漏りによって不快な生活を余儀なくされたため。
3	大阪高判S58.10.27判時1112号67頁	100万円	請負昭和45年9月	請負人	瑕疵担保1515万4183円	〔その他〕不十分な接合等、構造計算のやり直しを行わなかった〔防火・耐火〕主要構造物が耐火構造とされていないこと等	請負契約締結までの経緯、補修の請求や補修の実施等に心労したこと、訴訟のために時間的資力的にも多くのものを費したこと、建設会社側の対応を考慮したため。
4	大阪地判S59.12.26判タ548号181頁	80万円	請負昭和54年12月	請負人	瑕疵担保1545万円	〔構造〕土工事および基礎底盤における基礎の構造耐力に影響を及	建築途中から通し柱の腐朽をめぐる紛争に悩まされ、建築後も数多くの瑕疵の存在が判明し、

Ⅳ 損害論──損害賠償請求の範囲

						ぼす欠陥等		大きな打撃を受けたため。
5	山形地裁新庄支判S60.2.28判時1169号133頁	350万円	請負昭和54年12月	請負人	瑕疵担保2708万9260円	〔その他〕薬局、診察室等間のパーティションのレール調整等約90点の補修箇所		理想的な医院建築のための発注にもかかわらず90点余りにも及ぶ瑕疵を残したこと、建設会社の対応、本件提訴のために時間と費用を多く費やしたこと、将来にわたり当初の目的の達成は期待できないこと等を考慮したため。
6	神戸地判S61.9.3判時1238号118頁	80万円700円	売買昭和53年5月	売主	債務不履行、瑕疵担保、不法行為316万6000円	〔地盤〕敷地(地盤)の盛土につき締固めが不十分であるために生じた不等沈下		念願の住宅を購入したものの、これに瑕疵があることによって多大な精神的苦痛を受けたため。
7	大阪地判S62.2.18判タ646号165頁	①80万円、②80万円、③20万円	請負昭和50年	①請負人、②設計会社、③設計会社代表者	①瑕疵担保②民法旧44③不法行為①3062万5520円、②2355万9499円、③2345万2848円	〔構造〕鉄骨柱柱梁の接合部分において構造力学上支障が生じたこと、剛接合たる完全溶込溶接がされておらず、その存在応力を十分に伝達しうる構造になっていな		①建物の瑕疵の判明により大きな打撃を受け、請負業者との補修交渉などにより多大の精神的労苦を受けたため。②③念願の建物を新築したものの瑕疵に悩まされ、建物が傾斜して北隣の建物にもたれかかっていることに対する近隣へ

63

							いこと、敷地の地耐力につき誤った設計がなされ、べた基礎構造が施工されたことに起因して不等沈下が生じたこと等	の配慮や請負業者との補修交渉により受けた精神的労苦は多大であったため。
8	東京地判H5.3.24判時1489号127頁	10万円	売買昭和58年3月	売主	不法行為1947万6850円	〔防水〕防水・防湿処理が不十分		居住していなかったが、地下室に虫、かびおよび異臭が発生したことによって不快感を感じさせられたため。
9	熊本地判H10.1.29欠陥住宅判例〔第1集〕228頁	100万円	請負平成2年	請負人	瑕疵担保1886万5971円	〔構造〕①筋かいの不足・切断、②火打材の不足、③通し柱の不足・欠き取り、④構造耐力上必要な軸組の不足、⑤重要部分の緊結不足、⑥柱の著しい傾き		居宅の新築を心待ちにしていたにもかかわらず、現在に至るまでそれが実現されないため。
10	熊本地判H10.3.25欠陥住宅判例〔第1集〕204頁	75万円	請負平成6年	請負人	瑕疵担保500万円	〔構造〕①火打梁の欠落、②羽子板ボルトの欠落〔その他〕その他多数		数多くの瑕疵のあったことおよび建物に入居したまま補修工事をすると費用が認定された補修工事費用の額を

							上回ることになること等を考慮したため。
11	神戸地判H10.6.16欠陥住宅判例［第1集］428頁	死亡慰謝料各1700万円ずつ	請負（ただし増築に関する紛争）昭和39年10月および昭和44年11月の各増築	所有者	①不法行為、②民法717の工作物所有者責任2281万、2777万5000円	〔構造〕増築部分の強度不足	宿泊していた客室を含む建物の一部が崩落し、若くして死亡したため。
12	大阪地判H10.7.29欠陥住宅判例［第1集］4頁	100万円	売買平成元年2月	建設業者、建築士	不法行為6002万4912円	〔地盤・擁壁〕擁壁の傾斜〔基礎〕底盤厚み不足〔構造〕①緊結不足（令47、公庫）、②筋かい欠落（令46、公庫）	両親を引き取る予定で土地・建物を購入したにもかかわらず、入居当初からさまざまな瑕疵に悩まされ両親を引き取ることもできず、建物が倒壊するかもしれないという不安を感じながら今日に至ったため。
13	大阪地判H10.12.18欠陥住宅判例［第1集］82頁	100万円	売買平成元年	①売主、②建設業者、③建築士	①瑕疵担保、②不法行為、③不法行為921万0026円	〔基礎〕間仕切り基礎の耐力不足（令38Ⅰ）〔構造〕①柱脚の緊結不良（令66）、②鉄骨柱鉄骨梁の仕口（接合部）の溶接不良（令67Ⅱ）	母子2人暮らしであったが、入居以来、現在まで雨漏りと揺れに悩まされ、寝具、カメラ、ビデオ、ソファー等にカビが生えるなどの生活上の不安や損害を被ってきたため。

						〔その他〕①外壁の構造強度不足、②耐火構造不良	
14	福岡地裁小倉支判H11.3.30欠陥住宅判例〔第1集〕288頁	50万円	請負平成2年	請負人(建設業者)	(主位)不法行為、使用者責任(予備)債務不履行844万2624円	〔地盤・擁壁〕壁量不足〔構造〕基礎と土台の緊結不良(土台に半分くらいしか鉄骨が乗っていない)(令42Ⅱ)〔その他〕補修工事に際しての注意義務違反	建築基準法に違反する構造上も危険な建物を建築し正当な建築確認申請もしなかったこと、住居供給者の対応、建物取得者が交渉にかなりの労力を費やさねばならなくなったこと等を考慮したため。
15	大阪地判H11.6.30欠陥住宅判例〔第1集〕60頁	100万円	売買平成6年および平成7年	①売主(業者)、②工事監理設計事務所、③仲介業者	①瑕疵担保(解除)・不法行為、②不法行為、③債務不履行・不法行為、①②③共同不法行為4969万6520円、4641万1200円、2455万5460円	〔基礎〕構造強度不足〔構造〕構造強度不足	
16	神戸地判H11.9.20欠陥住宅判	原告(負傷者)100万	賃貸借不明	①貸主兼所有者、②	2169万6477円、	〔地盤・擁壁〕①壁厚や壁量が不	(原告・負傷者)心的外傷後ストレス障害が発症

IV 損害論──損害賠償請求の範囲

	例〔第1集〕370頁	円、原告（死者を相続）1000万円		仲介業者	1883万5533円、1874万0432円、1599万4886円	足、②コンクリートブロック壁に配筋された鉄筋量が十分ではない〔構造〕鉄筋と柱や梁の溶接不良	し、現在も通院治療中であるため。（原告・死者を相続）死亡慰謝料として。
17	福岡地裁H11.10.20欠陥住宅判例〔第1集〕174頁	50万円	請負平成6年	請負人	不法行為1207万4131円	〔基礎〕地盤状況に対応していない基礎	建物の基礎の沈下に起因する不具合により、長時間にわたり多大の精神的苦痛を被ったため。
18	京都地判H12.3.24欠陥住宅判例〔第1集〕344頁	40万円／60万円／120万円	売買(青田売り)平成6年	売主	債務不履行もしくは不法行為67万5000円／135万円／180万円	〔その他〕信義則上の注意義務違反	西に向いたため夏季には室内の温度が上昇したり眩しかったりし、冬季には室内が寒く、窓や壁面の結露がひどいため。慰謝料の差は、マンションの売買代金額や間取り等によるもの。
19	大阪地判H12.9.27欠陥住宅判例〔第2集〕4頁①	50万円	売買平成9年	①売主、②売主代表者、③施工業者、④建築士	①瑕疵担保(解除)、②③④不法行為3974万2399円	〔基礎〕布基礎のはつり〔構造〕①軸組長さの不足、②軸組配置の釣り合い不良、③筋かいおよび火打梁の緊結不良〔その他〕	構造性能・外壁防火性能上の著しい欠陥があり、建物取得者ら家族の生命身体に重大な被害をもたらすかもしれないとの不安を抱きながら、居住を継続しているため。

						あり	
20	神戸地裁尼崎支判 H12.10.27 欠陥住宅判例〔第2集〕190頁	100万円	売買 平成7年	売主	瑕疵担保 3386万円	〔構造〕①耐力壁の厚さが不足、②基礎スラブの堅牢さが不足〔その他〕③防火性能欠如、④天井スラブ、壁梁、地中梁が欠如	快適な生活空間が確保されないこと等による精神的苦痛、被災者であり期待して入居した建物に重大な構造上の欠陥が発見され、建替えを要することになってしまったこと等の事情を考慮したため。
21	和歌山地判 H12.12.18 欠陥住宅判例〔第2集〕484頁	200万円	請負 平成7年3月10日請負契約、平成8年3月28日引渡し	請負人（法人）	〔主位的請求〕建物収去土地明渡し①請負契約の無効：一括下請による公序良俗違反、②請負契約の解除：債務不履行、瑕疵担保(民法635ただし書は信義則上排除)〔予備的請求〕損害賠償①不法行為、債務不履行、②瑕疵担保 2684万円	〔その他〕開放廊下・バルコニーの床スラブ、手すり壁・堅樋開口部のひび割れ、屋根のシングル瓦葺の浮きや飛散、屋根と樋の隙間の水切り、外壁タイルのひび割れ、エレベーター昇降路内のジャンカ	不適正な配筋につき補修不可能であること、耐火性の面でも補修は不可能なことを考慮したため。

22	長崎地裁大村支判H12.12.22欠陥住宅判例[第2集]294頁	150万円	請負平成8年	①請負人、②①の代表者、③①の従業員(建築士)	①瑕疵担保、②③不法行為5744万2000円	[地盤・擁壁]①確認図書どおりの地中梁なし、②基礎梁の断面欠損と主筋の切断、③重要部分に布基礎の不施工、④柱の基礎の欠落、⑤杭基礎の安全性[基礎]①耐力壁の耐力不足、釣り合い不良、②構造部分の緊結不良、③小屋筋かいのたわみ、④小屋束の材寸不足、⑤垂木継手配置不良(割れ、節等)、⑥根がらみの未施工、⑦バルコニーの床組不良[その他]施工不良箇所あり	建物の欠陥は建物の構造上の安全性に係るものであること、建物供給者の誠意のない対応を考慮したため。
23	札幌地判H13.1.29欠陥住宅判例[第2集]72頁	それぞれに100万円	売買平成8年	①売主、②売主役員、③建築士	1155万6370円／2199万0620円	[基礎]かぶり厚さ不足[構造]①基礎と土台の緊結不良	(明示なし)

						（アンカーボルト不存在）、②筋かいの欠落、③筋かいの緊結不良ほか多数	
24	東京地判H13.1.29欠陥住宅判例［第2集］124頁	200万円	売買平成7年	①売主、②売主関連会社	①瑕疵担保(解除)・不法行為、②不法行為2529万7374円	［基礎］布基礎幅不足［構造］①柱の小径不足、②耐力壁線の間隔が広すぎ、各階でも不一致により、偏心［その他］防火性能	念願のマイホームを購入したところ、再築を必要とする程度という重大な安全性に係る瑕疵が存在したため。
25	岡山地裁倉敷支判H13.5.2欠陥住宅判例［第2集］282頁	100万円	請負平成9年	①請負人、②①の代表取締役、③建築士、④③が代表取締役の法人	①瑕疵担保・不法行為、②民法44Ⅱ、③不法行為、④民法44Ⅰ1280万3396円	［基礎］割栗厚さ不足、②捨てコンクリート欠如、③底盤厚さ不足、③かぶり厚さ不足［構造］①柱と横架材等との緊結不足、②火打材の欠如［その他］多数	多岐にわたる瑕疵につき、建て替えられるまで建物で生活する不都合、不便があるため。
26	東京地判H13.5.23欠陥住宅判例［第2集］392頁	200万円	売買平成3年4月25日	販売会社(設計施工を担当した会社が補	不法行為、瑕疵担保245万2204円	［その他］上水道管の継手部分の切断面やねじ部の腐食	水道からの赤水という毎日接する問題が長期間続いていることおよび本件に対し相当な労力等

Ⅳ 損害論——損害賠償請求の範囲

				助参加)			を負担していること等を考慮したため。
27	東京地判H13.6.27欠陥住宅判例[第2集]32頁	480万円、490万円、500万円、510万円	売買平成5年	①売主、②仲介業者	①瑕疵担保(解除)・不法行為、②不法行為4892万4650円／5310万8835円／5240万3200円／5247万9101円	[地盤・擁壁]地盤沈下[基礎]地盤状況に対応していない基礎	①軟弱地盤の説明がなかったため別の物件の購入を検討する機会を喪失したうえ、快適で平穏な生活への期待を裏切られたため、②売買契約を締結するに至った経緯、説明内容、交付された重要事項説明書の記載など本件に現れた全事情を考慮したため。地盤の性質に関する説明内容は後になるほど後退しており、遂には何らの記載もされていないなどの不誠実な言動があったこと等の諸事情を考慮して慰謝料に差が生じている。
28	京都地判H13.8.20欠陥住宅判例[第3集]4頁	200万円	新築売買平成5年	①売主、②売主側仲介業者、③②の従業員で確認申	①不法行為、瑕疵担保、②〜⑤不法行為、⑥債務不履行、不法行為	[構造]構造耐力不足[防火]防火性能	建物に欠陥があることにより地震等でその生命や身体に重大な損害を被るかもしれないとの将来の危険にさらされているため。

71

				請において建築主となった者、④代願建築士、⑤施工業者、⑥買主側仲介業者	287万7500円		
29	神戸地判 H13.11.30 欠陥住宅判例〔第2集〕466頁	100万円	請負契約平成8年6月8日請負契約、平成9年5月引渡し	請負人(法人)および建築確認を行った建築士	請負人(法人)：不法行為、不完全履行、瑕疵担保(選択的主張)建築士：工事監理契約の債務不履行(主位的)、不法行為(予備的) 4800万円	〔構造〕柱と梁の接合部のダイヤフラム欠落柱・大梁仕口部の完全溶込溶接の不施工	欠陥が建物の構造上の安全性にかかわるものであること等を考慮したため。
30	横浜地裁川崎支判 H13.12.20 欠陥住宅判例〔第2集〕426頁	100万円	請負契約平成5年9月請負契約、平成6年7月引渡し	建設業者、建築士(監理契約あり)	建設業者：不法行為、債務不履行、瑕疵担保、建築士：不法行為、債務不履行 1億3069万5940円	〔その他〕コンクリートの打込不良、ジャンカおよびコンクリートの強度不足、コンクリート内の夾雑物、コールドジョイント、鉄筋に	建物の建築経過、建物の状況、取壊し、再築の必要性があること、その他諸般の事情を考慮したため。

IV 損害論──損害賠償請求の範囲

						対するコンクリートのかぶり厚さ不足、柱の帯筋の欠落	
31	名古屋地裁岡崎支判H14.2.26欠陥住宅判例〔第3集〕398頁	100万円	請負平成3年9月頃	請負人	瑕疵担保と思われるが記載なし4388万7751円	〔構造〕基礎コンクリートの強度不足(設計基準強度210Kg/㎠のところ139.3Kg/㎠しかない)、鉄骨の種類・強度に瑕疵あり(一部の箇所での瑕疵を全体に類推した)	建物の構造上の重大な瑕疵により再築を余儀なくされ、その間、居住を強いられてきたものであることおよび本件紛争の経緯等を考慮したため。
32	前橋地裁沼田支判H14.3.14欠陥住宅判例〔第2集〕412頁	200万円	売買平成3年	市(土地売主)	債務不履行、瑕疵担保、不法行為1476万1500円	〔地盤・擁壁〕地盤沈下	建物の揺れ等に10年以上も悩まされていることおよび住宅供給者の対応を考慮したため。
33	盛岡地裁一関支判H14.5.10欠陥住宅判例〔第3集〕206頁	①住宅取得者100万円、②住宅取得者の配偶者50万円	請負平成8年	請負人	瑕疵担保ないし不法行為2355万1000円	〔基礎〕①地盤に不適な基礎の施工、②基礎の寸法不足、③かぶり厚さ不足、④基礎内部盛土が外周部地盤より低い〔構造〕①基礎と土台	①下請業者の求めに応じ住宅供給者の未払いの下請代金を支払ったこと、②住宅供給者の対応、③生活上の不便を被ったほか、転居や借家住まいを余儀なくされていることを考慮したため。

第 2 章　欠陥住宅被害救済の基礎知識

						の緊結不良、②火打土台の手抜き施工、③１階床組の施工不良、④水平構面の施工不良、⑤筋かい不足、⑥柱と梁等の横架材の仕口の緊結不良、⑦間柱の取付不良、⑧小屋束、棟木、母屋、梁等の横架材の緊結不良、⑨小屋束の揺れ止め施工なし、⑩棟木、母屋の当たり面の未確保〔その他〕あり	
34	東京地判 H14.6.17 欠陥住宅判例［第３集］142頁	それぞれ100万円	土地建物売買契約（建売）平成９年	①建売業者、②建売業者代表者、③建設業者、④建設業者代表者	①売主：不法行為、債務不履行、瑕疵担保(選択的主張)、②代表者：取締役責任、不法行為(選択的主張)、③建設業	〔構造〕①溶接が「隅肉溶接」といわれる溶接方法でなされており、設計図にあるラーメン構造になっていない、②鉄骨造の建物に	待望の新築家屋を購入したものの、建物の揺れに悩まされ、構造上および耐火上の安全性を欠くものであることが判明し、不安の中での生活を強いられたため。

74

IV 損害論──損害賠償請求の範囲

					者：不法行為、④代表者：取締役責任、不法行為(選択的主張)3040万7000円／3092万4200円	木製の筋かいという建築基準法令上認められていない施工〔その他〕①設計図に記載されている鋼管とは異なるもの＝強度不足、②耐火性能欠如	
35	大阪地判H14.6.27欠陥住宅判例〔第3集〕226頁	100万円	請負	①請負人、②宅地造成業者	①不法行為、債務不履行、瑕疵担保、②不法行為、①②共同不法行為1903万9558円	〔地盤・擁壁〕擁壁地盤の支持力不足、盛土の転圧不足、地盤改良工事の不良施工(柱状改良体が支持層に達していない)を原因とする、不同沈下およびこれに起因する建物損傷	生活の本拠たる本件建物の不同沈下のために瑕疵ある住宅に居住することとなったため並びにその長期間にわたる解決のための交渉および訴訟をせざるを得なくなったため。
36	松山地裁西条支判H14.9.27欠陥住宅判例〔第3集〕30頁	250万円	新築売買平成3年	①売主、②設計事務所、③建築士(設計事務所代表・名	①売買瑕疵担保、予備的に請負瑕疵担保、不法行為、②③不法行為2311万	〔地盤・擁壁〕①掘削土地埋戻しの際の転圧不十分、②擁壁の水抜き穴不設置〔基礎〕基礎が無筋で	生活の本拠とする自宅に欠陥があることおよび長期にわたり欠陥のある建物で起居することを余儀なくされ不安を感じながら生活せざるを得

				義貸し建築士)	7656円	栗石地業や基礎スラブがない	なかったため。
37	神戸地判H14.11.29欠陥住宅判例[第3集]296頁	①不快で非健康的な生活を送ってきたことによる慰謝料は700万円（1年間あたり100万円弱の7年10か月分）、②経済価値下落による慰謝料として、200万円(請負代金6765万円3920円の約3％)	請負	施工業者	不法行為、債務不履行、瑕疵担保 2855万円	建物基礎の設計上の瑕疵、釘打等告示違反、基礎コンクリートかぶり厚さ不足	大きく傾いているため平衡感覚がおかしくなり眩暈、むかつきを覚えることもある等7年10カ月間にわたり不快で非健康的な生活を送らされていることおよび建物の補修を行ったとしても瑕疵のない建物と比較して経済的価値が下落していることを考慮したため。
38	釧路地裁帯広支判H15.3.31欠陥住宅判例[第3集]64頁	それぞれ100万円	新築売買平成10年	①売主、②会社代表者、③会社従業員(監理者)	①瑕疵担保(解除)、不法行為、②不法行為、旧商法266ノ3、③不法行為 1865万円	[地盤・擁壁]①水はけの悪さ、浄化排水性能不足。床下浸水する、②不同沈下 [基礎]①	瑕疵により生じた悪臭や美観上の問題にさらされ、補修交渉等の苦労をしたため。

						[基礎]基礎と土台との隙間に木片を数枚挟んで調整。基礎配筋露出、②基礎がずれて施工され、これに乗るべき柱が2本省略〔構造〕①小屋裏および1階天井裏につき、垂木が金物により取り付けられていない。根太を止め付ける釘の不足等、②床組につき、梁の釘不足等〔その他〕公道に面していない	/1496万円
39	仙台地判H15.12.19欠陥住宅判例[第3集]368頁	10万円	請負平成5年	①請負人、②請負人代表者(二級建築士)	①債務不履行(不完全履行)、②不法行為831万7500円	[基礎]①捨てコンクリート未施工、②かぶり厚さ不足、③基礎底盤の厚さ不足〔その他〕あり	本件建物に居住していないものの、工事に瑕疵が存在したことにより、建物に保管している古美術品が雨漏り等で汚損されるのではないかという不安を抱き続けてきたため。

40	東京地判 H16.5.27 欠陥住宅判例［第4集］378頁	200万円	請負 平成11年頃(ただし、建物の完成があったと評価できず、事実上の引渡しのみ)	①請負人、②請負人の代表取締役、③請負人の取締役と現場監督	①(主位的)解除による原状回復請求に基づく請負代金請求、(予備的)瑕疵担保、②債務不履行、旧商法266ノ3、③旧商法266ノ3(取締役)、不法行為(現場監督) 8453万3680円	［地盤・擁壁］地盤がガラと空隙で構成されており、致命的欠陥あり ［基礎］床スラブの強度不足 ［構造］筋かいの施工、小屋組に火打材、触れ止め、小屋筋かいが取り付けられていない ［その他］防音室の遮音設計のミス、外壁の施工が雑	ガラ投入行為は悪質かつ違法な行為であるため
41	名古屋地判 H17.3.31 欠陥住宅判例［第4集］78頁	50万円	新築売買 平成9年	①売主、②施工業者、③建築士	①〜③につき不法行為、①につき瑕疵担保 695万0800円	［基礎］①割栗石等がほとんどない、②かぶり厚さ不足、③配筋不足 ［その他］あり	新婚生活を開始する場所として土地建物を購入したところ、欠陥の判明等によって不安を抱いているため。
42	静岡地裁沼津支判 H17.4.27 欠陥住宅判例［第4集］258頁	400万円	請負 昭和62年9月27日	施工業者(民事再生中の業者からの代金請求に	瑕疵担保、不法行為 1786万円	［構造］溶接不良(令36・67等)	溶接欠陥という構造上の瑕疵が存在し、建物として有すべき最低限の構造強度を備えておらず生命財産への危

IV 損害論——損害賠償請求の範囲

				対する反訴)			険に晒されながら長年にわたって居住させられたため。
43	大阪地判H17.10.25欠陥住宅判例〔第4集〕500頁	50万円	請負平成15年	施工業者、建築士(施工業者と同一人物)	不法行為、瑕疵担保、契約解除、詐欺取消し、信義則違反の抗弁834万7252円	〔構造〕構造計算がない(法20Ⅱイ、6①Ⅱ)〔その他〕既存建物の強度、新たに設置する柱等の強度、接合部に対する配慮が乏しい	請負契約に至る経緯および工事中のやりとり、工事後の建物は構造上の安全性に欠け、工事前よりも建築基準法所定の構造強度を大きく下回る危険な建物となったこと等のため。
44	広島高裁H17.10.27欠陥住宅判例〔第4集〕416頁	100万円	請負平成11年	請負人	①瑕疵担保、②債務不履行ないしは不法行為1619万6318円	〔基礎〕基礎コンクリート強度不足〔その他〕結露、屋上防水、設備関係の施工が雑	結露に悩まされたためおよび数度の圧縮強度試験による建物に対する侵襲が考えられる等のため。
45	名古屋地判H17.10.28欠陥住宅判例〔第4集〕286頁	150万円	請負平成12年11月末	①施工業者、②施工業者の取締役、③設計会社、④建築士(設計会社の代表者)	①瑕疵担保、不法行為、②不法行為、③民法44、旧商法78②、旧有限会社法32、④不法行為3908万6099円	〔構造〕①使用された柱・梁が縮小された、②溶接不良(設計図書上、突き合わせ溶接とされているところが、隅肉溶接されている)〔その他〕ルート2の構造計算を	一生に一度の買い物といわれる住宅建築にあたり、重大な瑕疵の存する建物を建築され、住宅ローンと居住費の二重払いを余儀なくされているため。

						満たしていない(令82の3)	
46	神戸地裁洲本支判 H18.3.31 欠陥住宅判例［第4集］314頁	200万円	請負	①請負人(会社)、②請負人の代表取締役	①不法行為・瑕疵担保、②不法行為 4000万円	〔地盤・擁壁〕地盤に対する基礎の不施工(令93)	建物の状況および住宅供給者の対応等を考慮したため。
47	高松高判 H18.4.27 欠陥住宅判例［第5集］4頁	100万円	売買 平成3年12月引っ越し	売主、設計監理者、設計事務所	不法行為、瑕疵担保（選択的請求） 2199万3656円	〔地盤・擁壁〕①不等沈下、②擁壁設置の際の転圧不足、③建築確認と異なる粗悪な基礎・排水設備の瑕疵	生活の本拠とする自宅に瑕疵があり、長期にわたり瑕疵のある土地建物で不安を感じながら生活することを余儀なくされたため。
48	長野地裁諏訪支判 H18.5.11 欠陥住宅判例［第4集］526頁	100万円	請負 平成11年	施工業者	不法行為、瑕疵担保 4901万3127円	〔地盤・擁壁〕支持地盤の強度不足 〔地盤・擁壁〕基礎梁の鉄骨が3本必要のところ2本とする構造となっている 〔その他〕鉄骨の溶接不良、鉄骨の大梁の横補剛が欠落している	建替えが必要な瑕疵であり、再度建築工事のためにさまざまな負担をしなければならないため。
49	大阪地裁堺支判 H18.6.28	50万円	請負 平成13年	建設会社、建築士	不法行為、瑕疵担保 1763万	〔基礎〕①べた基礎の必要鉄筋断	建物に重大な欠陥が存在し、崩壊する不安に脅

IV 損害論——損害賠償請求の範囲

欠陥住宅判例［第5集］68頁				9626円	面積の不足、②べた基礎の鉄筋に対するかぶり厚さの不足〔構造〕①法20Ⅱが規定する建築物には該当せず構造計算による安全性の確認は不要であるが、最低限の基準を定める建築基準法および同法施行令に規定する建物構造に関する基準を用い一般的な小規模木造住宅に通常備わるべき構造上の安全性を満たすかを判断するのが相当であり、構造計算もその判断基準の1つとして用いることができる、②2階台輪のたわみおよび床梁等の緊結不	かされているため。

81

						良、③1階張間方向の耐力壁不足〔その他〕その他施工不良		
50	名古屋高判H19.6.20欠陥住宅判例〔第5集〕106頁	500万円	請負平成13年10月	請負人	瑕疵担保、不法行為676万5284円	〔その他〕①天井高の約定違反、②欄間の設置の約定違反、③床高の約定違反、④その他施工不良等	こだわりをもって契約を締結したにもかかわらず契約内容と異なる住宅に住まなければいけないことおよび瑕疵が目につく部分であること等を考慮したため。
51	神戸地判H19.4.20欠陥住宅判例〔第5集〕274頁	80万円	請負	請負人、請負人を紹介した仲介者	債務不履行、不法行為1009万6860円	〔その他〕請負人が一方的に工事を途中で放棄したことを認定	施工放棄以降約1年半もの長期間にわたり、本件工事が中断された状態の、極めて不細工かつ不便な本件建物での生活を強いられているため。
52	岐阜地判H19.6.22欠陥住宅判例〔第5集〕318頁	100万円	請負平成10年8月引渡し	①請負業者、②下請業者・代表取締役、設計監理者、部材供給業者	①不法行為、瑕疵担保、②不法行為5130万円	〔地盤・擁壁〕支持力不足〔基礎〕①布基礎底盤厚さ不足、②捨てコンクリートのコンクリートの未施工〔構造〕①必要軸組長さ不足、②床組の剛性が確保され	建物の欠陥が構造上の安全性にかかわるものであること等を考慮したため。

IV 損害論──損害賠償請求の範囲

						ていない〔その他〕①木材の腐敗、②防蟻等の耐久性の欠陥、③耐力壁不足	
53	東京地判H20.1.25判タ1268号220頁	100万円	請負平成8年	設計事務所	不法行為990万2476円	〔防水〕①防水工事不良〔その他〕①床下基礎のはつり、鉄筋が露出、②床下土台を給湯管が半分ほど欠きこんで貫通、③防蟻処理不良	不法行為の内容、程度、原告に生じた損害の程度等を考慮したため。
54	和歌山地判H20.6.11欠陥住宅判例〔第5集〕170頁	100万円	請負平成7年	①請負人、②請負人代表取締役、③建築士	①瑕疵担保、不法行為、②不法行為、取締役の第三者責任、③不法行為3828万1000円	〔地盤・擁壁〕地盤の不同沈下〔基礎〕①杭基礎打設等の不同沈下対策不実施、②底盤配筋量不足、立ち上がり主筋の耐力不足〔構造〕①筋かいの緊結不良、②土壁の寸足らず、③壁量不足、④小屋組振れ	建物の瑕疵により、安全性に不安を感じながら生活しなければならないため。

第2章　欠陥住宅被害救済の基礎知識

No.	判例	金額	契約	相手方	請求原因	欠陥内容	理由
						止め不設置	
55	神戸地判H20.8.21 欠陥住宅判例[第5集]432頁	100万円	売買平成13年	土地の売主	瑕疵担保、債務不履行、不法行為 2972万9616円	[地盤・擁壁]①擁壁コンクリートのかぶり厚さ不足等、②擁壁の透水層・水抜き穴の不施工・不足等、③地下ガレージの透水層不施工	法令上の基準を満たさないという土地の瑕疵等により安全への不安があるため。
56	名古屋地判H20.11.6 欠陥住宅判例[第5集]42頁	50万円	売買平成15年3月28日	①売主、②建設業者、③設計事務所、④建築士	①瑕疵担保(品確法)、②不法行為 1564万4715円	[基礎]構造耐力不足 [構造]①構造耐力不足、②柱梁接合部の欠陥	重大な瑕疵があるため。
57	大阪高判H21.2.20 欠陥住宅判例[第5集]482頁	60万円	売買平成17年	売主(一般人)、仲介業者	不法行為または瑕疵担保、債務不履行 60万円	[防水]雨漏り	既存住宅の住宅性能表示制度を利用する機会を奪われたため。
58	東京地判H21.10.1 欠陥住宅判例[第5集]244頁	700万円、弁護士費用も含まれている。	売買平成12年	売主(マンション分譲業者)	①不法行為、②債務不履行、③瑕疵担保、④錯誤無効 3662万3303円	[その他]引渡し時に厚生省指針値を大幅に超えるホルムアルデヒド濃度であった。	後遺障害が残存するに至り、就労や居住場所の制約をはじめとする著しい生活上の不便を強いられているため。なお、本件口頭弁論終結時において弁護士費用の金額が確定していなかっ

Ⅳ　損害論——損害賠償請求の範囲

							たため、慰謝料の算定において弁護士費用を斟酌されている。
59	山口地裁下関支判H22.2.15欠陥住宅判例[第6集]482頁	30万円	請負平成13年10月	施工業者	①瑕疵担保、②不法行為、③債務不履行581万3961円	[地盤・擁壁]盛土材不適、転圧不足による地盤沈下[基礎]杭の長期許容支持力不足[構造]①基礎と床スラブ不緊結、②吊り加工がボルト接合でなく溶接加工になっている、③壁の黄胴緑のピッチ不備、④床と壁の接合部に巾木がない[その他]地盤沈下に伴う欠陥現象多数	補修工事完了までの期間、瑕疵のある土地建物で診療所の経営を行わざるを得なくなったため。
60	名古屋地判H22.5.18欠陥住宅判例[第6集]302頁	100万円	請負平成18年3月	①施工業者(法人)、②施工業者代表者(個人)、③設計監理者	①瑕疵担保(損害賠償)、不法行為、②不法行為、③不法行為110万円	[構造]構造計算すら無意味なほどずさんな柱梁接合部の不適切な溶接がされていた。[その他]	建物の致命的な構造欠陥によって自身や従業員の生命・身体に対する懸念を抱えながら生活を送ることとなったこと、建替えを余儀なくされ

85

						接合部分に隠ぺい工作がなされていた。		るほどの欠陥でありかつ故意によるものであることおよび施工業者の対応を考慮したため。
61	福岡地判H23.3.24 欠陥住宅判例［第6集］426頁	1戸あたり50万円	売買平成11年4〜5月	①販売会社、②建設会社、③設計事務所、④建築士2名(監理および構造計算)。ただし、判決前の和解等により、判決時の被告は、④構造計算を行った建築士のみ	①瑕疵担保、②不法行為(使用者責任)、②④不法行為1億7554万5686円	〔構造〕構造計算書作成時の許容応力度等計算に誤り(H12の建築基準法改正による限界耐力計算導入前)		建物としての基本的な安全性を損なう瑕疵があり、マンションが大きく毀損するのではないかとの不安を抱えて生活せざる得ないものであり、補修工事に伴い、代替住居における生活を余儀なくされること等を考慮したため。
62	京都地判H23.7.29 欠陥住宅判例［第6集］4頁	30万円	売買平成15年10月	①売主(施工業者)、②建築士(設計・監理)、	①瑕疵担保・債務不履行・不法行為、②不法行為、③債務不履行・	〔構造〕①延焼のおそれのある外壁開口部の防火戸違反(法64)、防火戸違反		防火基準を満たさない本件建物で居住することを強いられていたことや欠陥ないし瑕疵を補修する工事期間

IV 損害論──損害賠償請求の範囲

				③仲介業者	不法行為628万1608円	(法62、令136の2)、②床直下、屋根直下の天井構造の違反(法62、令136の2)、③換気扇の違反(令112⑯)	中、本件建物で居住することを強いられることとなるため。
63	京都地判H23.12.6欠陥住宅判例[第6集]20頁	100万円	売買平成7年8月	①売主、②設計者、③施工業者	不法行為3048万2441円	〔基礎〕基礎鉄筋量不足〔構造〕①有効壁長さの不足、②筋かいの緊結が行われていない箇所あり、③通し柱になっていない箇所あり〔防火〕防火性能の不足	生命および身体の安全に関係する主要な構造部分について基本的な構造耐力性能および防火性能を欠くものであることおよび仮住居建物における居住を余儀なくされたため。
64	横浜地判H24.1.31欠陥住宅判例[第7集]298頁	1戸あたり200万円	売買平成15年2月～平成16年2月	①指定確認検査機関、②横浜市、③設計事務所、④建築士	①③④不法行為、②国家賠償責任4136万2485円～257万8993円	〔構造〕構造耐力不足	住宅として購入していることおよび耐震強度不足を知って以来不安を感じていること等を考慮したため。
65	静岡地判H24.5.29欠陥住宅判	100万円	請負平成16年4月	①設計監理業委託建	①③債務不履行、不法行為、	〔基礎〕偏心基礎の強度不足	建物の構造計算に問題があるため建物倒壊の不

87

	例［第7集］230頁		17日	築士、②構造計算請負建築士、③指定確認検査機関	②不法行為 5987万5119円	〔構造〕①剛床仮定が成立しない、②中庭W25壁が建物と一体として変形しない、③壁の補強筋不足・せん断耐力不足、④壁厚不足、⑤竪穴区画が形成されていない	安を抱えながら居住していることおよび訴訟のために多大な時間と労力を費やしていることを考慮したため。
66	東京高判H24.6.12欠陥住宅判例［第7集］412頁	通院慰謝料80万円、後遺障害慰謝料690万円	賃貸平成19年6月	工作物占有者	不法行為および土地工作物責任（過失相殺前）2077万2062円	〔その他〕スロープの勾配が東京都福祉まちづくり条例に違反	店舗出入口付近（犬走り）のタイルの設置等に瑕疵があり、転倒し、左前腕骨折の傷害を負わされ、症状固定日まで約3カ月半の通院を要し、左手関節の可動域制限および左手関節の運動時痛の後遺障害が残ったため。
67	大阪高判H26.1.17欠陥住宅判例［第7集］146頁	200万円	請負平成10年6月	①設計事務所、②監理建築士、③施工業者、④施工業者の代表者	①②債務不履行、不法行為、③請負人の瑕疵担保責任、④会社法429Ⅰ3910万9885円	〔基礎〕①基礎コンクリートかぶり厚さ不足、②1階ガレージ部のべた基礎未施工、③基礎開口部の補強未施	建物の構造耐力上の安全性にかかわる瑕疵であり、修補等のための交渉および本件訴訟が相当程度長期間にわたったこと等を考慮したため。

IV 損害論——損害賠償請求の範囲

	判例	金額	契約	当事者	請求	瑕疵内容	理由
						工、④地中梁の配筋不良等	
68	大阪地判H26.10.6欠陥住宅判例［第7集］462頁	後遺障害慰謝料110万円	賃貸借平成10年	外部塗装業者	不法行為223万5472円		主症状として持続あるいは反復する頭痛および持続する倦怠感・疲労感が認められ、副症状として咽頭痛、集中力・思考力の低下、不眠および感覚異常を認めることができるため。
69	名古屋高判H26.10.30欠陥住宅判例［第7集］106頁	150万円	売買平成10年2月	売主（建築請負業者兼宅地建物取引業者）	不法行為1312万0860円	［地盤・擁壁］地盤の不同沈下	居住開始直後から建物が傾斜していることが発覚し、その後長期間にわたって支障を感じながら生活しているため。
70	仙台地判H27.3.30欠陥住宅判例［第7集］358頁	120万円	請負平成8年8月	①実質的元請負人、②下請負人	①瑕疵担保(損害賠償)、②不法行為、③不法行為5億1900万2140円	［構造］①コンクリートの圧縮強度不足、②鉄筋かぶり厚さ不足、③配筋不良、④耐力壁の短期許容せん断応力不足	建物に発生するひび割れに悩まされ、断続的な補修工事の実施に追われるなどの精神的苦痛を被ったため。

V 紛争解決手段

1 示　談

(1) 交渉方法

　業者との交渉に先立って、まず協力建築士の予備調査の内容を確認し、交渉の見通しをつけることが必要である。そして、当該欠陥が重大か否か、構造上の欠陥か美匠の問題か、業者の悪質性、故意・過失の有無等を推測し、交渉で要求する内容を具体的に検討することになる。

　なお、構造上の欠陥は、概ね内外装に覆われて目視できないのが普通である。そこで、協力建築士の意見を聞き、欠陥現象等から構造上の欠陥を予測しうるときは、一部の床や外壁を剥がす等の破壊調査も必要となる。そこで、破壊調査およびその復旧費用につき全額業者負担とする合意をするか、少なくとも、欠陥が発見されたときは業者が負担し、発見されなかったときは住宅取得者が負担する旨の暫定的な合意をしたうえで、両当事者立会いの下に、調査箇所を限定した破壊調査を実施することも考えられる。

　業者との交渉には、技術論争に備えて協力建築士に同席してもらうべきである。

　交渉の方針としては、その業者自身に補修させる方法と、補修に代わる損害賠償を請求する方法とが考えられるが、業者は前者による解決を希望するのが普通である。損害金を支払うより、補修を行うほうが、経済的に業者に有利となるからである。他方、住宅取得者側にとっては、適正な補修がなされるかという不安と他の業者に施工させて将来新たな瑕疵が発見された場合の他業者介在による因果関係立証の困難性等、種々の要素を検討することになる。

(2) 補修を求める場合

　ただ欠陥現象のみを指摘し、業者に対し漫然と「補修せよ」と命じて業者

任せにしただけでは、不完全な補修に終わる可能性が高い。たとえば、下地の施工不良が原因で内装の壁塗装に亀裂が入った場合であっても、業者は下地からの補修を行わないで、塗装だけ塗り直して表面のみの補修しかしない可能性もある。

そこで、次のような手順を踏むべきである。まず業者に欠陥現象の生ずる欠陥原因およびこれに対する具体的な補修方法（工事内容）を記載した「補修計画書」の提出を求める。この提出された補修計画書を協力建築士にチェックしてもらい、不相当な補修については指摘して是正を求めるか、あるいはこちらから適切な補修方法を提案するという形で交渉を進める。双方合意に達したところで示談書を作成し、その後に、業者に補修工事を実施させる。この場合、依頼した協力建築士に補修工事をチェックしてもらう。このような形で解決できれば、依頼者も納得するし、また「補修の手抜き」も防止しうるので、二次的紛争を防止できるであろう。

示談が成立し、示談書を作成する際には、次の点に留意する。

① 補修方法を具体的に特定した計画書、図面および工程表を添付する。
② 工程表では工期を明確にし、遅延した場合のペナルティ等を定める。
③ 補修工事によって家屋を汚損した場合（二次的損害発生）に備えて、その補修責任もしくは損害賠償の定めを明記する。
④ 補修工事の技術的限界から将来に不安が残る場合は、長期の保証をとっておく。
⑤ 協力建築士の立会いを認めさせ、その指示に従うべきことを確認しておく。
⑥ 請負代金の最終金支払いを留保していた場合は、補修工事完了時には残金全部を支払わずに一部残しておき、1～2カ月後に検査して不具合のないことを確認してから最終残金を支払う旨を定めておく。

(3) **補修に代わる損害賠償を求める場合**

相当な補修方法とそれに要する費用の見積りを協力建築士に検討してもらい、業者に相当額を請求することになる。

交渉するにあたり、話合いによる解決の見通しをつけることになるが、一般に、基礎や軀体等の構造体にかかわる重大な瑕疵がある場合など、高額な請求となる事案や、瑕疵の根本原因について認識が異なる場合は、示談での解決は困難である。

また、瑕疵担保責任、債務不履行責任、不法行為責任のいずれを追及する場合でも、時効・除斥期間に注意し、いたずらに交渉を継続するのではなく、速やかに訴訟に移行すべきである。

2　調　停

調停は、話合いと互譲によって成立するものであるから、基本的な留意事項は示談の項で述べたところと同様である。

一般的に、調停に適するのは、瑕疵の程度が軽微で請求額が少額な事案である。一部内装の汚損や仕上げの問題、設備の欠陥等、瑕疵の程度が軽微で補修費用が比較的低額の場合は、補修もしくはこれに代わる損害賠償によって解決できる場合が多い。

調停においては、調停委員が現地を確認する現地調査を経たうえで、調整することが効果的なことがある。しかし、調停での現地調査は外部から視認できる範囲に限られるため、瑕疵の原因究明に鑑定を要する事案を調停で解決することは難しい。したがって、基礎や軀体等の構造体にかかわる欠陥の場合は調停困難な場合が多く、訴訟手続移行を考えておかなければならない。

このように、調停での解決には示談と同様の限界があるが、たとえば、訴え提起するには、証拠、立証手段の確保がいまだ十分ではない段階で、業者の手元資料を開示させたり、双方立会いでの現地調査を実施したりするために調停を利用することもあろう。

なお、調停申立ては、時効中断事由たる「請求」（民法147条）にあたるが、相手方が不出頭または不調に終わったときは、1カ月以内に本訴を提起しなければ時効中断効は生じない（同法151条）。

3　訴　訟

　構造体に関する欠陥など瑕疵の程度が重大な場合で取壊し・建替え請求など請求金額が高額になる事案や、瑕疵の根本原因、補修方法など解決手段について双方に認識の相違がある事案では、話合いによる解決は困難であり、訴訟による解決とならざるを得ない。

　訴訟提起にあたり、欠陥内容・箇所を特定し、請求内容を決定するためには、予備調査では不十分であり、本格的な調査（私的鑑定）が必要となる。

　訴訟を選択する場合は、調査費用や弁護士費用等のコストがかかること、判決までに時間がかかること（建築集中部を擁する東京・大阪・札幌・千葉の各地方裁判所においても、1審段階で2年程度を要する）を依頼者に十分説明し、当該事案の請求金額との兼ね合いも考慮しなければならない。

4　仲裁合意がある場合の注意事項

　請負または売買の契約条項として、紛争解決について仲裁合意が規定されている場合がある。しかし、消費者契約法に規定する消費者と事業者との間の将来の紛争を対象とする仲裁合意については、消費者保護の見地から、以下のとおり、消費者に片面的解除権が認められている（仲裁法附則3条）。

① 　消費者は仲裁合意を解除することができる（ただし、消費者が当該合意に基づく仲裁申立人となった場合を除く）。
② 　事業者申立ての場合、口頭審理が必ず実施されなければならない。
③ 　仲裁廷は、あらかじめ、仲裁解除ができる旨等記載した書面でもって、口頭審理について消費者に通知することが義務づけられており、消費者が口頭審理に欠席した場合は、仲裁合意を解除したものとみなされる。
④ 　消費者が口頭審理に出頭した場合には、仲裁人は仲裁解除できることを説明したうえで、仲裁手続を承諾するか否かを確認しなければならず、消費者が解除権放棄を明示しない場合は、解除したものとみなされる。

5　ADR（裁判外紛争解決手続）

(1)　住宅紛争審査会

(ア)　評価住宅

　新築住宅のうち、品確法に基づく建設住宅性能評価書が交付された住宅については、各地の弁護士会が設置している住宅紛争処理機関（住宅紛争審査会）での、あっせん、調停ないし仲裁による解決手続がある（品確法67条）。

　評価住宅については、その評価を受ける前提として設計図書の添付を要件とし、かつ、性能評価書が交付されていることなどから、設計内容は容易に確認できるはずである。そこで、住宅紛争審査会では、弁護士と建築士が紛争処理委員として関与し、できる限り簡易・迅速な解決をめざしている。なお、あっせんや調停の申立てには消滅時効中断効がないこと、および、仲裁合意をする場合には、以後、裁判による解決が遮断されることに十分留意すべきである。

(イ)　中古住宅

　品確法改正により、2002年12月17日からは、中古住宅の性能評価を行う制度がスタートしており、かかる性能評価を受けた中古住宅の欠陥問題については、住宅紛争審査会における紛争解決手続が利用できる。

(ウ)　保険付住宅

　2007年5月、瑕疵担保責任の履行確保のために、住宅供給者の損害賠償責任についての強制保険制度等を柱とする特定住宅瑕疵担保責任の履行の確保等に関する法律（住宅瑕疵担保履行法）が成立し、2009年10月1日までに全面施行されており、かかる特定住宅瑕疵担保保険が付された住宅（いわゆる保険付住宅）の紛争についても、住宅紛争審査会における紛争解決手続が利用できる。

(2)　建設工事紛争審査会

　建設業法に基づいて国土交通省および各都道府県に設置された機関で、「建設工事の請負契約に関する紛争」について、あっせん、調停および仲裁を行

う（建設業法25条）。

　建築請負契約に関する紛争の解決を目的とする機関であるから、建売等の売買契約に関する紛争は扱わず、また、設計瑕疵や監理懈怠などに起因する設計者や監理者を相手方とするあっせん・調停も受け付けない。また、請求項目は補修請求またはこれに代わる損害賠償請求に限られ、弁護士費用、調査費用、慰謝料等の請求は制限されることもあるので、消費者側から積極的に利用されてはいないようである。

　なお、消滅時効の中断効につき、あっせん・調停が打切りになったことの通知を受けた日から1カ月以内に提訴すれば、あっせん・調停の申請時に訴えの提起があったこととみなされる（建設業法25条の16）。また、あっせん・調停ではなく仲裁合意をする場合には、以後、民事裁判で争うことができなくなることに留意すべきである。

　　(3)　弁護士会のADR

　各地の弁護士会が紛争解決を目的として設置しているあっせん、調停ないし仲裁による解決手続である。2017年12月現在、全国で36センター（33弁護士会）が設置され、建築紛争に積極的に取り組んでいるセンターもある（第10章Ⅲ1参照）。

　調停委員ないし仲裁人として専ら弁護士が選任されるが、欠陥住宅問題の場合には、さらに建築士も関与できるADRが望ましい。

　弁護士会のADRに適するのは、裁判所での民事調停と同様、比較的瑕疵が軽微で、早期解決が望ましい事案ということになろう。

　一般に民事調停と比較すると、弁護士会のADRでは、迅速に期日が指定され、期日開催や現地調査などでより柔軟な対応が可能であることが長所であるが、手数料は調停よりも一般的に高いようである。また、原則として消滅時効中断効がないことに注意しなければならない（2007年4月施行の裁判外紛争解決手続の利用の促進に関する法律の認証を得たセンターを除く）。

　仲裁判断を求める場合の注意事項は他のADRと同様である。

Ⅵ 被害回復の手段

1 住宅瑕疵担保履行法

(1) 制度の概要

　品確法によって、新築住宅の売主および請負人（以下、「住宅供給者」という）は、引渡しから10年間、「構造耐力上主要な部分と雨水の浸入の防止に関する部分」についての瑕疵担保責任（以下、「特定住宅瑕疵担保責任」という）を負うとはいえ、住宅供給者が破産してしまえば、被害者たる買主・注文者は現実の救済を受けられない。

　そこで、住宅取得者保護のため、住宅供給者に特定住宅瑕疵担保責任を履行するための資力確保の措置を義務づける制度を創設するための新法として制定されたのが、特定住宅瑕疵担保責任の履行の確保等に関する法律（住宅瑕疵担保履行法）である。

(2) 適用範囲

　住宅瑕疵担保履行法によって特定住宅瑕疵担保責任に関する履行確保措置を義務づけられている住宅供給者は、建設業法の許可を受けた建設業者たる請負人と宅地建物取引業者たる売主に限られ、建設業法の許可が不要な小規模な建設業者が、同法の許可がなくてもできる小規模な新築住宅の建設を請け負った場合や、宅地建物取引業者ではない事業者や非事業者、特定目的法人などが発注した新築住宅を売却した場合は対象外である。

　また、対象となるのは、2009年10月1日以降に引き渡された「新築住宅」（建設工事完了の日から1年以内で、かつ、人の住宅の用に供したことがないもの）に限られ、中古住宅や新古住宅（築1年以上経った未入居住宅）、住居兼用でない事務所や倉庫・車庫など、および、一時使用目的の仮設住宅は対象外となる。

(3) 対象となる瑕疵の範囲

　住宅供給者の資力確保措置によってカバーされるのは、品確法上の「特定

住宅瑕疵担保責任」、すなわち、構造耐力上主要な部分と雨水の浸入を防止する部分についての瑕疵のみであり、内装や設備等に関する瑕疵は対象外となる。「地盤の瑕疵」を含むかも問題となるが、地盤に瑕疵がある場合は、これを調査で発見し、瑕疵ある地盤に応じた基礎を設計・施工すべきである以上、地盤の瑕疵に適切に対応した設計等が行われなかった結果として不同沈下等の欠陥現象が生じたといえる場合は、結局、「基礎・基礎ぐい」の瑕疵として、住宅瑕疵担保履行法の対象となると考えるべきであろう。

(4) 資力確保措置の具体的内容

住宅供給者は、①瑕疵担保保証金の供託、または、②住宅瑕疵担保責任保険法人との間での保険契約（住宅瑕疵担保責任保険契約）を義務づけられており、その選択は業者に委ねられているが、供託を利用できるのは、一部の大手ハウスメーカーに限られるであろう。

(ア) 保険の場合

住宅瑕疵担保責任保険契約は、基本的に住宅供給者が負う責任について保険金を支払う責任保険である。そのため保険金は原則として住宅供給者に対して支払われる。しかし、事業者倒産のため相当期間内に瑕疵担保責任が履行されない場合等は、住宅取得者から保険金の直接請求ができる。

住宅供給者に対して保険金が支払われる場合には、対象となる損害額の8割以上の金額が支払われるが、住宅取得者に直接保険金が支払われる場合には対象となる損害額の全額が支払われる。

法文上、保険金は「2000万円以上」とされているが、現実には、それが上限となり、保険金増額は、各保険会社のオプションとなる。しかし、取壊し・建替えを余儀なくされるような重大な構造欠陥の場合、「2000万円」は決して十分な額とはいえない。

なお、悪意・重過失による瑕疵は、保険会社にとって免責事由となり、住宅供給者が自ら責任を履行することが前提となっているが、仮に住宅供給者が悪意・重過失であっても、その倒産等で相当期間内に瑕疵担保責任が履行されない場合には、被害者の損害が塡補されるしくみとして、各指定保険法

人の積立てによる救済基金を設立し、当該基金から指定保険法人に支払いがなされる再保険の制度がある。

　住宅瑕疵担保責任保険契約を付した物件についての瑕疵の有無・内容・補修方法等に関する紛争を迅速に解決するため、全国の単位弁護士会に、品確法に基づくADR機関としての指定紛争処理機関たる住宅紛争審査会が設置されている。

　指定紛争処理機関における紛争処理に必要な場合には、指定保険法人を審理に参加させることができ、後日あらためて保険金支払義務をめぐる紛争が生じるのを防ぎ、一回的な解決を図ることが期待されている。

　　(イ)　供託の場合

　供託の場合、住宅取得者が法務局に対して、直接、供託金を還付請求できるのは、①瑕疵に基づく損害賠償請求権についての判決等の債務名義を取得した場合、②損害賠償責任の存在・内容について合意されたことが公正証書等に記載されている場合、③個人事業者の死亡・法人の倒産等の事情があり、損害賠償責任の履行が困難であると国土交通大臣が確認したときなどであり、これらの場合には、他の債権者に対する優先的な弁済権が認められている。塡補率についての限定はないが、保険法人による損害調査という査定を経る必要があり、権利確認手数料として、保険における少額免責と同様に10万円の控除が認められている。

　なお、保険の場合と異なり、住宅供給者の故意・重過失による免責という制度はない。

　また、特別な紛争処理体制は用意されていないため、権利確認手続等に不服があれば、行政訴訟で争うほかない。

　　(5)　期間制限

　瑕疵担保責任の期間は引渡しの時点から10年間である。

　品確法では瑕疵担保責任の期間を20年間まで伸長できるが、そうであっても住宅瑕疵担保履行法による救済が受けられる期間は、引渡しから10年間に限られることになる。

2 宅地建物取引業保証協会

(1) 営業保証金制度

　宅地建物取引業者は、業務上の「取引により生じた債権」の弁済を担保するため、事務所の最寄りの供託所に一定の営業保証金（主たる事務所につき1000万円、その他の事務所につき500万円）を供託すること（宅建業法25条、26条）、または、宅地建物取引業保証協会に加入して、一定の分担金（主たる事務所につき60万円、その他の事務所につき30万円）の拠出が義務づけられている（宅建業法64条の9）。

(2) 2つの宅地建物取引業保証協会

　現在、宅建業法上の宅地建物取引業保証協会として国から指定されているのは、公益社団法人「全国宅地建物取引業保証協会」と公益社団法人「不動産保証協会」の2つがあるが、双方加入は禁じられており（宅建業法64条の4第1項）、全国の宅地建物取引業者は、上記2協会のいずれかに加入しているか、いずれにも加入せず営業保証金を供託していることになる。

(3) 苦情申立ての手続

　宅地建物取引業者とのトラブルに起因する「宅建業法上の取引により生じた債権」を請求する場合、まずは、かかる業者が加盟している宅地建物取引業保証協会の苦情相談窓口に対して、苦情相談の申入れを行う。

　これを受理した宅地建物取引業保証協会は、双方の言い分を聞いたうえで審査し、弁済業務が必要と判断すれば、業者に代わって、立替払いを行う。

　ただし、宅地建物取引業者との「宅建業法上の取引」すなわち媒介か売買・交換による場合に限られ、宅地建物取引業者との請負の場合には利用できない。

　また、先着順であり、支部→地域本部→東京中央本部という3段階の手続に1年程度かかるため、業者の資力に問題がある場合には、何をおいても真っ先に申請しておくことが望ましい。

第3章

相談から受任まで
～欠陥住宅物語～

第3章　相談から受任まで〜欠陥住宅物語〜

> 　第2章で紹介した欠陥住宅被害救済の基礎的知識を基にして、具体的に欠陥住宅の事件について、法律相談を受けてからの流れをわかりやすいように物語形式で説明する。

【事案の概要】

　山田太郎さんは、会社員（40歳）で、家族は妻花子（38歳）、子ども（小学1年生）である。太郎さんは2年前に土地を1300万円で取得し、30年ローンを組んで、自宅を新築することにした。契約内容は次のとおりである。

```
契約年月日        2015年3月5日
契約形態          請負契約
請負人            株式会社A工務店
工期              2015年4月5日〜2015年9月5日
請負代金額        2000万円
代金支払方法      契約成立時        100万円
                  上棟時          1500万円
                  完成時           400万円
種類              木造2階建て
工法              在来（軸組）工法
```

　建物は完成して、太郎さんは2015年10月1日、建物の引渡しを受けて、代金も全額支払った。ところが、10月中旬に入居してまもなくドアや窓サッシがスムーズに開閉できないのに気づいた。また、雨の降り方によっては2階和室の窓付近から雨水が染み出した。1階のリビングでは床鳴りも発生した。

　太郎さんは、直ちにA工務店に連絡をして、補修工事を求めた。しかし、

何度補修しても一向に不具合はよくならなかった。業を煮やした太郎さんは、地元にある弁護士会の法律相談センターに相談に行くことにした。

【最初の法律相談】

・2016年2月10日

> ☞ **Point**
> ＊事情聴取にあたって受容的聴取態度の重要性
>
> 　欠陥住宅の被害者は、一生に一度のマイホームの夢を打ち砕かれており、被害感情が強い。また、業者の背信性、不誠実な対応に対する憤り・不信感をもっていることが多い。その一方で、欠陥住宅問題は専門性を有することから、複数の相談窓口でたらい回しにされている場合もある。このような場合には、被害者は悲愴感を漂わせている。
>
> 　このように、欠陥住宅被害が精神的被害を多く生じさせることから、これら被害者の訴えを受け止めるためにも、十分な時間をとって相談を受けることが重要である。

甲弁護士　　相談票によると、新築した家で雨漏りがするとのことですが、もう少し詳しく事情を聞かせてもらえますか。

> ☞ **Point**
> ＊聴取すべき事項
> 　（1）　建物の種類・構造・規模
> 　木造か、鉄骨造か、鉄筋コンクリート造か。在来工法（軸組構法）かプレハブ建物等の認定工法による建築物か、建築基準法施行令80条の2に基づくツーバイフォー等の建物か。2階建てか3階建てか。集合建

物(マンション)か。各階の床面積および延床面積、建物の高さなどを聴取する。

これら建物の種類・構造・規模によって適用される建築基準法令上の技術基準が異なり、欠陥判断の基準も異なってくる。

(2) 建築確認関係資料の有無

建築確認済証(確認通知書)・中間検査合格証・完了検査済証は、法令遵守の有無や関係業者等の確認に必要となる。建築確認申請は、ほとんどの場合、業者が手続を代行し、建物引渡し後も建築確認済証を業者が保持し、依頼者の手元にはないことが多い。

(3) 契約書および設計図書の有無

建築士と個別に設計監理契約を締結しているかどうかと、その契約書の有無を確認する。設計図書(建築物、敷地などに関する工事用の図面および仕様書)について、平面図、立面図、構造図、仕様書等があるかについて確認し、それらが契約書と一体のものか、そうでない場合はいつ手渡されたかについて聴取する。契約書と一体の設計図書、契約時の直近の設計図書は、契約内容を具体的に特定した文書と考えられるからである。

しかしながら、設計図書も手渡されず、間取図程度の図面で契約しているケースも稀ではない。なお、竣工図(建物の工事完了後、工事中に生じた設計変更などを図面上でも修正・訂正し、竣工した建物を正確に表現した図面)と混同しないように注意を要する。

(4) 旧住宅金融公庫の融資の有無

旧住宅金融公庫(現・独立行政法人住宅金融支援機構。2007年4月1日に改組)は、選材、工法、設備等に関する具体的な技術基準を定めている。住宅金融支援機構の技術基準は、以前のいわゆる公庫仕様とは若干異なるが、原則として、工事請負契約の内容の一部となる。したがって、技術基準を下回る施工は原則として欠陥となる。

(5) 契約の種類

注文住宅か、建売住宅か等を確認する。売買契約か請負契約かによって適用法条が異なってくる。

(6) 性能評価住宅か否か

「住宅の品質確保の促進等に関する法律」(品確法)によって、住宅性能表示制度が導入された。住宅性能表示制度を利用した住宅（性能評価住宅）であれば、設計時の設計住宅性能評価書や竣工時の建設住宅性能評価書に表示された性能が契約内容になる（品確法6条）。また、建設住宅性能評価書の交付を受けた住宅に関する紛争について、指定住宅紛争処理機関（住宅紛争審査会）にあっせん、調停、仲裁を申請することが可能である。

(7) 保険付住宅か否か

2009年10月に完全施行された「特定住宅瑕疵担保責任の履行の確保等に関する法律」（住宅瑕疵担保履行法）により、新築住宅を供給する事業者には、品確法に基づく瑕疵担保責任を履行するための資力を担保するために「保険」もしくは「供託」のいずれかの措置をとることが義務化された。

「保険」を選択していた場合、引渡し後10年以内に瑕疵（ただし、構造耐力上主要な部分および雨水の浸入の防止に関する部分）があった場合、補修を行った事業者に保険金が支払われ、事業者が倒産しているなど修補等が行えない場合、発注者・買主は保険法人に対し、瑕疵の修補などにかかる費用（保険金）を請求することができる（直接請求）。

また、保険付住宅に関する紛争について、前記の性能評価住宅同様、指定住宅紛争処理機関（住宅紛争審査会）にあっせん、調停、仲裁を申請することが可能である。

(8) 引渡しの時期

瑕疵担保責任の追及は、売買契約の場合、瑕疵の存在を知ってから1年以内（民法570条・566条3項）、請負契約の場合、引渡しの時から5年または10年以内（民法638条）に、それぞれ行わなければならない。ただし、

2000年4月1日以降に売買・請負契約が締結された新築住宅については、構造耐力上主要な部分または雨水の浸入を防止する部分として政令で定めるものの瑕疵については引渡しから10年間瑕疵担保責任を追及することが可能である（品確法94条1項、95条1項）。詳細は後述するが、引渡しの時期は除斥期間との関係で極めて重要である。なお、改正民法では瑕疵担保期間の制限の規定は削除され、改正民法166条の時効によって規律されることになった。

(9) 瑕疵を知った時期

売買の場合は、瑕疵を知った時から1年の除斥期間にかかり（民法566条3項）、不法行為も損害および加害者を知った時から3年の時効にかかる（同法724条）。また、改正民法は、不適合を知った時から1年以内に通知しなければ権利を失うとされている（改正民法566条、637条）。

このように、瑕疵を知った時の確認は重要である。

(10) 業者との交渉経緯

欠陥現象が生じたとき、相談者は最初に業者に対して連絡をすることがほとんどである。弁護士に相談するのは、業者へ連絡して、業者が対応してくれないとわかった後であろう。そこで、業者の態度（対応）、業者とのやりとりを聴取し、業者とのやりとりの経緯がわかる書面の有無を確認する。

山田太郎　昨年家を新築したのですが、住むようになって1カ月も経たないうちに雨漏りが始まったのです。台所や2階子ども部屋のクロスには大きな亀裂が入っています。ほかにも、ドアや窓が歪んでいて開閉がスムーズにできなくなっています。1階窓はいったん開くと閉められないので使えない状態です。業者に何度も補修をさせたのですが、よくならないのです。何とか業者に責任をとらせたいのですが。

甲弁護士	それは大変ですね。業者に責任をとらせる方法はいくつかありますが、家に欠陥があるのかどうか、その欠陥は補修によって直せるのか、建て替えなければ直せないものなのかによって変わってきます。ですから、欠陥の有無、その内容、欠陥の原因を調査することが必要になってきます。
山田太郎	ドアや窓が開閉できないんですから欠陥は明らかじゃないですか。
甲弁護士	確かに不具合の現象は明らかですが、その原因が問題です。たとえば、ドアや窓については単に建具の調整不良という場合もありますし、建物自体が歪んでいる場合もあります。クロスの亀裂もクロス自体が温度の変化によって収縮して入ることもありますし、下地材の亀裂が影響している場合もあります。ですから、それらの現象がどのような原因で生じているのかを調査する必要があるのです。今、お話しされた現象だけでは、欠陥原因を特定することはできません。そして、原因がわからないと補修方法・補修金額も決まらず、相手方に請求する内容も特定できません。 したがって、欠陥の原因を特定するために、専門家である建築士に調査をしてもらう必要があります。欠陥住宅問題に協力してもらえる建築士にまず調査を依頼してみてはいかがでしょうか。

☞ *Point*

＊建築士の協力

　欠陥住宅問題は、専門性が高く建築技術上の知識が必要であること、そして相手方業者は専門家であるのに対し被害者側は素人であることから、交渉から訴訟に至るまで建築士の協力・助言は必要不可欠である。

> もちろん、建築士であれば誰でもよいわけではない。医療過誤紛争における協力医師を探す場合と同様に、一級建築士だからといって、必ずしも欠陥調査について適切な助言・協力を期待できるとは限らない。適切な助言・協力を期待できる建築士とは、すなわち、建設業者と従属関係になく、直接建築主から設計・監理の委託を受けて業務を行っている独立した建築士事務所の建築士である。
> 　適切な建築士を探すことが難しい場合には、欠陥住宅訴訟を扱っている弁護士に紹介してもらうのも1つの方法である。

山田太郎　　建築士に調査してもらうって、費用はどれくらいかかるのですか。調査はどんなことをするのですか。家から出ないといけないとなると困るのですが。

甲弁護士　　最初から詳細で大がかりな調査はしません。最初は予備調査といって、目視など簡単な調査をすることになります。その調査結果によって詳細な調査をする必要があるかどうかを判断してもらうのです。調査は現象を確認して、屋根裏や床下に入って施工のチェックをしたりする程度です。大抵半日で終わりますし、皆さんはそのまま家にいていただいてかまいません。費用は日当・交通費＋α程度ですから数万円程度が多いです。これをしないと業者の責任をきちんと追及することができません。

☞ **Point**

＊現場保存と記録

　建物は重要な物的証拠である。依頼者は弁護士に相談に来る前に業者に対して補修を要求しているのが通常である。これに対して業者は、欠

陥原因を調査することなく場当たり的な補修を行ったり、欠陥現象として現れている建具の不具合や内装の亀裂など、比較的費用のかからない補修工事を即座に実行し、すでに補修済みであると言い逃れることが多い。

また、手抜きの補修工事によって、かえって後の確認に困難を伴う場合がある。そこで、依頼者には現場を保存し、勝手に業者に補修工事をさせないように指示しておく。

また、時間経過に伴って壁の亀裂幅が大きくなったり、仕口・継手（部材の接続部分）の隙間が広がっていくというようなことがあるので、欠陥箇所の写真を撮影させ、撮影年月日および撮影箇所を記録させておくようにする。

ただし、現場保存が生命・身体にかかわる危険性もある。特に、外壁のタイル浮きがみられて剥落の危険性がある場合には、放置すれば、タイル落下によるけがや死亡事故を招くおそれもある。このように、補修の緊急性がある場合には後日欠陥の存在を明らかにできるように、建築士による調査や写真撮影（判明している欠陥部分だけでなく、全般的に撮影）を行って記録したうえで、補修工事をすることが望ましい。

山田太郎	それならぜひ予備調査をお願いしたいと思います。建築士の方はどうやって探せばよいでしょうか。
甲弁護士	幸い協力してくれる建築士を知っていますので、私のほうから連絡をして、協力をお願いできることになれば、3人で会う日程を入れたいと思います。日程などについては、あらためて山田さんにご連絡します。建築士が予備調査をするにあたっては、事前に資料を揃えておいていただいたほうがスムーズになりますので、次回契約書などの資料もお持ちください。

山田太郎　　わかりました。よろしくお願いします。

> ☞ **Point**
>
> ＊資料の入手
>
> 　契約書および添付の約款、建築確認申請書および添付の図面、設計図書（仕様書を含む）、見積書、認定図書（規格化住宅など建築基準法68条の10・68条の11に基づく型式適合認定、型式部材等製造者認証の場合など）、設計・建設住宅性能評価書（品確法に基づく性能評価住宅の場合）並びに重要事項説明書はいずれも契約内容を確定ないし推認するものとして、重要な欠陥判断の基準資料となるものである。
>
> 　しかし、これらの書面は、そもそも作成・交付されていなかったり、作成された場合でも前記のとおり業者が保持して建築主に渡されていないことも多いが、後者の場合、弁護士関与を知ると責任追及を恐れて、資料の存在を隠したり、交付を渋ったりする業者もいるため、弁護士よりも建築主本人から直接提出を求めたほうがかえって入手しやすいこともある。
>
> 　また、依頼者が確認申請書や確認済証の副本さえ所持していない場合でも、1998年の建築基準法改正により、建築確認に加え、検査などに関する書類の閲覧制度ができたので（建築基準法93条の２）、確認申請を扱う特定行政庁の建築指導課等に行けば「建築計画概要書」と「建築基準法令による処分等の概要書」を閲覧できる。
>
> 　①「建築計画概要書」には、用途地域、代理申請者、設計者、工事監理者、工事施工者等当該建築物の関係者の概要が記載されている。したがって、これにより確認申請書・確認済証と設計図書または現実に建てられた建物とが異なっていないかどうか（違法建築では延面積や階数、建物の構造なども異なっていることが多い）をチェックできる。
>
> 　また、そこに記載された設計者、工事監理者や工事施工者の登録番号

を基に、たとえば建設業者であれば、都道府県の建築振興部局で業者名簿を閲覧したり、本社所在地の不動産登記事項証明書や商業登記事項証明書を法務局から取り寄せることにより、信用調査会社などから有料で情報を入手したり、調査を依頼しなくても、会社や事業所の概要などを相当程度、把握することが可能である。

また、②「建築基準法令による処分等の概要書」には、建築確認済証の番号や交付年月日のみならず、中間検査、完了検査の実施の有無、検査済番号、交付年月日等の検査履歴や処分の有無なども記載されているから、当該物件が建築関係法令を遵守して建築され、完了検査済証もある建物か否かを確認することができる。さらに、建築主であれば、建築確認済証交付から通常1年ないし2年以内であれば、各自治体の情報公開条例などを活用して、確認申請添付図面などを入手することも可能である。

このように、相談段階でも建築基準法による書類閲覧制度を武器にして相当程度資料を入手することが可能であるが、その他弁護士法23条の2照会や、提訴前の証拠収集手続、さらに提訴後には当事者照会や文書送付嘱託の申立てによるこれら資料の入手も有効である。

【第2回相談】

・2016年2月19日　乙建築士も同席

甲弁護士	こちらが協力していただける乙建築士です。
乙建築士	よろしくお願いします。甲弁護士から簡単な事情はうかがいました。まずは予備調査をしたほうがよいでしょう。お持ちいただいた資料を見たうえで、調査を行いたいと思います。
甲弁護士	調査当日は私も立ち会いますので、ご安心ください。

【乙建築士による予備調査】

・2016年2月28日実施　甲弁護士立会い

　乙建築士は、家の中と外から目視で現象を確認したうえで、①基礎周囲を掘って基礎底盤の厚さなどを確認、②1階和室の畳を上げて床下に入り、土台や床組の状況を確認、③2階押入から屋根裏に上がり、小屋組の施工を確認、④家の周囲と屋内の水平方向のレベル測定を行った。

> ☞ **Point**
>
> ＊弁護士の現場確認
>
> 　予備調査の際は、弁護士もこれに立ち会い、弁護士自身も現地を確認することが必要である。百聞は一見に如かずであって、建築士の調査報告書の理解度が格段に違ってくるし、準備書面等の作成や証人尋問においても内容の濃さに影響することは確実である。その際には、弁護士自身もカメラを持参して、問題箇所や建築士から欠陥を指摘された場所などを撮影しておくと、後日確認の際に便利であるし、訴状や準備書面作成の際に利用できる。なお、写真撮影はどうしても撮り落としがあるので、現地確認の際にビデオ撮影をしておくことも有用である。

【第3回相談】

・2016年3月3日　甲法律事務所にて、乙建築士も同席

　甲弁護士　　乙建築士さんから予備調査結果について報告していただきましょう。

　乙建築士　　今回の現象の最大の原因は、建物の不同沈下です。しかも、かなり沈下が進んでいて基礎が破損しています。それによって、ドアや窓の開閉に支障が出てきているのです。それに加えて防水処理も不十分であったため雨漏りが発生しているよ

うです。

> ☞ **Point**
> ＊欠陥現象と欠陥原因
> 　欠陥現象と欠陥原因とは区別する必要がある。同じ雨漏りという欠陥現象であっても、構造欠陥に起因するケースもあれば、防水シートの施工が不十分であったり、窓サッシの取付け方が雑なことが原因であるケースもある。そのため、建築士の協力を得て、欠陥現象の原因を調査したうえで、欠陥原因に応じて、対応方針を決めることが必要である。

山田太郎　　沈下ですって！　じゃあ、この土地には住めないんですか。
乙建築士　　そうではありません。地盤改良工事や基礎工事をやり直せば、この土地に住み続けることができますよ。今までの業者の補修は一時しのぎの補修にすぎず、不同沈下は止まっていなかったので雨漏りも止まらなかったのですよ。
山田太郎　　建物はどうなるんですか。
乙建築士　　基礎が破壊されていますから、これをつくり直す必要があります。そのため、外壁や内壁などを取り払う必要があります。また、沈下が進行しているので他の部分にも影響が出ている可能性が高いので、広範囲に壁、ボードを取りはずすなど建替えと同じ程度の工事をすることになります。
山田太郎　　大変なんですね。工事の間は私たちはどうすればよいのでしょうか。
甲弁護士　　いったん引っ越しをして仮住まいしていただく必要があります。引っ越し費用や仮住まいの家賃も業者に損害賠償請求できます。まずは、私からA工務店に対して、損害賠償請求す

る意思を伝え、話合いで解決する意思があるかどうか回答を求める内容証明郵便を出してみましょう。

> ☞ **Point**
> ＊時効と除斥期間に注意
>
> 　請負人や売主の瑕疵担保責任については、行使についての期間制限（除斥期間）や、瑕疵担保に基づく損害賠償請求権の消滅時効との関係で、契約書で期間制限が短縮されていないか（品確法の適用がある新築住宅の請負・売買契約については、「構造耐力上主要な部分又は雨水の浸入を防止する部分」に関する限り、瑕疵担保期間は10年とされ、その短縮は認められない）や、引渡しを受けた時期および瑕疵を知った時期に留意すべきである。瑕疵担保責任が時効ないし除斥期間のために行使できないとしても、不法行為による損害賠償請求ができないかどうかについて検討すべきである。なお、時効・除斥期間については、第5章Ⅶで詳述する。

【業者とのやりとり】

- 2016年3月10日　甲弁護士から内容証明郵便を発送
- 2016年3月19日　Ａ工務店の代理人から回答書が届く。すでに補修済みであり、瑕疵（契約不適合）はなく、損害賠償にもいっさい応じられないという内容

【第4回相談】

- 2016年3月25日　甲法律事務所

甲弁護士　　Ａ工務店から、「不具合はすべて補修済みであり、欠陥はない、損害賠償には応じない」という回答がきました。弁護士を代

	理人に立てていますから、示談で解決するのは難しいでしょう。
山田太郎	これからどうなるのですか。私はどうすればいいんですか。
甲弁護士	業者に損害賠償を求めていく方法としては、①民事裁判、②民事調停、③住宅紛争審査会、④弁護士会のADR、⑤建設工事紛争審査会があります。業者は欠陥がないと主張していますから、話合いが前提である②～⑤では難しいと思います。欠陥の存在を業者に認識させるためにも、民事裁判が適切だと思います。
山田太郎	A工務店の不誠実な態度は許せないので、私も裁判をしたいと思います。
甲弁護士	わかりました。では、これから訴訟提起の準備をします。訴訟では、瑕疵（契約不適合）の存在をこちらが立証する必要があります。まず、乙建築士に詳細な調査を依頼し、補修費の見積りも含んだ調査報告書を作成してもらいましょう。

☞**Point**

＊**補修費用**

　欠陥の存在が明らかになっても、補修方法によって損害賠償の金額が大きく異なることがある。訴訟では、補修費用が争点になることも多い。そこで、欠陥を根本的に補修するためにはどのような方法が最適か、その方法によればいくら費用がかかるかについても調査報告書に記載してもらうべきである。

第4章

調査・鑑定および調査報告書（私的鑑定書）の作成

第4章 調査・鑑定および調査報告書（私的鑑定書）の作成

I　建築士による調査・鑑定

1　調査・鑑定を先行させる意義

(1)　相談・方針決定のための予備調査（簡易調査）

　欠陥住宅訴訟は、医療訴訟と並んで、専門的知見を要する「専門訴訟」の典型である。また、建築の素人である「住宅取得者」と、情報・知識・交渉力にまさる専門事業者たる「住宅供給者」との間における紛争である。訴訟においては、欠陥の有無・程度、補修の可否・内容・費用等といった専門技術性の高い事項が争われることが多く、建築に関する専門知識を有しない住宅取得者側は専門家の協力を得ることが必要不可欠となる。

　遡っていえば、初期の法律相談の段階から、有効・適切な助言を行うためには専門的知見が必要とされることも多く、方針決定に際して、専門家による調査結果が前提になることも少なからずある。このような初動における方針決定の判断において方向性を見誤ると、無駄な争点を増やしたり紛争の無用な長期化を招く等して、ひいては相談者（依頼者）の経済的・心理的な負担を加重することにもつながりかねないので、法的観点からの検討のみならず、建築技術的観点からの検討は極めて重要な意味をもつのである。

　そこで、建築の専門家である建築士に、まずは現場の簡単な目視調査でもよいので、予備的な調査を実施してもらったうえで、建築士と弁護士が協力して相談に乗り、方針を決定していくことが、一般的・基本的な初動対応となる。

　なお、事案の内容や相談者の意向等にもよるが、①時効完成が迫っているケース等では、建築士の予備調査に弁護士が立ち会い、その場でいっしょに相談を実施したほうがよい場合もあるし、②相談者の訴える瑕疵が多数・多岐にわたるケース等では、調査方針の事前協議のために建築士同席のもとで法律相談を先行させたほうよい場合もあるので、ケース・バイ・ケースで対

応していく柔軟性も忘れてはならない。

(2) 訴訟手続のための調査・鑑定

　欠陥住宅訴訟に先立ち、建築士による「調査報告書」「鑑定意見書」(裁判上の鑑定の結果である「鑑定書」と区別するために、以下、本章では「調査報告書」という用語を使うことにする)の作成は必要不可欠である。この調査報告書によって、初めて、請求原因の内容となる「欠陥原因」の特定、および、住宅供給者(施工業者等)側の「責任根拠」の明示が可能になるからである。

　従前の欠陥住宅訴訟においては、依頼者が問題にしている「欠陥現象」をそのまま請求原因として訴状に記載し、その不具合の原因の調査や住宅供給者側の責任の根拠を裁判上の鑑定申請という方法で追々立証していく、という進め方も少なからず見受けられた。しかし、このような方法では、提訴している原告側自体が欠陥原因を把握していないために、争点が不明瞭になり、住宅供給者側から根拠薄弱な反論や対症療法的な小手先の部分補修の提案等(多くの場合、より重大な根本的欠陥が判明する前に和解してしまおうという動機に基づく)を招いてしまい、無駄な時間が費やされて訴訟が長期化する傾向にあった。また、裁判所の選任した鑑定人に、争点の特定から瑕疵の判定(本来、法律上の概念である「瑕疵」の判断は裁判所の職責である)まで要求ないし期待することは、酷であるばかりか、往々にして鑑定人は「中立的立場でなければならない」との呪縛にとらわれるあまり、基準に照らした客観的判断に徹しきれず、両当事者の主張の中間的な結論を出す傾向があり、その結果、「鑑定書」が客観性の乏しい鑑定人個人の主観的意見書に終わることも少なからずみられた。このような鑑定書は信頼性・証拠価値に乏しく、結局、費用と労力の無駄遣いと訴訟遅延を招くことは必定である。

　これに対し、訴訟提起と同時に「調査報告書」を書証として提出する場合には、訴状における請求原因の主張が的確な証拠に基づく正当なものであることを示せるとともに、訴訟初期段階における争点の絞り込みが可能になって、迅速な訴訟手続の促進にも役立つのである。

　提訴に先立つ調査・鑑定および「調査報告書」作成は、極めて有用である

というにとどまらず、もはや、今日における欠陥住宅訴訟においては必要不可欠といっても過言ではない。

2　調査報告書の証拠価値（証明力）

　建築技術は、実験や構造計算による科学的検証や、過去幾多の地震・台風・火災等の災害における苦い経験（いわば歴史的実験）を経て、基本的ないし標準的な技術基準と呼べるものがすでに確立されている。この点が医療における最新の技術・知見と異なる点であり、建築という経済的合理性による一定の枠組みの中で、最低限の安全性等の品質・性能を確保するための技術基準が、法令や一定の権威ある標準仕様書等によって明確に定められているのである。

　そこで、私的調査・鑑定であろうと裁判上の鑑定であろうと、それが客観的事実（調査による建物現況の実体的把握）と科学的理論（法令その他の客観的基準）に基づく判断である限り、同一の結論に達することになる。

　したがって、客観的事実と科学的理論に即した調査報告書を提出できれば、それ自体の証拠としての価値は極めて高く、被害者側の欠陥原因事実に関する立証は、基本的に尽くしたといってよい。

　ただし、実際の訴訟においては、相手方からも専門家による反論意見書が証拠提出されることが多く、その場合、確実な立証のために徹底した再反論を行わなければならないことはいうまでもない。その意味では、客観的事実である建物現況に関する立証のためには、推認された事実より、破壊調査等によって実証的・直接的に認識可能な状態にまで示された事実のほうが証明力が高いといえる。また、欠陥判断の基準についても、契約書・設計図書の具体的記載や、法令の明文規定、技術的基準を明記した専門的文献等を明確に示すことが肝要である。

II　調査・鑑定依頼における注意事項

　建築士法21条は、建築士の業務に関し、「建築士は、設計……及び工事監理を行うほか、……建築物に関する調査又は鑑定……を行うことができる」と規定している。この規定が建築士による調査・鑑定業務の法的根拠となるものであるが、実際に調査・鑑定業務を経験したことがある建築士はさほど多くはない。まして、裁判上の証拠として提出することを目的として、それにふさわしい内容と形式を備えた調査報告書を作成した経験がある建築士は極めて少ないのが実情である。

　したがって、建築士に調査および調査報告書作成を依頼する際には、種々の配慮が必要となる。

1　簡易調査（予備調査）の先行

　調査鑑定作業全体の見通しないし目途をつけるために目視程度の簡易調査（予備調査）を先行させ、依頼者が問題だと認識している不具合箇所と、建築士が問題のある可能性を認識している箇所とのすり合わせを行う必要がある。

　その際、欠陥ないし不具合の重大性、危険性、被害としての甚大性等に関する建築士および依頼者それぞれの意見を弁護士が十分に汲み上げて、方向づけを行っていかなければならない。

　今後、何についてどこまで本格的に調査を実施するのか、それに要する費用がどれくらいかということは、①訴訟等に少なからぬ費用を要する建築紛争において、コストパフォーマンス（費用対効果）が重大な関心事であることはもちろん、②長期化の危険を孕む建築訴訟をいかに早期に解決するかにおいて、初動時の方針決定が重要な要因となるため、建築士および依頼者と十分に打合せをしなければならない。

　その打合せの前提となり、方針決定のための判断材料となるのが、簡易調査（予備調査）なのである。

第4章　調査・鑑定および調査報告書（私的鑑定書）の作成

2　建築士の専門分野の確認と連携

　ひと口に建築士といっても、「意匠」「構造」「設備」といった専門分野に分かれており、簡易調査の結果、決定された調査事項の内容・分野を専門とする建築士に依頼する必要がある。

　たとえば、雨漏りや仕上げの亀裂等といった欠陥現象について直接的原因である施工不良箇所だけを調査した結果、地盤沈下や構造上の欠陥を見落とす危険性もある。構造欠陥の可能性を常に念頭において調査を実施し、その可能性が認められた場合には、構造を専門とする建築士の協力を仰ぐべきである。そのような構造の専門資格としては、「JSCA建築構造士」、「構造設計一級建築士」、「構造計算適合判定資格者」等がある。そのほか、地盤に関しては「地盤品質判定士」等、設備に関しては「設備設計一級建築士」等、工事費用見積りに関しては「建築積算士」等といった各分野の専門資格があるので、問題となっている領域に応じた専門家を選ぶ際の参考にされたい。

3　調査建築士の関与範囲とその事前説明

　建築士は、調査報告書の作成を終えれば、以後の関与がなくなるわけではない。①弁護士等に対する調査報告書の記載内容の説明に始まり、②訴状等の記載内容に誤りがないか等のチェック、③裁判所の求釈明や相手方からの反論に対する検討、④場合によっては、追加調査や反論意見書作成が必要になることもある。そして、⑤弁論準備期日における争点整理促進のための同席（特に専門委員や調停委員が選任されている場面では有用である）、⑥証人尋問における証言や、⑦反対尋問に協力してもらうため、補佐人（民事訴訟法60条）としての出頭、⑧和解期日への同席等々、欠陥住宅訴訟の全般にわたって関与・協力が求められることになる。

　このことは、あらかじめ建築士および依頼者に十分に説明して、建築士には関与する作業内容を、依頼者にはそれに伴い発生する費用を、それぞれ、きちんと理解しておいてもらう必要がある。

4　調査鑑定業務委託契約書の作成および費用の決定

　前述のとおり、調査および調査報告書作成業務の依頼は、種々の作業が付随して発生し、当然にそれに伴う建築士への報酬も発生する。後日のトラブルを避け、訴訟終了まで継続的な協力関係を維持するためにも、調査報告書作成を依頼する段階で、依頼者と建築士の間において、作業内容および費用等について定めた契約書を締結しておくことが望ましい。

　なお、調査報告書完成後の作業については、相手方の対応や訴訟進行によって大きく変わってくるため、調査報告書作成までの作業と合わせた一括の費用を定めることは困難であるのが通常であろう。そこで、報告書完成後の作業をタイムチャージにする例もあるが、積み上げていくと高額になることも多いので、上限を設定する等の工夫もありうる。

Ⅲ　調査における注意点

1　欠陥判断の基準の設定

　建築士には、「欠陥判断の基準」(本来あるべき姿としての品質・性能の基準)を明示して、その基準に抵触する「建物の現況」(当該建物の該当箇所の実際の施工状況等)の調査を依頼する。一般的・網羅的にいえば、次のような箇所を調査してもらうことになる(なお、「欠陥判断の基準」については、第2章Ⅰ参照)。

① 　契約書または設計図書に反する施工
② 　建築基準法、同法施行令、その他建築関係法令(告示・条例等も含む)に違反するかまたはそれらに定められた基準を下回る施工
③ 　旧住宅金融公庫の定める共通仕様書を下回る施工(なお、独立行政法人住宅金融支援機構の仕様書は、「フラット35Ｓ」等の場合、高品質住宅としての上乗せ性能もあるので、要注意)
④ 　一般社団法人日本建築学会その他権威ある建築団体の定める技術基準を下回る施工
⑤ 　以上のような明文化された基準がなくても、標準的な工法、慣行上認められてきた工法に反する施工

2　依頼者の指摘事項にとらわれないこと

　現在不具合現象が現れていない場合でも、重大な構造上の欠陥等が存在する場合も少なくないので、依頼者が指摘する現象面にとどまらずに構造上重要な箇所については調査をする必要がある。
　依頼者の指摘は不具合現象のみに着目していることが多いので、そのような不具合現象を生み出している欠陥原因にまで踏み込んだ調査を行う必要がある。特に、ひび割れや揺れ等の不具合現象については、地盤沈下や構造耐

力不足等の構造欠陥に起因していることもありうるので、構造上の欠陥の可能性を念頭において調査に臨む必要がある。

3 専門的調査を外注する場合

　簡易調査により、あるいは調査実施の過程で構造上の欠陥が疑われたときには、その確認のために破壊調査や検査機器を用いた、より詳細な専門的調査を実施する必要が生じる場合もある。たとえば、①地盤沈下が疑われる場合には、レベル調査（水平調査）のみならず、ボーリング（標準貫入試験）等の地盤調査を実施する必要が出てくることもあろう。そのほかにも、②鉄筋コンクリート造の配筋状態や強度については、RCレーダーやレントゲン撮影、コンクリート強度試験、コア抜き試験等、③鉄骨造の溶接欠陥については、超音波探傷試験、④遮音性試験などもある。

　これらの専門的調査は建築士だけでは実施できないから、専門の調査会社等に依頼することになる。

　なお、当然、別途費用が発生するので、十分に依頼者と事前打合せを行う必要がある。打合せ・検討に際しては、必要に応じて調査費用見積書等も作成してもらって、依頼者に交付すべきである。

Ⅳ　調査報告書作成における注意点

1　証拠資料たりうること

(1)　必ず欠陥部分の写真を付けること

　写真は遠距離、近距離、その中間という具合に撮影し、全体のどこの部位かがわかるようにする。

　また、写真には番号（「No.1、No.2……」「①、②……」等）を振り、平面図のコピーに各写真の撮影位置を写真番号で、撮影方向を矢印でそれぞれ記載した「写真撮影位置説明図」を添付する。

　部材の寸法、亀裂や隙間の幅や長さを示すときは、定規をあてて写真を撮ったり、柱の傾きを示すために「下げ振り」を垂らしたところを撮影する、といった工夫をする。

(2)　欠陥となる根拠を示す

　欠陥と認められる部分については、その根拠となる法令（建築基準法、同法施行令、国土交通省（建設省）告示、各地方条例、消防法、電気事業法等）、技術基準（旧住宅金融公庫仕様、日本建築学会仕様等）の条項を特定したうえ、該当部分の基準の文献をコピーして添付する。契約図面や仕様書と異なる施工があるときは、図面や仕様書の該当部分をコピーして、どこがどのように異なるかを具体的に記載する。

　根拠法令となる建築関係法令の適用については、建築士に任せきりにすることなく、弁護士と建築士とで十分に議論して裁判所を説得しうるに足るよう、解釈等に関する理解・認識を共有する必要がある。すなわち、一般的に、弁護士や裁判官は建築関係法令に接する機会が少なく、むしろ、建築士のほうが設計や建築確認申請手続等の日常業務の中で建築関係法令に接する機会が多い。しかも、建築関係法令の中でも技術的基準については、基準自体が専門技術的であるうえ、法自体が具体的に定めておらず、委任立法の形で施

行令、告示等に委任されていたり、現場の運用に委ねられている事項も少なからずあり、非常に難解な規定になっている。その結果、調査ないし鑑定において必要となる建築関係法令に関する知識は、弁護士が建築士から教えてもらう場面も多くなる。しかし、ここで気をつけなければならないのは、多くの建築士の法令に関する知識は、日常業務の中で経験的に身に付けたものであり、法令の適用や解釈を意識的に行っているわけでない。そのため、法令の趣旨に遡った解釈等をする場面においては、弁護士が建築士と十分に議論をしながら正確な解釈を導く必要がある。特に建築関係法令は、行政取締法規としての性格を有しているため、これに違反することが私法上で欠陥を構成することを主張する際には、当該規定の趣旨に遡り、規定違反が住宅取得者の法益を侵害する（生命・身体・財産に対する危険がある）ことを裁判所に説得的に説明しなければならないことがある。その意味でも、弁護士が十分に適用規定の意味を理解している必要がある。

　この点を調査報告書において、弁護士との間でしっかりと議論したうえで記述がなされていると、裁判所も、理解が容易に深まることになり、他の専門家（調停委員・専門委員等）の関与の必要性が低減されることになるはずである。

　⑶　事実に基づいて作成する

　原則として調査者本人が目視して確認した事項を客観的に記載し、推測で書かないようにする。

　もし、依頼者が撮影した写真（たとえば、建築工事途中の写真等）を使用するときや、依頼者の説明に基づく事実（たとえば、軀体内部の施工状況等）に依拠するときは、その旨を注釈として明記する。反対尋問に耐えうる報告書を作成するためである。

2　平易であること

　建築用語については必ず解説を付け、わかりにくいときは挿絵を付けてもらう。

読みにくい用語にはふりがなも付ける。日本建築学会編『建築学用語辞典』等の当該用語部分をコピーして、資料として添付することも有益である。

技術上の説明についても、イラスト（図面ではない）を多用するとわかりやすい。

3　読み手の裁判官を意識すること

前記1および2の注意事項は当然のことと思うかもしれないが、実際には、そのことが十分に理解ないし実践できていないから、調査報告書がわかりにくいものになってしまうのである。別の角度から説明すれば、読み手たる裁判官を意識した作成が必要だということである。

(1)　裁判官は建築の素人である

調査報告書は、欠陥という建築技術上の問題点を裁判官に十分に理解させることが目的であるから、どれだけ裁判官にわかりやすく作成できるかがカギである。

特に、通常の裁判官や弁護士といった法曹は、文系（社会科学系）の思考方法に馴れ親しんでいる反面、理数系（自然科学系）の知識・思考能力が不十分であり、端的にいえば、数字・数式に苦手意識さえもっている。

他方、日頃から理数系の思考方法に馴れ親しんでいる建築士は、デジタル的に結論を直ちに導き出すことは難なくできるが、その結論に至るまでの思考経路を示して論証するという作業（たとえば、三段論法を駆使して説明する作業）等には、あまり馴れていない。

したがって、建築士が当然のように判断を記載した場合、建築の専門用語が頻出する点、論証なく結論がいきなり示されがちな点、難解な公式や数字が散りばめられている点などから、裁判官に理解しがたいことは容易に想像できる。このような調査報告書では、せっかく作成しても証拠としての価値は半減してしまうであろう。

とすれば、建築士だけに作成を任せてしまってよいはずはなく、弁護士の目から見てわかりにくいことは、積極的に指摘して、わかりやすいものにし

なければならない。いわば、「弁護士・建築士の協働作業によって作成する」というくらいの心構えが必要である。

調査報告作成における基本的な考え方としては、「中学生にもわかるように」というぐらいの前提で作成すべきことを肝に銘ずべきである。

(2) 裁判官は論理性を重視し、また信頼性の高い根拠を好む

欠陥住宅訴訟において、裁判官が行う基本的な判断は、大雑把にいって、欠陥論(瑕疵の有無・程度の判断)、損害論(補修の要否・内容その他の損害の判断)、および、責任論(当該被告の賠償責任の有無の判断)、という3点である。このうち、特に前二者に関する立証において調査報告書が最有力の証拠となる。

たとえば、欠陥論における裁判所の判断を分析すると、①事実関係として現実の施工状態等を認定し、②その認定事実に関して適用されるべき基準を確定し、③実際に認定事実を当該基準に照らして基準充足の有無により欠陥か否かを判定する。通常の訴訟事件審理におけると同様の法的三段論法にすぎないが、欠陥住宅訴訟において特殊なのは①と②の作業において専門的知見を要するという点である。そして、③の判断は瑕疵判断という法律判断であるが、①と②を明確に立証して確定させることができれば、ほぼ必然的・機械的に③の結論が出てくることになる。したがって、調査報告書によって、①と②を専門的知見に基づき的確に立証することこそが、欠陥論における最重要課題となるわけである。

ところが、一般に建築士は、すでに専門的知見を有しており、現場を見ればダイレクトに欠陥か否かを判断できてしまうがゆえに、その判断所見を文章化してもらうと、①②③の作業が明確に区別して意識されておらず、特に②の基準が明確に示されていないことが多い。例えていえば、建築士の判断は、表計算ソフトが、数値の入力により、数式を示す過程なしに、いきなり計算結果を弾き出してしまうようなものである。これでは裁判官を説得するための立証にならない。欠陥鑑定とは、数学で例えていえば、単に計算結果だけ示せばよい「計算問題」でなく、1つひとつ論理を積み重ねていく「証明問題」なのである。

そこで、①と②を明確に区別して説明する必要があるが、特に②においては、証明するための前提命題となるべき欠陥判断の基準・根拠を示すため、それ自体につき信頼性の高い基準・根拠である必要がある。

(3) 裁判官は多忙であり、調査報告書を繰り返し読む時間がない

裁判官は、常時多数の担当事件を抱え、非常に多忙である。そのため、調査報告書は一読了解できるくらいに明快であることが望ましい。

そこで、①結論部分は本文冒頭で端的に一目瞭然に明示し、②理由はその後にしっかり書き、③図面や計算書、引用資料は後半に添付する、④大部になるときは、全体の構成がわかる目次を付けておく、といった工夫が必要である。

4　的を絞り、軽重をつけること

論点を絞って重要なものを深く論じるということである。

構造安全性上の欠陥等の重大な欠陥とともに、仕上げ上の施工不良箇所等の小さな瑕疵が多数ある場合、調査報告書を作成する際には、ある程度小さな瑕疵には目をつぶり、重大な欠陥に的を絞ったほうがよい場合が多い。それは以下のような理由からである。

第1に、「裁判所の理解を得る」という目的である。依頼者は、概して業者の背信性とともに欠陥を細大漏らさず主張したがるが、依頼者の指摘する欠陥をすべて記載すると、深刻な欠陥が、多数の軽微な瑕疵に埋もれ重大性を過小評価されてしまい、場合によっては、軽微な瑕疵を針小棒大に訴えるクレーマーのような偏見をもたれてしまう危険性さえある。裁判所も含め訴訟関係者が消化不良を引き起こさないようにすることはもちろん、重大・深刻な欠陥に集中できるように配慮する必要がある。

第2に、「早期解決」というメリットである。欠陥の数が多くなればなるほど、争点は増えて、主張・立証における攻防に時間を要することになり、長期化してしまうことになる。

第3に、「費用対効果」という配慮である。費やせる時間・労力に一定の限

界がある以上、小さな欠陥の主張・立証に力を割くよりは、大きな欠陥の主張・立証に力を割くほうが、得られる賠償額への反映というコストパフォーマンスの面は明らかに大きい。のみならず、実際の裁判例をみても、大きな欠陥に絞ったほうが、結局のところ、得られる結果も良好なことが多いのである。

5　説明を受け、記載内容の確認をすること

　調査報告書は、どんなに平易に書いてもらっても素人に理解困難なところが出てくるので、弁護士はこれを熟読し、不明な点は建築士に質問して説明を受け、完全に理解しなければならない。代理人弁護士が理解しなければ、裁判官を説得し、理解させることなど到底できない。

　なお、証拠不十分と思われるところは、追加調査を指示し、追加報告書を提出してもらう。

V　調査報告書の内容

1　報告書の形式

　調査報告書は、調査事項（欠陥）ごとに番号を振り、それぞれに後記2(1)の内容を記載するとわかりやすい。また添付資料や写真等も末尾に一括して添付するよりも調査項目ごとに添付していったほうが、頁をあちこちとめくらなくてもよく、見やすいようである。ただし、補修方法および補修費用の見積りについては、欠陥箇所が多数のときはそれだけでかなりのボリュームになるので、別冊としてもよい。

　各調査事項にはそれぞれ表題を付けると後で整理しやすく、訴状や準備書面も書きやすい。たとえば、「基礎底盤の厚さ不足」「火打梁仕口不良」「壁の亀裂」等といった具合である。また、調査報告書には、証人尋問で便利なように目次と通し頁を記載しておく。

2　記載すべき項目

(1)　欠　陥

欠陥について、以下の項目を記載する。
① 　位置　　欠陥現象または欠陥原因の場所を特定する。
② 　現状　　調査者本人が確認した欠陥現象を客観的に記載する。
③ 　原因　　確認した欠陥現象の原因を記載する。なお、欠陥現象は明らかであるが、欠陥原因が不明である場合（たとえば、雨漏りに多い）は、推定される原因の記載にとどまらざるを得ないこともある。
④ 　所見　　当該原因はいかなる根拠法令や技術基準に反するか、本来、どのように施工すべきか、理論上なぜそのように施工すべきか、その欠陥によってどのような弊害が生ずるか等について記載する。

(2) 補修方法・費用

　住宅取得者は、欠陥のない建物を取得することができてしかるべきところ、住宅供給業者の責任により欠陥のある建物を提供されたのであるから、欠陥を適正な方法によって除去する必要があり、そのための費用（補修費用）相当額の賠償を得る必要がある。

　そこで、補修については、以下の項目を記載する。

① 方法　　欠陥原因を根本的かつ完全に除去し、契約および建築基準法令等に適合させるための相当な方法を具体的に記載する。

　　ここにおける相当な方法とは、契約目的物として契約の趣旨に合致した品質・性能を回復するための方法でなければならない。したがって、たとえば、新築建物については、性能上はもちろん、外見上も新築建物にふさわしい内容の補修とすることを前提とする。新築性を害するような、いわゆる「ツギハギ」の補修が許されないことは当然である。なお、ある欠陥を除去する相当な方法が複数想定しうる場合、いずれの方法でも完全に欠陥を除去できるならば、より費用が低廉な方法を選択すべきことになろう。

　　取壊し建替え以外に適当な方法がないときは、その理論的根拠とともにその結論を記載する。

② 費用　　補修に要する費用は、客観性のある適正価格として、一般の市場において、通常の施工業者であれば当該工事を適正に実施しうるに足りるものでなければならない。その意味で、当該業務の発注を受けたい等の思惑に基づき作成される見積額とは区別されなければならない。したがって、相当補修費用については、公刊の積算資料等の客観性のある資料に基づいて積算し、その旨を明記するとともに、できる限り根拠資料も添付することが望ましい。

　　市場の適正価格を見出すことが困難な特殊材料や特殊工法による場合は、その専門業者に問い合わせた結果を記載し、その旨特記する。

　　なお、経費を計上することも忘れないようにする。一般に新築よりも

補修のほうが経費率は高い。

　補修費用は、欠陥ごとに個別に算出しておく。複数の欠陥を主張している場合であっても、裁判所の判決では、欠陥と認定されるものと認定されないものに分かれることがあるからである。

③　工期　　補修に要する期間を工程表も添付して示す。

(3)　その他

　前述のとおり、欠陥現象が現れていない場合でも、重大な構造上の欠陥が存在する場合も少なくないので、依頼者の指摘事項にとどまらずに重要箇所を調査して記載する。

　依頼者の指摘事項のうち、調査の結果、欠陥と認められない事項については、調査報告書の末尾に欠陥と認められないことおよびその理由について簡単に付記してもらってもよい。調査漏れでないことも含め、依頼者の納得を得ることも重要だからである。

　当事者間の紛争や交渉の経緯、業者の不誠実な対応等の事情は原則として記載しない。このような事情は、慰謝料請求の事情として弁護士が主張すべき事実であること、欠陥住宅訴訟は技術訴訟たることを基本とすべきだからである。

第5章

欠陥住宅訴訟の実際

I　欠陥住宅訴訟の概要

1　訴状の作成

これまで述べたことを踏まえて、欠陥住宅訴訟の訴状は、瑕疵論、損害論、責任論を意識して作成するとわかりやすい。

なお、請負事案における訴状記載例を本章末尾に掲載する。

2　訴訟提起から第1回期日まで

欠陥住宅訴訟の流れは、通常の訴訟と特別異なるところはない。ただ、いくつか特徴的な点があり、迅速かつ的確に審理を進めていくには若干の工夫が必要である。

なお、相手方からの請負残代金請求の訴訟が先行し、まだこちら側の瑕疵主張の準備が不十分であった場合や、時効などの関係で準備不足のまま訴訟を提起した場合などでは、早急に瑕疵調査を実施し、争点を整理して、準備書面で主張をまとめる必要がある。また、反訴提起（当事者に監理者なども含めるときは別訴提起）の準備が必要となる場合もある。

3　弁論期日

(1)　争点整理

瑕疵項目が複数にわたるときは、裁判所から、双方の主張を対比できるように整理した瑕疵一覧表の作成を促されることがある。

もっとも、これまでに記載したとおり、すでに訴状の段階で協力建築士の事前調査を踏まえた具体的な瑕疵の指摘を行っていれば、訴状の内容を一覧表にするだけで足りるはずである。瑕疵一覧表の書式は、裁判所によって若干の違いはあるが、瑕疵一覧表の具体例を本章末尾に掲載する。なお、東京地方裁判所や大阪地方裁判所で用いられている瑕疵一覧表については、それ

のほか、最近では、現場進行協議期日として行われることや、後述する付調停手続内での現地調停期日（民事調停法12条の4）が多い。

現地見分が実施される場合には、ただ漫然と建物の状況を見るだけで終わることのないように、事前に見分経路を検討し、不具合箇所にマーキングする等、入念な現地調査計画を立てておくことが望ましい。

また、現地見分の際に確認した見分箇所の状況を撮影するなどして、撮影した写真や映像を後日証拠として提出することも考えられるので、デジタルカメラやビデオカメラを用意しておくことも有用である。

5　付調停・専門委員

欠陥住宅訴訟が専門的かつ技術的訴訟であることから、裁判官は建築上の争点を整理するに際し、建築用語や建築技術の知識等をアドバイスしてくれる専門家を関与させる便宜的手法として訴訟事件を調停に付したり（民事調停法20条1項）、専門委員（民事訴訟法92条の2）を選任したりすることがある。

この点は、後記Ⅱで詳述するが、専門委員が、単なる建築用語や建築技術の知識等を裁判官にアドバイスするにとどまらず、法的判断である瑕疵判断にまで踏み込んだり、補修方法・補修費用等についても意見や判断を行う等、本来の役割を超えた言動を行うこともありうるので、付調停や専門委員の選任について安易に同意することには注意が必要である。

6　人証調べ

欠陥住宅訴訟は技術訴訟である。したがって、証人尋問は技術的知識をもっている協力建築士、施工者側技術者、鑑定人などの尋問が中心となる。特に施工者側技術者（敵性専門家）や鑑定人に対する尋問が重要となる。

また、欠陥住宅被害が単なる財産権侵害にとどまらない、継続的な生活侵害であるという本質から、本人尋問は被害の実態や損害額の立証の関係で必要となる。

この点は、後記Ⅲで詳論する。

7 鑑　定

　欠陥住宅訴訟が専門的かつ技術的訴訟であることから、裁判上の鑑定が必要になることがある。

　ただ、原則としては、協力建築士による調査報告書（私的鑑定書）による立証で対応すべきである。

　この点は、後記Ⅳで詳論する。

8 和解勧試

　欠陥住宅訴訟においては、被害者（住宅取得者）側には通常落ち度などなく、専門家である施工業者、販売主、設計監理者の一方的かつ無責任な行為により被害が発生している場合がほとんどであるから、和解を検討するにあたって、被害者本人は、なぜ自分が譲歩しなければならないのかに疑問をもつ場合が多い。したがって、代理人としてはこの点に十分配慮して、本人に対して安易に和解を勧めることなく、事案ごとの多様な利害得失を十分に見極めた説明をしたうえで和解の是非、条件を検討するべきである。

　なお、和解に積極的ではない場合であっても、訴訟の各節目で裁判所と個別に和解についての話合いの機会をもつことにより、裁判所の心証を垣間見ることが可能であり、それ以降の訴訟活動を再検討することができるから、一律に拒絶せず柔軟に対応することも必要である。

II 付調停、専門委員選任等についての対応

1 付調停

　ひと口に欠陥住宅被害といっても、構造上の欠陥が問題となる事案と、美匠上の欠陥が問題となる事案とでは、その解決の難易度も異なるし、事案によっては調停手続のほうが適切な場合もある。一般的には、構造上の欠陥がある事案や当事者の話合いにより解決を図ることが困難な事案の場合は、調停での解決が困難な場合も多く、安易に付調停に応じることは無用な時間を浪費することになる。

　ところで、東京地方裁判所建築訴訟対策委員会編著『建築訴訟の審理』（判例タイムズ社。以下、「建築訴訟の審理」という）56頁は、「事件の性質及び内容、複雑性、専門性の程度からみて、調停手続を活用して争点整理を行うのが相当であるときは、争点整理目的で調停に付することを検討する」、同書57頁は「事実認定上の争点と専門技術的事項にかかわる争点が主張されている事件については、訴訟と調停を並行して審理することを考慮する」としている。また、LP建築訴訟56頁でも、「話合いによる紛争解決の見込みがあり、当事者双方ともに調停手続に消極的でない事案については、付調停（民調20条1項）を選択する」とされており、最近の欠陥住宅訴訟では付調停手続が利用されることが多い。民事調停手続は、当事者同士が話合いによる互譲により紛争解決を図るというのが本来的な用いられ方であるが、欠陥住宅訴訟における付調停手続は建築士等の専門家を調停委員に任命して、争点整理のために用いられることが多い。

　裁判所が事件を調停に付そうとする場合、当事者双方に意見を求められるが、争点整理のために調停手続に付される場合には、相互の互譲により紛争を解決する通常の民事調停とは異なる性格を含んでいるという点を意識して

おかなければならない。

　裁判官から争点整理目的の付調停についての同意を求められ、これに応じようと考えた場合であっても、①その調停は争点整理目的のためにするものであること、②必ず裁判官が調停に立ち会い、仮にも調停委員に判断を丸投げするがごとき進行はしないこと、③調停の回数を極力限定すること、④争点整理の目的を達成し、解決の糸口が見出せない場合は速やかに調停手続を打ち切り、訴訟手続を進行させること等を、付調停に応じる前提として事前確認し、また、その旨、上申書等に記しておくことが望ましい。また、専門家調停委員の選任にあたって、木造建築の事件であるにもかかわらず、大規模な鉄筋コンクリート構造が専門の建築士が選任されるなど、調停委員が不十分な専門的知識しか有していなかったり、誤った技術的意見を述べたりすることもありうるので、そのような場合には、直ちに、裁判所に対して文書で申入れをしたり、調停委員に対しての質問状を作成して提出するなどして、裁判官が誤った判断に流されることのないよう注意する必要がある。

2　専門委員の関与

　2003年の民事訴訟法の改正により専門委員制度が創設され、裁判所は、争点もしくは証拠の整理または訴訟手続の進行に関し必要な事項の協議をするにあたり、専門的な知見に基づく説明を聴くために専門委員を手続に関与させることができることになった（民事訴訟法92条の2第1項）。

　建築訴訟の審理77頁は、「建築専門家の専門技術的知識及び経験を活用する必要がある事件のうち、当事者の対立が激しい事件は、訴訟手続において専門委員を活用して審理する」としている。また、LP建築訴訟61頁は、「話合いによる解決の可能性が乏しい事案において、瑕疵該当性、追加変更工事該当性、補修方法・費用、相当な追加工事代金、出来高、瑕疵と結果発生との因果関係等を判定するために必要な建築関係の専門的知見を要する場合が典型」としている。

　欠陥住宅訴訟についても、専門的知見を要する事件類型の1つとして、専

門委員が関与することが多いが、専門委員は、調停委員と異なり、証人尋問に関与できるなど一定の地位が認められており、訴訟に与える影響は直接的である。したがって、欠陥住宅被害に理解を示し、建築関係法令等に高い識見がある専門委員ならまだしも、そうでない場合は誤った知識等を裁判官に印象づけるおそれもある。

　専門委員が関与した場合に留意すべき点としては、専門委員はあくまでも裁判所に対して、専門的知見を提供する補助者にすぎず、専門委員の説明が証拠となるわけではない。換言すれば、仮に専門委員が瑕疵該当性や補修方法・費用等に関して一定の判断をしたとしても、それがそのまま裁判所の心証形成材料となるわけではない。また、専門委員の説明は、当事者が口頭弁論において発信した情報とはいえず、「弁論の全趣旨」にもあたらないと解すべきである。

　また、民事訴訟規則34条の5では、「裁判所は、当事者に対し、専門委員がした説明について意見を述べる機会を与えなければならない」と規定されていることから、専門委員が誤った知見に基づき説明を行った場合には、正しい知見に基づいた反論を行うべきである。

3　付調停か、専門委員か

　付調停にすべきか、専門委員制度を利用すべきかにつき、建築訴訟の審理78頁は、「専門家の専門的知識・経験を活用する必要がある事件でも、争訟性が強く、当事者の対立が激しいため、話合いによる解決が期待できない事件（例えば、地盤沈下の原因そのものをめぐって強く争っている事件など）は、調停による解決は著しく困難であるから、訴訟手続に専門委員を関与させて審理するほかない。これに対し、当事者の解決の方針が基本的には一致していたり、見解の対立はあっても、当事者が専門家調停委員を含む調停委員会の意見に基づいて解決する意向を示していたり、瑕疵の存在自体は強く争わず、その程度や修補の費用等を特に争っていたりする事件については、調停に付した上で、専門家調停委員を活用して解決を図るのが適切である」として、

裁判所は話合い解決が容易か否かによって、付調停にするか、専門委員制度を用いるかを使い分けるべきだとしている。最近の傾向としては、専門委員よりも付調停のほうが利用割合が高いようである。

　調停委員、専門委員については、東京や大阪などの大規模な裁判所では、ある程度の人数や専門分野に対応できる委員が確保されているが、地方の小規模な裁判所では、同じ建築士が調停委員と専門委員を兼ねていたり、十分な人数が確保されていない場合もあることから、両手続が混同されることのないよう注意する必要がある。付調停と専門委員とを比較した場合、いずれか一方が優れているということはいいがたく、それぞれの長所と短所を理解し、事案に応じた制度の適切な選択が重要である。

Ⅲ　証人尋問の留意点

「瑕疵の有無・程度」「補修方法」「補修費用の額」を要証事実（欠陥住宅訴訟固有の要証事実）とする人証（尋問対象者）は、通常建築士等の建築の専門家であるから、尋問の際には次のような点に注意する。

1　協力建築士への主尋問

「瑕疵の有無・程度」「補修方法」「補修費用の額」など欠陥住宅訴訟の被害者の請求原因事実の立証には、建築士の協力が不可欠であるが、協力建築士の意見の証拠化は、基本的には調査報告書（私的鑑定書）の提出であり、同建築士への尋問はこれを補完することを主な目的とする。

その際、瑕疵判断の前提となる当該建物の現況（柱が20mm傾いている、クラックの幅は5mmである、筋かいが取り付けられていない、など）については、証人尋問期日以前に、写真や図面を提出したり、進行協議期日を活用した現場見分などで、当事者間に争いをなくしておくことが望ましい。

そして、争いのない当該建物の現況を前提として、当該売買契約ないし請負契約の内容に照らして、あるいは法令等の技術基準に照らして、その齟齬（＝瑕疵）をわかりやすく簡潔に説明してもらう。その際、法令等の基準が設けられた実質的な理由（なぜ、そのように施工しなければならないのかなど）をわかりやすく説明してもらえば、単に法令等に形式的に違反しているのではなく、建物の安全性などに重大な影響があることがわかり、説得力が出て信用性を増す。なお、尋問で専門用語を用いる場合、素人である裁判官にわかりやすいように、事前に用語定義集を証拠として提出したり、尋問の初めに説明をしてもらうなど、十分工夫することが重要である。

2　敵性専門家への反対尋問

相手方申請の本人ないし証人が建築士等の専門家である場合、建築の素人

である弁護士がその場で臨機応変の反対尋問を行うことは簡単ではない。

　ただ、前述したとおり、当方の協力建築士への主尋問で、当方が主張する瑕疵判断の基準がなぜ設けられたのかについて十分に押さえておけば、それに従わなくてもよいと述べる建築士への反論は行いやすくなるし、相手方も反論しづらくなる。建築士が発言する専門用語等に惑わされず、なぜ法令の基準と違ってもよいのか、なぜ約定の内容と違ってもよいのか、なぜその程度の補修方法でよいのか、なぜ補修費用がそんなに安いのかなどを、平易な言葉で尋問していくことが肝要である。ただ、その際、「安全である」「危険である」など抽象的な回答を引き出しても意味がなく、提示した基準（約定、法令等の基準）に照らして、当該基準に反しているのか否かの回答を求めることが重要である。

　なお、事案によっては、主尋問後に直ちに反対尋問を行うことが困難であることもありうるから、その場合は無理をせずに、あらかじめ裁判所の了解を得て反対尋問を別期日とするようにする。その場合には、反対尋問の準備のために当該主尋問について事前に速記を付けるように裁判所に要望する必要がある。

3　対質尋問の活用

　協力建築士と敵性建築士の双方の尋問が行われる場合、対質尋問（民事訴訟規則118条、126条）の方法で行うのが有用な場合がある。対質尋問は、「ただいまのＢ建築士の見解について、Ａ建築士はどう考えますか」というような質問により、対立点が明瞭となり、より論理的、合理的な説明をした側の意見が採用されやすくなる。代理人にとっても、交互尋問で専門家を相手に難しい反対尋問をするよりも簡単で効果的であるし、聞いている裁判官にとってもわかりやすいであろう。対質尋問を行う場合は、混乱しないように事前によく裁判所と打合せをしておく必要がある。特に証人に対しては、次の点に留意するよう事前に指導しておくことが必要である。

　①　直接、証人同士で議論しないこと

② 証人は、経験・意見・知見・評価を分けて話すこと
③ 証人は、経験・意見・知見・評価を述べるときは、その根拠、証拠を示すこと
④ 証言は、裁判官に向かって話すこと
⑤ 代理人または裁判官からの質問があってから答えること
⑥ 証人は、裁判官および代理人にわかるような平易な言葉で証言すること（証人同士だけが理解していても何の意味もないことの理解を徹底させること）
⑦ 証人から積極的に意見や反論を述べたいときは、裁判官もしくは代理人の許可を受けてから発言すること

Ⅳ　裁判上の鑑定についての対応

1　鑑定の臨み方

　欠陥を主張する被害者は欠陥の存在とその補修内容と補修費用を主張・立証しなければならない。そのためには、建築士や学者らに依頼して調査報告書を作成し、これを裁判所に提出することになる。これに対し、業者側もまた私的鑑定書を作成して反証する。こうした意見書が応酬されるうちに、建築の素人である裁判官でも争点を把握することができ、いずれの見解が正しいかを判断できる状況が生まれる。したがって、さらなる裁判上の鑑定は不要なはずである。鑑定とは、裁判官の判断の補充を目的とするものであるから、まずは裁判官に理解させるように主張・立証に努め、裁判官の判断を補充しなければならない場合に限ってのみ鑑定を行うべきである。

　この点、弁護士の中には、私的鑑定書を提出しなかったり、不十分な私的鑑定書を提出しただけで安易に裁判上の鑑定を申請する者も見受けられる。また、裁判官の中にも、一方当事者の依頼と費用負担で作成される私的鑑定書は、公正さを担保できないとか、私的鑑定書が双方から際限なく提出され、迅速な審理に支障を来すことになるなどとして私的鑑定書を軽視したり、当事者双方から提出された私的鑑定書を十分に精査することなく、欠陥や損害の判断を鑑定人に丸投げしようとする者もいる。

　しかし、必ずしも、裁判所が選任した鑑定人が中立・公正で適確な実力の持主とは限らない。また、裁判上の鑑定結果が不利と感じる一方当事者からは必ずや鑑定人質問の申請がなされるはずであり、補充鑑定や、鑑定人質問を行うことになると、これまた裁判の長期化を招く。逆に、時間的制約がある鑑定人がどれだけ真実に迫れるかには疑問がある。さらに、鑑定費用は高額であり、私的鑑定書の作成に多額の費用を投入した被害者に鑑定費用を予納させることは酷である。

以上からすれば、当事者双方が、私的鑑定書と証人尋問で裁判官が判決を書けるような主張・立証を心がけるべきであり、裁判官に対しても当事者双方に不明な点や理解困難な箇所を積極的に釈明させ、双方の建築士に対する尋問が終了した段階で裁判官自身が正確に論点を把握しうる状況をつくり出すべきである。

　建築訴訟の審理70頁も「証拠調べとしての鑑定の採否については、他の立証方法や専門的知見取得の方法を含めて慎重に検討し、専門技術的事項について判断能力の補充が必要な場合に採用する」としており、漫然と鑑定を採用しない方針を打ち出している。

2　鑑定人の選任

　最高裁判所は、2001年6月、建築関係訴訟委員会規則を公布し、最高裁判所に建築関係訴訟委員会を設置した。一方、一般社団法人日本建築学会は、会内に司法支援建築会議を設置し、全国の学会メンバーから鑑定人候補者を募り、名簿に登録させた。そして、全国各地の裁判所が裁判上の鑑定を採用した際、建築関係訴訟委員会に対して鑑定人候補者の推薦依頼をすると、同委員会は司法支援建築会議に鑑定人候補者の選定を依頼し、同会議は候補者を選定して同委員会に報告し、同委員会は各地の裁判所に鑑定人候補者を推薦するという制度を構築した。

　しかし、この制度により真に中立・公正かつ適正な判断をなしうる鑑定人が選任されているのか疑問視する声もある。

　もっとも、この制度は、各地の裁判所が独自に鑑定人を選任することを否定するものではないから、当事者間で合意できる場合や他の事情がある場合には、建築士団体等に鑑定人候補者の推薦依頼をすることも1つの方法である。とりわけ、地方では建築専門家が少なく、訴訟関係者と利害関係を有するなど地方特有の問題もある。そうした場合は、他県の建築士団体等に鑑定人候補者を推薦してもらうことも検討すべきであろう。

3　鑑定事項

　鑑定事項は、大別して欠陥判断と補修方法・補修費用が問題になる。
　まず、鑑定人による欠陥判断は、鑑定人の個人的・主観的判断を求めるものではないことを意識して鑑定事項を確定すべきである。たとえば、「床のひび割れは、建物のコンクリートと鉄筋の一体性を失うことになるか」などという問いは、日本建築学会における議題ならともかく、一鑑定人に求める鑑定事項としては不適切な問いである。これに対し、東京地方裁判所建築訴訟対策委員会は「建築鑑定の手引き」（判例時報1777号3頁以下）を作成し、鑑定人がなすべき欠陥判断の基準は、建築基準法施行令や告示、そしてこれらの解釈基準として機能する日本建築学会標準仕様書（JASS）、旧住宅金融公庫共通仕様書、その他わが国における建築界の標準的な技術基準をもって判断することを求めている。すなわち、欠陥判断については、①建物の安全性の判断は当該建物が「法が定めた安全性を満たしているか」という法律判断と、②学者や一建築士の主観的・恣意的判断ではなく、「わが国の法令や建築界の通説的見解」に基づく客観的な鑑定が期待されているのである。具体的な鑑定事項としては、「本件建物につき、建築基準法令や告示、そしてこれらを補充するものとして機能する日本建築学会標準仕様書（JASS）、旧住宅金融公庫共通仕様書、その他わが国における建築界の標準的な技術基準に反する箇所があるか」などということになる。
　次に、補修方法・補修費用についても、建築基準法令は建物の品質・性能の最低基準を定めるもの（建築基準法1条）であり、JASSや公庫仕様等の技術基準は建築基準法令を補充するわが国の通説的基準として機能しているものである以上、これらに反する現状を同法令等が要求する水準に回復させ、建物が本来有すべき品質・性能を具備させる補修こそが相当補修である。以上からして、補修に関する鑑定事項としては、当然、建築基準法令等の基準を充足するための補修とはどのようなものであり、その費用はいかほどかという視点からの鑑定を求めることになる。具体的には、「本件建物の○○部

の××不足につき、法令等を満たす補修とはどのようなものか。同箇所の補修に必要な補修金額、および、仮設費、監理費、消費税等、上記の各補修をするのに不可欠な金額はいかほどか」などということになる。

4　鑑定人質問

　当事者のどちらが申請したにせよ、納得のいかない鑑定結果が出された場合には、これを正すべく積極的に鑑定人質問（民事訴訟法215条の2）を申請するべきである。

　なお、裁判実務では、鑑定書が提出された場合でも鑑定人質問を原則として行わず、両当事者から書面による質問をさせて（民事訴訟規則132条の2）、鑑定人がそれに対して補充鑑定書等にて書面で回答するという運用をしている場合が多く見受けられる。これは鑑定人が、公開の法廷で両当事者から徹底的に質問されることについて苦痛を感じることが多いなどの理由によるといわれている。しかし、書面のやりとりだけでは鑑定書の内容を十分に弾劾できないことが多く、鑑定人質問は当事者の権利であることを主張して実施するよう裁判所に申請するべきである。

　鑑定人に質問する際の注意点は、前記Ⅲの建築士に対する証人尋問の場合の注意点と基本的には同様であるが、さらに次の点に注意すべきである。

　まず、瑕疵判断については、契約の内容、法令、遵守すべき技術基準を具体的にあげて、当該建物の現況にあてはめた場合に、どう判断したのかを質問する（抽象的に危険か安全かなどと質問することは、無意味どころか裁判官に安全であるとの心証を与えかねず、有害ですらある）。特に、当方の主張に否定的な鑑定結果については、当該契約内容・法令等の技術基準などの具体的基準に照らして、なぜそうなるかについて、問い質すべきである。

　また、補修方法や補修費用については、前提として、「何をもって相当な補修と考えるのか」について鑑定人の考え方を確認しておく。そもそも、瑕疵を除去することが補修である以上、瑕疵の有無の判断基準と相当な補修方法の判断基準は一致するはずである。すなわち、瑕疵の判断基準に照らして、

瑕疵が除去されたといえる補修でなければ相当な補修方法とはいえないのである。にもかかわらず、瑕疵がなくならないような補修方法でよいと鑑定した鑑定人に対しては、なぜ、そのような補修方法で瑕疵が治癒されたと考えるのかについて、瑕疵基準に照らして具体的に問い質す。

　さらに、補修費用については、費用算定の際に準拠した価格を明示させるべきである。建設物価等の公刊物の価格によらず、実際の施工価格等で積算する鑑定人も多いが、欠陥の補修工事はスケールメリットのある新築工事などと異なり、施工価格の減額は小さくなることが一般であることを考えると、公刊物による価格ではどうなるのかという質問をすることは重要である。

V よくある反論とこれに対する再反論

1 欠陥論（瑕疵判断の基準）

(1) 「建築基準法令は行政取締法規にすぎない」との反論

　建築基準法令は、国民の生命・身体を守るための「最低限の基準」を定めたものであるから、これを下回ること自体が当然に違法であり（民法90条違反）、瑕疵にあたる（客観的瑕疵）。これは裁判実務上すべてに確立された考え方であり、東京地方裁判所建築訴訟対策委員会もその旨を明示している（判時1777号3頁）。

(2) 「公庫融資住宅ではないから、公庫仕様は守らなくてよい」との反論

　旧住宅金融公庫仕様（現在では、フラット35対応木造工事仕様書・フラット35対応応用枠組壁工法住宅工事仕様書）は、前述のとおり、いわゆる庶民住宅の標準的な選材や工法についての技術基準（法令に定める技術基準についてはその具体的解釈基準）を示したものと解すべきであり、契約時に仕様を決めていない場合には、当事者の合理的意思に照らし、少なくとも標準的な基準たる公庫仕様が契約内容となると解すべきである。

　したがって、「公庫融資住宅ではないから……」との反論に対しては、「公庫仕様は、いわゆる庶民住宅の標準的な選材や工法についての技術基準（法令に定められているものについては、その具体的な解釈基準）を示したものである。そして別段の合意がない限り、当事者の合理的意思に照らし、少なくとも標準的な基準たる公庫仕様が、当事者の契約内容となると解すべきである。そのため施工業者が公庫仕様と異なる方法をとった場合は、施工業者側において、それが標準的な技術基準である公庫仕様と同等以上の効力を有すること（実際に施工された方法が、当事者間の契約内容に合致したものと評価できるこ

(3) 「建築基準法の基準は余力があるので、多少下回っても安全である」との反論

　前記(1)に関連して、建築基準法は相当程度の余裕（安全率）が見込まれているから、多少の基準違反があっても安全性を損なわない、等の反論がなされることが多い。しかし、これは法に従わなくてもよいとの主張に等しく、この論理が通るならば法律上の基準の意味は失われる。

　そもそも安全・危険という概念は、強い・弱い、長い・短い、重い・軽い等といった概念と同様に、本来、他者との比較によってのみ判断できる相対的な概念であって、基準となるべき客観的指標に照らさない限り、単体の建物それ自体について絶対的な安全・危険を判定することなどは不可能なのである。そこで、建築基準法令は、耐えなければならないとされる強さの荷重や外力（仮定荷重）を設定し、仮定荷重に耐えうるために必要な最低限の構造基準を設けて、この法律上の基準を満たしていれば当該建物は、少なくとも法的には安全であるとみなすことにしたのである。このように、法的な意味での建物の安全性とは、法的に認められた「基準」に照らした「規範的」な概念である。

　そして、安全とは余力があって初めて安全といえるのであって、法は「最低限の余力」を定めることによって、「建築物の敷地、構造、設備及び用途に関する最低の基準」（建築基準法1条）を画しているのである。すなわち、建築基準法が定める基準は、文字どおり「最低の基準」であって、過剰な水準の余力を付加したものではない。

　なおこの点、「建築基準法の基準は文字どおりの最低基準ではなく、『標準的仕様』というべきものにすぎない」などという主張がなされることもある。しかしこのような主張は、法文に真っ向から反するものであり、もはや法令の解釈とさえ呼びがたい（「法令の創造」というべきものである）。

　大阪地判昭和57・5・27判タ477号154頁はこれについて詳論し、「そもそも建築物がその使用と自然界の環境の変化に充分耐えうる耐性ないし安全性

を備えていなければならないことは当然の要請であり、居住に供される建築物の場合右要請は一層強固なものと考えられるところ、この場合の耐性ないし安全性とは単に計算上の安全値をいうものではなく、経験則上これを認めることのできる資材の不均質や作業工程上の瑕疵等諸々の要因によって惹起される危険性をも充分考慮に入れたうえで、建築物が本来備えているべき機能に支障を来すことがないと考えられる程度の安全域をいうものでなければならないから、仮に、被告が本件建物の設計に際して行つた構造耐力計算の過程に誤りがなく、その計算上板厚1.6ミリメートルの鉄骨を使用して差支えないとの結論を得たとしても、これをもつて本件建物が安全であるということはできないし、前記諸要因を無視して鉄骨の耐用年数をいう被告の主張も採用の限りではない」と述べている。

したがって、「建築基準法の基準は余力があるので、多少下回っても安全である」という反論に対しては、「『建築物の敷地、構造、設備及び用途に関する最低の基準』であることを明文で規定した法を無視した主張であり、法に基づく裁判では到底採用すべきでない」と再反論すべきである。

(4)　「現に建っているから安全である」との反論

構造的な瑕疵・欠陥が争われている事案において、施工業者から「先日の地震や台風でも損壊せずに無事建っているから、欠陥はない」という反論がなされることがある。

しかし、それは、「その建物がこれまでに経験・遭遇した台風や地震等の外力に対しては倒れずに建っている」という歴史的事実を述べているだけにすぎず、建物が法的安全性を有することを意味するものではない。自然科学的・物理的な意味で建物が存立している事実と法的安全性とは峻別されなければならない。

言い換えれば、法律上の基準を満たしている建物が地震等で仮に倒壊したとしても、法律上の安全性を欠く欠陥建物であるとされることはなく、他方、基準を満たしていない建物がその地震等で倒壊しなかったとしても法律上の安全性を欠く欠陥建物と判断される。この意味で、欠陥の有無は、「もつか

もたないか」という物理的な安全性ではなく、規範的な法的安全性を満たしているか否かで判断されるのである。法が求めているのは、「法的に安全な建物を提供せよ」ということであって、「絶対に倒壊しない建物を提供せよ」ということではない。

裁判は法に基づいてなされるものである以上、「現に建っているから安全である」という反論に対しては、「規範的概念である瑕疵の判断基準としては、法的安全性以外の安全性はあり得ない」と再反論すべきである。

2　施主（買主）の関与

(1)　「施主（買主）が同意していた」との反論

違反建築であることについて、「施主や買主が同意していた」との反論がなされることがある。

しかし、何らかの同意があったとしても、必ずしも「真の同意」とはいえない。

すなわち、専門家たる業者には、どのような違反か、それがどれほど危険なことであるか等について、素人である施主や買主に対して説明し、理解してもらう義務、すなわち、建築基準法令違反による危険性等に関するインフォームド・コンセントを得る義務があり、これを怠った場合には、違反に関する「真の同意」を得たものとは評価し得ないのである。

仮に十分な説明に基づく真の同意があったとしても、その対象範囲についても慎重な検討が必要である。

たとえば、建ぺい率や容積率違反等の集団規定違反について、施主や買主の了解があったとしても、直ちに単体規定（構造安全性や耐火性能等の規定）に関する違反の合意があったと認めることはできない。

そもそも、業者の側から集団規定の規制を免れる方法を教示したり、そそのかしているケースも少なくなく、そうでなくても建築士法18条1項（法令に適合する設計を行う義務）や建設業法25条の27第1項（施工技術の確保に努める義務）に鑑みれば、業者側はそのような依頼があったときはこれを拒絶すべき義務があるというべきである。前掲・大阪地判昭和57・5・27は、「建

築士としての職責を放棄して原告に責任を転嫁する発言としか理解できないが、これが事実としても、そのことによつて被告の責任に消長を来すものではない」旨判示している。

(2) 「注文者側・買主側にも過失がある（過失相殺）」との反論

欠陥住宅による損害の発生や拡大について注文者側・買主側にも過失があるとして、損害額の認定において斟酌されるべきであるとの抗弁が業者側から提出されることがある。

しかし、高度の専門性・技術性を要する建築の設計・施工につき、素人である注文者や買主が関与したことにより欠陥が生じ、損害の発生や拡大に至るなどということは通常想定しがたい。

また、素人である注文者側・買主側が口出ししたとおりに、専門家である業者側が言われるがままに欠陥を誘発するような設計や施工をすることが、そもそも是認されるのかも疑問である。このような場合に、注文者や買主の過失を認め、過失相殺を認めることは、公平に反するものであり、安易に過失相殺が認められるべきではない。

(3) 「注文者の指図によるものである」との反論

過失相殺の抗弁と類似した抗弁として、請負の場合、民法636条本文は、瑕疵が注文者が提供した材料の性質または注文者の指図により生じたときは瑕疵担保責任の規定を適用しないとしていることから、瑕疵が生じたのは注文者の指図に従ったことが原因であり、業者には責任がないとの抗弁が提出されることがある。

しかし、民法636条ただし書は、請負人が材料や指図の不適当なことを知ってこれを告げなかった場合にはこの限りでないとしており、大抵の場合、ただし書にあたると思われる。

また、建設業者は、施工技術確保義務（建設業法25条の27）を負っており、建築士は建築基準法に適合した設計・監理をすべき職責を負っているのであるから（建築士法18条）、注文者の指図があったからといって、その指図が建築関係法令に反していることを知らずに言われるがままに施工したことで責

任を免れることにはならないというべきである。

　このような業者側からの抗弁について、前掲・大阪地判昭和57・5・27は、「なお、本件建物に板厚1.6ミリメートルの鉄骨を使用することについて原告から了解を得た旨の被告の供述は、建築士としての職責を放棄して原告に責任を転嫁する発言としか理解できないが、これが事実としても、そのことによって被告の責任に消長を来すものではない」と厳しく断じ、業者側の抗弁を排斥している。

　また、長崎地判平成元・3・1欠陥住宅判例［第1集］250頁は、「注文建築の場合は、建物の基本設計を策定し、またはこれに変更を加えるうえにおいて施主の意向に従わざるを得ないから、建築設計者としては、必ずしも構造強度を最優先し、あるいは意匠と構造強度の均衡のとれた建物を設定することができない場合もあると考えられる。しかし、素人の施主の意匠、外観についての要求を具体化しつつ、同時に建築物として十分な構造強度、耐力を確保し、施主の要望が建築設計の常識をわきまえないことに基づく無謀なものであるときには、その旨を説明し理解を得て翻意させるのが専門家である建築設計者の責務であるというべきであって、建物が設計上根本的な安全性を欠いた場合、ただ施主が要求したから、あるいは施主が承諾したからというだけでは、設計者は免責されないと解するべきである」と判示した。

　同様に、神戸地裁尼崎支判平成11・7・7欠陥住宅判例［第1集］394頁も、「一般に建築請負契約の当事者間においては、明示するか否かにかかわらず最低限建築基準法に適合する工事を施工する旨の合意をするのが通常であり、また、一般に注文主において建築基準法等の規制法規の内容を把握していることは通常はない一方、請負業者にはその知識があることが一般であることからして、前記建築基準法違反の諸点については、原告において建築基準法等に違反することを理解した上でなおそのような指示をし、被告の施工内容はこれに基づくものであることを、被告が立証しない限り、瑕疵修補請求の対象となる瑕疵があるものと認めるべきものと解される」と判示しており、参考になる。

(4) 注文者の同意・過失・指図に関する最高裁判例

上記のとおり注文主による同意・過失・指図は、建築物の瑕疵に関する請負業者の責任を減免する要素とはならない。このことは最高裁判例（最判平成23・12・16判時2139号3頁）からも明らかに窺われる。

この判例は、①注文者と請負業者が、請負契約の締結にあたり、②建築基準法等の法令の規定を遵守して本件各建物を建築すると、貸室数が少なくなり、賃貸業の採算がとれなくなることなどから、違法建物を建築することを合意し、③建築確認申請用の図面（確認図面）のほかに、違法建物の建築工事の施工用の図面（実施図面）を用意したうえで、④確認図面に基づき、建築確認申請をして確認済証の交付を受け、いったんは建築基準法等の法令の規定に適合した建物を建築して検査済証の交付も受けた後に、⑤実施図面に従って違法建物の建築工事を施工することを計画した事案に関するものである。

上記事案における注文主は、違法建物の建築について、かなり積極的な関与をしているものといわざるを得ない。しかし、このような事案においても、裁判所は、違法建物の建築を目的とする請負契約について、公序良俗に反して無効であるとしたうえ、請負業者の注文者に対する請負代金請求を棄却している。

このような最高裁判例からすれば、請負業者が注文者に対して明らかに従属的な立場にあるような特殊な場合を除き、注文者による同意・過失・指図によって瑕疵ある建物（違法建物を含む）が建築された場合でも、これを理由に請負業者の責任が減免されるべきではない。

3　損害論

(1) 「取壊し・建替え費用の請求をしながら当該建物を利用し続けるとしたら、二重取りとなる」との反論

取壊し費用および建替え費用の請求を認めることについては、注文者が、取り壊して建替えを実行しないで、瑕疵ある建物をそのまま利用する場合、

瑕疵ある建物と取壊し・建替え費用との二重取りとなるとの反論が業者側から出されることがある。

しかし、そもそも取壊し・建替えが必要な建物の交換価値はゼロである。たとえば、交通事故の車両損害において、①経済的全損の場合の再取得費用の賠償や、②分損の場合の修理費用の賠償について、賠償金を得て再取得や修理をしないまま事故車両を利用し続けたとしても二重取りなどという反論は成立しない。

「仮に注文者がそのような建物をそのまま利用したとしても、交換価値の二重取りが生じることはない」と再反論すべきである。

(2)　「居住利益を控除すべきである」との反論

取壊し・建替え費用賠償あるいは解除に伴う代金返還の請求に対し、引渡し時から今日まで建物に居住してきた利益（居住利益）を損害額から控除すべきだと主張されることがある。法律的には、「居住利益を損益相殺（または損益相殺的な調整）の対象にすべきである」という趣旨の主張である。

しかしこのような主張に対しては、「社会通念上、重大な瑕疵がある建物には、社会経済的な価値がない。そのため注文者または買主がこのような建物を使用していたとしても、社会経済的な価値のない物の使用を強いられたにすぎず、損益相殺等の対象となる居住の『利益』は存在しない」と反論すべきである。

この問題点に関しては、重大な瑕疵のある建物について、「居住利益」が損益相殺等の対象にはならない旨を判示した最高裁判例がある（最判平成22・6・17民集64巻4号1197頁）。

この判例は、①柱梁接合部の溶接未施工箇所等の存在（突合せ溶接をすべきであるのに、これを行っていない部分等を含む）、構造耐力上十分な安全性を欠く箇所（応力度が許容応力度を超える柱・梁など）の存在といった重大な瑕疵があり、建て替えざるを得ない建物について、②当該建物の請負業者が、当該建物の買主に対し、「これまで当該建物に居住していたという利益や、建て替えて耐用年数の伸長した新築建物を取得する利益を控除すべきである」と

いう趣旨の主張をした事案に関するものである。

　これについて最高裁判所は、「売買の目的物である新築建物に重大な瑕疵がありこれを建て替えざるを得ない場合において、当該瑕疵が構造耐力上の安全性にかかわるものであるため建物が倒壊する具体的なおそれがあるなど、社会通念上、建物自体が社会経済的な価値を有しないと評価すべきものであるときには、上記建物の買主がこれに居住していたという利益については、当該買主からの工事施工者等に対する建て替え費用相当額の損害賠償請求において損益相殺ないし損益相殺的な調整の対象として損害額から控除することはできないと解するのが相当である」と判示し、請負業者による損益相殺等の主張を排斥している。

　なお、この判例には、宮川光治裁判官の補足意見があり、「建物の瑕疵は容易に発見できないことが多く、また瑕疵の内容を特定するには時間を要する。賠償を求めても売主等が争って応じない場合も多い。通常は、その間においても、買主は経済的理由等から安全性を欠いた建物であってもやむなく居住し続ける。そのような場合に、居住していることを利益と考え、あるいは売主等からの賠償金により建物を建て替えると耐用年数が伸長した新築建物を取得することになるとして、そのことを利益と考え、損益相殺ないし損益相殺的な調整を行うとすると、賠償が遅れれば遅れるほど賠償額は少なくなることになる。これは、誠意なき売主等を利するという事態を招き、公平ではない。重大な欠陥があり危険を伴う建物に居住することを法的利益と考えること及び建物には交換価値がないのに建て替えれば耐用年数が伸長するなどと考えることは、いずれも相当でないと思われる」とされている。

　建物の瑕疵の発見に困難が伴う実情を踏まえ、安易な損益相殺等に反対する趣旨であり、反論をするうえで示唆に富む内容である。

4　追加主張の時期

　たとえば、提訴当初に雨漏りを主張していたところ、後に、溶接の欠陥が発見され、訴えの追加的変更（場合によっては交換的変更）をした場合、業者

側からは、時機に遅れた攻撃防御方法だとか、訴えの変更の要件に該当しないとか、既判力に触れ二重起訴の禁止に該当するなどと主張されることが多い。

しかし、「雨漏り」の主張と「溶接不良」の主張とは全く別の欠陥事実であり、審理の対象が異なるから、後者の主張が前者の審理中に発見し得なかったなど、主張が遅れたことに合理的事情がある場合、時機に遅れた攻撃防御方法や二重起訴の禁止に該当しないと解すべきである。

合理的事情としては、以下のものがあげられる。

① 欠陥住宅における瑕疵・欠陥は、建築士であっても容易に発見しにくい性格の被害であり、瑕疵・欠陥の存在を認識するまでに一定の時間と特殊な事情（たとえば、地震による損傷で手抜き箇所の存在が判明したとか、当初担当した建築士が意匠専門で構造や溶接の知識が乏しく、後日依頼した建築士は構造専門で溶接の専門知識をもっていたなどの事情など）が存在するのが常である。

② 一方、業者側には、自ら建築基準法令違反の手抜きをしていることを認識または認識しうべき状況にあった。本来、欠陥住宅訴訟において、当該建物に欠陥が存在する旨の主張・立証責任は損害賠償を求める被害者側に存在するとしても、安全な施工をしたとの主張・立証責任は施工請負人たる業者側にあるのだから、業者側は本件建物が建築基準法等が要求する安全な建物として施工・完成した旨の主張・立証をなし、これに対し、被害者側は本件建物に欠陥が存在する旨主張・立証することになるところ、業者側は被害者側に安全性を検討させうる資料の提出もせず、しかも、被害者側が同事実を認識しないことを奇貨として審理を進めながら、後日、手抜きが発見された途端、裁判所に自らの手抜き箇所の審理を回避するよう求めることは信義則（民法１条２項、民事訴訟法２条）に反する。

VI 残代金請求への対応

1 残代金の存在を前提とした抗弁──同時履行と相殺

(1) 問題の所在

　請負契約（または売買契約）において未払代金が現に存在している場合、請負人（または売主）は、自ら原告として、あるいは、欠陥住宅訴訟の被告とされていても反訴原告として、契約条項または法令の定めに基づき残代金に対する一定の遅延損害金を附帯して請求してくるのが通常である。

　注文者（または買主）としては、欠陥被害を主張するとしても、訴訟で争っている間、このような遅延損害金の増大のリスクにさらされることになる。しかも、欠陥住宅訴訟は一般民事訴訟よりも相対的に長期化する傾向があり、欠陥が重大であればあるほど争いが先鋭化して一層長期化するであろうから、遅延損害金増大のリスクは無視できないものがある。

　そこで、残代金請求に対して、いかに対応すべきかが重要な問題となる。

(2) 同時履行の抗弁

　民法は、請負代金請求権ないし売買代金請求権と瑕疵担保責任に基づく請求権（損害賠償請求権ないし瑕疵修補請求権）とが同時履行の関係に立つことを明文で規定している（民法634条2項後段、571条）。したがって、注文者（または買主）は、瑕疵担保責任の履行を受けるまでは、同時履行の抗弁権に基づき残代金の支払いを拒絶することができ、履行遅滞による責任、すなわち遅延損害金支払義務を負わないことになる。なお、かかる遅滞の責任を負わないという効果は、同時履行の抗弁権の「存在的効力」に基づくものであるから、本来、抗弁として主張すること（抗弁権の行使）を要しないと解されているが、支払拒絶や引換給付といった同時履行の抗弁権の本体的効力を発生させるために、同時履行の抗弁を主張として提出しておく必要がある。

　ところで、残代金の額が瑕疵担保責任に基づく損害賠償請求権の額を上回

る場合に、残代金全額について同時履行の抗弁権を主張できるか、言い換えれば、瑕疵担保責任に基づく損害賠償請求権の額の限度でしか同時履行の抗弁権を主張できないのではないか、が問題となる。

　この点について、最判平成9・2・14民集51巻2号337頁・判時1598号65頁は、瑕疵の程度や各契約当事者の交渉態度に鑑み、瑕疵の修補に代わる損害賠償請求債権をもって報酬残債権全額の支払いを拒むことが信義則に反すると認められない限り、報酬残債権全額に対して同時履行の抗弁権を主張することができる旨判示して、残代金1184万4147円と瑕疵の修補に代わる損害賠償額82万4000円との引換給付を命じ、遅延損害金請求を棄却している。

　なお、請負人等の契約相手に対して、不法行為に基づく損害賠償請求をする場合にも、公平の見地から、同時履行の関係が認められるべきである。

(3)　相殺の抗弁

　瑕疵担保責任に基づく損害賠償請求権を自働債権、残代金債権を受働債権とする相殺は、もちろん可能である。

　相殺の結果、なお残代金債権が残る場合、相殺の意思表示をした日の翌日から履行遅滞による責任を負うことになる（最判平成9・7・15民集51巻6号2581頁、最判平成15・10・10判時1840号18頁・欠陥住宅判例［第3集］464頁）。建物引渡し時まで相殺の効力が遡及することはないことに注意を要する。

　したがって、残代金が瑕疵担保責任に基づく損害賠償額を上回り、相殺後もなお残代金債権が残る場合には、相殺をせずに同時履行の抗弁権を行使すべきである。すなわち、相殺すれば、その翌日から相殺後の残代金についての遅延損害金が発生することになるが、同時履行の抗弁を主張すれば、残代金について遅延損害金は発生せず、引換給付判決が言い渡されることになる。

　これに対し、残代金が瑕疵担保責任に基づく損害賠償額を下回り、相殺後に損害賠償債権が残る場合には、相殺により残代金債権を消滅させて、損害賠償債権に対する遅延損害金を発生させるべきである。すなわち、相殺をせずに同時履行の抗弁権を行使すれば、損害賠償請求権に対する遅延損害金が発生しない。

論理的には以上のとおりであるが、現実的には、瑕疵担保責任に基づく損害賠償請求の認容額がいかほどになるかは容易に見通せないことも多々あるため、損害賠償額が残代金額を上回ることが確実とまで見込むことが困難な場合には、相殺をせずに同時履行の抗弁を主張するほうが手堅いであろう。

　なお、瑕疵担保責任の存続期間を経過した請求権であっても、瑕疵担保責任消滅以前に相殺に適したる場合には、民法508条の類推適用により相殺が可能である（最判昭和51・3・4民集30巻2号48頁）。

2　追加・変更工事代金の問題

(1)　問題の所在

　請負契約においては、建物完成後に突如、高額な追加・変更工事代金を請求されるといったトラブルが少なくない。

　また、注文者側から欠陥被害を指摘すると、これに対して、請負人側から請負残代金の主張がなされることも多い。この場合の請負人側の狙いは、注文者側からの欠陥被害に基づく損害賠償請求に対する対抗手段として、残代金請求をもって賠償責任を減免させようとするところにある。

　これらの事案では、ほぼすべての事案で追加・変更工事についての契約書が作成されていない。

(2)　追加・変更工事代金請求の要件事実

　追加・変更工事代金請求の要件事実は、一般に、①当該工事が本工事では想定されていなかった工事であること（追加性）、②注文者と業者が追加・変更工事として、その工事を施工する合意をしたこと（追加合意）、③当該工事の施工金額に関する合意をしたこと（有償性）、④当該工事が完成したこと（施工の有無）の4つと整理され、すべて請負人が主張・立証責任を負う（実務大系建築訴訟367頁参照）。

　すべて請負人が立証責任を負うとしても、主張される追加・変更工事の項目が多数に及ぶ場合、注文者側は防禦に多大な労力を要し、それに伴って訴訟の長期化を招くことになる。

(3) 総論的反論——契約書なき追加・変更工事

(ア) 追加・変更工事に関する契約書作成の必要性

　建設業法19条2項は、請負契約の内容に変更が生じた場合、建設業者に対し、変更内容につき契約書の作成を義務づけている。建設請負工事における追加・変更は、往々にして内容が不明確になりがちであるため、後日の紛争を誘発することが多く、その結果、注文者に不測の損害を与えかねないので、それを未然に防止する趣旨である。

　実体的に考えても、この建設業法の規制は極めて合理的である。

　第1に、そもそも請負人において、契約当初に適切かつ詳細な検討・打合せを行いさえすれば、追加・変更工事などそう多くは生じないはずである。

　第2に、仮に注文者から工事途中に追加・変更の希望がなされた場合であっても、それを書面化することは専門業者たる請負人にとって容易なことである。救急医療の現場などと異なり、建築の場合、業者が建設業法に違反してまで契約書を作成する余裕さえないなどという状況は到底想定し得ない。

　第3に、追加・変更工事が発生した場合、請負人にとっても、注文者との間で追加・変更内容を確定するとともに、代金額の変動について正確に説明するためにも、契約書面は必要不可欠である。業者は、建築工事の専門的・技術的な特殊性から口頭のやりとりでは追加・変更内容に齟齬が生じるおそれがあることや、その追加・変更工事に伴う代金額を内訳明細書（見積書）添付の契約書面によって詳細に定めておかなければ誤解や無用な紛争が生じることを熟知している。逆にいえば、追加・変更工事について契約書が作成されていないということは、追加・変更工事が注文者の面前で直ちに施工されるなどといったように工事内容に齟齬の生じるおそれがなく（さもなくば、やり直しのリスクを請負人が甘受している）、かつ、代金額に変動を来さないものである、ということを意味する。

(イ) 契約書なき追加・変更工事代金請求の不当性

　前述のとおり、通常、代金変動を来すような追加・変更工事について契約書が存在しないといった事態はあり得ない。にもかかわらず、欠陥住宅訴訟

においては、請負人から 1、2 カ所どころか 10 カ所以上にも及ぶ多数の「契約書なき追加・変更工事」が主張され、多額の追加工事代金が請求される、という異常な反論がしばしばみられる（なお、このような多数の追加・変更工事の存在は、当初の打合せや設計の不備を物語っているともいえる）。こうした「契約書なき追加・変更工事」の主張は、注文者から瑕疵主張がなされた後に初めて持ち出される。しかも、なぜに請負人が上記建設業法の規制にもかかわらず多数の追加・変更内容を書面化しなかったのか、この点に関する請負人側からの合理的な説明もない。かつ、その主張たるや、要件事実たる契約の成立年月日、追加・変更内容、価格等の詳細さえ曖昧なものである。

　結局、請負人において、こうした「契約書なき追加・変更工事」を主張する場合、本来、注文者に対し追加・変更工事代金請求などなしうる理由もなく、それゆえ、注文者から瑕疵主張がなされるまでは残代金請求もいっさい行わなかったところ、注文者の瑕疵主張に遭遇し、この主張に対抗するために自らの建設業法違反も省みず、追加・変更契約の存在を虚構するしかなかったのである。だからこそ、本来、建設業者であれば代金の発生する工事の際に必ず作成すべき契約書面さえ存在しないという事態が生じているというのが真相なのである。

　欠陥住宅訴訟において、このような請負人（建設業者）による契約書なき追加・変更工事代金請求を審理対象とすることを容認すれば、注文者の瑕疵主張に対し、請負人がかかる追加・変更工事代金請求で対抗する事態は常態化することになろう。その結果、被害者（注文者）側は、欠陥被害の主張・立証のみならず、代金請求に対する防禦についてまで多大な労力を要し、また、訴訟の長期化は避けられない。

　したがって、契約書の作成されていない追加・変更工事については、およそ追加代金が発生しない旨の合意（無償契約）が存したとの推定が働くのであり、請負人側において追加・変更工事に関する適式な契約書が作成されなかった（できなかった）合理的な理由につき主張・立証がなされない限り、代金請求など認められるべきではない。このように解したとしても、業法規制

に違反した請負人がその不利益を甘受すべきことは当然であり、かかる法適用の貫徹こそが建設業法を実効あらしめ、建設業者の姿勢を改めさせることになる。他方、素人・被害者である注文者が、建設業者の違法行為により追加・変更工事代金請求の危険にさらされ、これに対する反論を余儀なくされるといった事態から救済されることになる。裁判所も、「契約書なき追加・変更工事」という困難な問題を容易に排斥しうることになって訴訟経済にも資するし、欠陥住宅被害の早期救済にもつながる。

　そこで、追加・変更工事を主張する請負人側に対しては、建設業法19条2項が要求する契約書作成義務を懈怠した理由につき求釈明すべきである。

　また、裁判所に対しては、同様に請負人側に対し釈明を促し、その釈明が合理的なものとは認められない場合、請負人側による追加・変更工事の主張自体を失当として排除する訴訟指揮を求めるべきである。

　(4)　各論的反論

　契約書なき追加・変更工事代金請求に対しては、上記のような総論的反論を行うべきであるが、これに加え、上記各要件事実について、以下のような各論的検討も必須である。

　　(ア)　追加・変更工事であるか（追加性）

　業者が追加・変更工事であると主張する工事が、そもそも当初契約の範囲（本工事の範囲）である場合がある。契約時の図面や見積りにその旨の記載がないかを協力建築士にチェックしてもらい、かかる記載があれば、本工事の範囲内であることを主張する。また、注文者と業者とのやりとりについて詳細に主張する必要がある。なお、業者が立証責任を負う以上、業者が本工事の内容そのものを立証できない場合は、結果として問題となっている工事が追加・変更工事であることも認定できないこととなる。

　　(イ)　追加・変更工事の合意があるか（追加合意）

　業者が注文者に無断で追加・変更工事を行っている場合もある。このような場合は、そもそも施工の合意がないと主張することになる。

　　(ウ)　有償の合意があるか（有償性）

(A) 明確な代金額を明らかにしない場合

　追加・変更工事を行うことを合意していても、業者が明確な代金額を明らかにしないまま工事が行われている場合がある。このような場合には、代金額の合意がないと主張することになる。もっとも、業者からは、代金額の合意はなくとも社会通念上相当な代金を支払う旨の有償の合意があったとの主張がなされることとなるので、以下のとおり有償の合意もなかった旨をあわせて主張しなければならない。

(B) 有償の合意がない場合

　追加・変更工事の話は業者から聞いており了承したが、サービス（無償）であると言われたので了承したにすぎないとか、何も追加代金の話が出なかったので当然無償であると思って了承したにすぎないという場合がある。有償の合意がない場合である。

　追加・変更工事については、業者が有償の合意を立証できなければ、追加・変更工事代金を請求することはできない。

　この点、当該工事が客観的に追加・変更工事であり、施工の合意をしたことが立証されれば、有償合意の存在を事実上推定できるという説もある（LP建築訴訟260頁）が、安易にこのような推定が行われるべきではない。そもそも、建物建築の費用は、注文者にとって最大の関心事である。注文者は契約前には、さまざまな見積項目について、その仕様やグレードを変更するなどして、何とか予算額にあわせた請負代金を決定して建築を始めることになる。この注文者の予算と代金額についての関心は、建物建築途中であるからといって変わることはない。また、業者の側からみても、当初請負契約当時から、多少の追加・変更工事が行われることは織り込み済みであり、ある程度の追加・変更工事であれば、これを無償で行うことも予定されているというべきである。このような状況の下、何らの金額の提示もなく、業者から追加・変更工事の話があれば、注文者としては、かかる追加・変更工事が無償で行われると期待するのが通常であり、かかる期待を抱くことには十分な合理性がある。

　しかも、前述のとおり、業者は建設業法上、追加・変更工事の際には書面

交付義務を負っており（同法19条2項）、また、見積りを行う義務も負っている（同法20条1項）。少なくとも有償合意が争われている以上、業者はこれらの義務に違反しているのであり、かかる義務違反を行っている業者側が不利益を受けるべきは当然である。施工の合意があったことから、安易に有償合意が推定されるべきではなく、代金額の定めなき有償合意については、業者側に上記建設業法上の義務に違反して代金額を明確に定められなかった特段の事情についての主張・立証を求めるべきである。

なお、前述した当該工事が客観的に追加・変更工事であり、施工の合意をしたことが立証されれば、有償合意の存在を事実上推定できるという説は、利益を追求する業者が余分な費用等をかけて追加・変更工事を行うことは通常想定できず、注文者としても本工事に含まれない工事がなされる以上、費用が発生することは当然認識しているはずだという経験則を基にするものである。この説については、実務大系建築訴訟373頁以下で、次のように批判されている。すなわち、かかる経験則を安易に用いることは、有償合意の存在が要件事実である以上、合意の有無の検討や間接事実からの推認といった通常の民事裁判における事実認定の手法を軽視することになる。また、契約段階では利潤を低めに抑え、追加・変更工事を大量に受注することによって最終的な利潤を多く確保しようとする業者も存在するのであり、上記経験則がすべての建築工事にあてはまる絶対的なものではない。また、追加変更が軽微で費用も低廉である場合は、無償工事・サービス工事として対応することも建築現場では多々ある。また、品質や数量に大きな変更があったという場合でもなければ、注文者が本工事代金の範囲内で工事が行われると考えることにも十分な理由がある。これらからすると、「上記の経験則を至上のものとして、直ちに有償合意まで推認することは、合意を本質とする請負契約の認定を誤らせる危険性があることに注意を要する」（実務大系建築訴訟374頁）。

(C) 手直し工事にすぎない場合

また、工事途中に発見された瑕疵等について、業者が手直し工事を行った

にすぎないのに、この手直し工事が追加・変更工事であったとして業者から代金請求が行われることがある。

かかる手直し工事代金の主張については、本来、請負人の仕事完成義務（工事完成後であれば請負人の瑕疵修補義務）の履行にすぎないから、契約代金の増額を発生させるものでないことは当然である。

なお、この点について、元の施工の瑕疵の有無を事後的に判定することにより、瑕疵がなかった場合には、追加・変更工事として代金請求できる場合があるとする見解もあるが、不当である。上記要件事実③の有償性の合意は工事時に存在するか否かの問題であり、注文者の不具合の指摘を受け、業者が異議を述べることなくその是正に応じたのであれば、当時の注文者・業者の認識としても、③の有償合意は当然なかったと考えられるためである（実務大系建築訴訟375頁参照）。

(D) 代金額の相当性

相当額の支払いをする旨の有償合意と認定されてしまった場合、その代金額の相当性が問題となる。この点は、個別の事情によるところが大きいが、少なくとも本工事と同時並行に行われている工事である以上、本工事と同様の値引率での値引きが行われるべきである。

(エ) 施工の有無

業者が追加・変更工事だと主張する工事について、これが施工されているか否かが不明な場合がある。追加・変更工事についての立証責任は業者側が負うものであることを強調し、これらの施工がなされていることが証拠上認められなければ、追加・変更工事代金も認められないことを主張する。

(5) 商法512条による請求

以上のような、追加・変更工事について有償合意がないとの主張に対し、請負人側からは、商法512条に基づく報酬請求、すなわち、合意を前提としない報酬請求権が主張されることがある。

この点、商法512条の「他人のために行為をした」とは、一般に当該他人が商人の行為を法律上承認しなければならない場合に限られると解されてい

る。そして、契約（合意）の存在を前提としないのであるから、事務管理に該当する場合でなければならない。そのため、単に注文者の利益のためにする意思に基づいて業者が追加・変更工事を行っただけでは足りず、それが注文者の意思および利益に反しないことが必要である。

　たとえば、単なる内装のグレードアップ等の場合は、追加・変更工事について合意がないのであるから、当然、注文者は追加・変更工事について希望しておらず、注文者の意思に反する場合がほとんどであると考えられる。また、費用が発生するのであれば施工することを望まないという注文者の合理的な意思に反するような場合には「他人のため」という要件を満たすことは困難である（実務大系建築訴訟384頁）。

　また、そもそも商法512条は任意規定であり、本工事に含まれない工事を無償とする旨の特約があれば、その適用は排除される。有償の合意を認定することができないようなケースでは、無償の合意を認定することができることが多いので、有償性に関する業者側の立証の不奏功が救済される事例はほとんどないと考えられる（実務大系建築訴訟384頁）。

(6) 裁判例

　追加・変更工事代金については、札幌地判平成24・1・13判例集未登載が以下のように判示しており、非常に参考になる。

　「結局、原告が追加工事として主張するものは、(1) そもそも、仕様や施工の追加変更として施工された事実を証拠によって認定することが困難なもの　(2) 施工の不具合を是正された疑いがあり、追加工事代金を発生させる追加変更工事の施工がされたと認定し難いもの　(3) 設計図書で施工が指示されているのに当初見積書で見積りが落ちていたのを追加工事代金として主張しているにすぎないもの　(4) 打合記録がなく、当初予定の仕様の詳細が分からないため、仕様の追加変更がされたかどうか分からないもの　(5) 打合記録がなく、被告の指示で施工がされたのかが分からないため、追加変更代金を発生させる工事がされたのかが分からないものが大半であり、これらについては、追加変更の施工が認定できないか、注文者の指示で仕様や施工

の追加変更があった事実を認定できないから、そもそも、追加変更工事代金債権が発生したということができない」、「当初請け負った工事に追加変更が生じたことに伴って請負人が追加工事代金債権を取得したと認定するためには、たとえ商法512条による報酬債権を認定する場合であっても、最低限、『有償での追加変更工事を注文者から委託された』との事実関係を認定する必要がある。有償で委託された事実の有無を不問にしたまま、とにかく当初予定と異なる追加変更工事がされた事実だけを認定して、追加工事代金債権や商法512条の報酬債権の発生を認定することはできない」。

3　残代金の一部の請求の場合——出来高算定の問題

(1)　出来高算定が問題となる場合

　請負契約が中途で終了した場合、業者から、すでに工事が終わっている部分(出来形)について、これに対応する工事代金(出来高)として残代金の一部を請求されることがある。

　注意を要するのは、請負人の債務不履行により注文者が請負契約を解除した場合でも、出来高分を支払わなければならない場合が存することである。

　すなわち、業者が、工事が完成しないまま未完成建物を放置していたり、工期が大幅に遅れて約定の期間内に工事の完成がおよそ不可能な場合等で、業者に帰責性がある場合、注文者としては請負契約を債務不履行解除することが可能である。

　しかるに、この場合の解除できる範囲について、判例は「建物その他土地の工作物の工事請負契約につき、工事全体が未完成の間に注文者が請負人の債務不履行を理由に右契約を解除する場合において、工事内容が可分であり、しかも当事者が既施工部分の給付に関し利益を有するときは、特段の事情のない限り、既施工部分については契約を解除することができず、ただ未施工部分について契約の一部解除をすることができるにすぎない」としている(最判昭和56・2・17集民132号129頁・判時996号61頁)。すなわち、一定の場合、請負人は既施工部分の報酬請求権を失わず、出来高算定の問題が生ずる。

同判例にいう、注文者が既施工部分の給付に関し利益を有するか否かについては、①既施工部分が契約の趣旨に則っているかどうか、②これを引き継いで当該工事の続行が可能かまたは既施工部分のみで独自の利用可能性があるかという点から客観的に判断するべきであると解されている（実務大系建築訴訟304頁）。この点、基礎工事の一部であるコンクリート打設工事が行われたにすぎず、しかも打設されたコンクリートに欠陥があった事例（名古屋地判平成19・3・30（判例秘書））、杭工事が終了し、コンクリート工事に着手された程度の段階で解除がなされ、同工事が法令上の制限について事実を誤認したまま設計がされ、注文者の同意なく基礎の工法も変更されたものであった事例（名古屋地判平成18・9・15判タ1243号145頁）、木造在来工法2階建ての建物を3階建てにするリフォーム工事で工事後の建物が構造上の安全性に欠け、建築基準法所定の構造強度を大きく下回る危険な建物となっている事例（大阪地判平成17・10・25欠陥住宅判例［第4集］502頁）等で、これが否定されている。注文者が給付に関し利益を有するとの判断が安易になされないよう、十分な反論を行うべきである。なお、改正民法634条は、上記判例法理を明文化している。

また、民間（旧四会）連合協定工事請負契約約款により請負契約がなされている場合は、約款33条(1)が「この契約を解除したときは、発注者がこの工事の出来形部分並びに検査済みの工事材料及び設備の機器（有償支給材料を含む。）を引き受けるものとして、発注者及び受注者が協議して清算する」と定められており、約款31条(2)各号に定められた受注者の責に帰すべき事由による解除の場合であっても、出来高清算が必要である旨を定めている。工事の出来形部分は検査に合格したものに限定されていないが、「不適合な施工部分が修補・改造によっても、通常の状態に回復される見込みのないような場合、及び工事出来形が契約内容とは極端に相違するような場合で、工事半ばの出来形を引きうけても、発注者には何らの利益もないことが明白であれば、出来形の評価としてゼロ査定となることもありうる」（民間（旧四会）連合協定工事請負契約約款委員会編著『平成28年（2016）3月改正民間（旧四会）

連合協定工事請負契約約款の解説』156頁)。

　注文者が民法641条により請負契約を解除する場合も、工事の給付が可分であり、その給付について当事者に利益がある場合は、既施工部分については解除ができないので（大判昭和7・4・30民集11巻780頁)、出来高算定の問題が生じる。

　合意解約の場合も、一般に、既施工部分の給付を受けるのが当事者の合理的意思であり、出来高算定についての問題が生じる。

　(2)　出来高算定の方法

　出来高算定の方法については、以下の3つの方法があるといわれている。

　　(ｱ)　割合方式

　工事全体に占める既施工部分の割合を認定し、請負代金額にその割合を乗じる方法である。

　割合方式については、工事内容の詳細が記載された詳細見積りが存すれば、これに基づいて既施工工事、未施工工事を明らかにし（積算方式)、部分的な工事がなされている項目についてのみ補完的に割合を認定するのであれば、ある程度の合理性がある。しかし、本来、施工の事実は業者側が主張・立証責任を負うものであるところ、割合方式はこの点の業者側の主張・立証責任を緩和しかねないことに注意すべきである。すなわち、割合の認定は裁量的要素が強いので、裁量で割合を認定するとの名の下に、施工の事実についての業者側の主張・立証が不十分である場合にも報酬請求が認められてしまいかねない危険がある。

　また、詳細見積りが存在しない場合、その割合認定は、極めて大雑把な認定とならざるを得ない。

　　(ｲ)　積算方式

　既施工の工事部分について見積りを基に積算を行う方法である。

　積算方式については、詳細見積りが存すれば、これに基づき積算を行っていくこととなる。

　問題なのは一式見積りしかなされていない場合であるが、この場合には、

175

実費積上げ方式も考えられる。これは、請負人が既施工部分に費やした実費を積み上げていく積算方法である。しかし、工事全体や、工事項目の一部が、赤字を前提としたものである場合もありうる。したがって、このような場合、端的に控除方式をとるべきと主張するか、少なくとも、実費を積み上げていくと実際の既施工の割合を超える積算となるとして、残工事に要する費用等を主張・立証し、修正を求めていくべきである。

　　(ウ)　控除方式

　残工事に要する（または要した）費用を当初の請負代金から差し引く方法である。

　この点、控除方式については、残工事に要する（または要した）費用は、必ずしも当初契約で予定されていた残工事の内容と一致するわけではないとか、一般に残工事を引き継ぐ場合の工事費用が割高になるといった問題点も指摘されている。しかし、それぞれの工事段階に対応する代金の合意も認定し得ないような極めて大雑把な口頭契約の場合に、控除方式を採用した裁判例もある（東京地判昭和48・7・27判時731号47頁、東京地判昭和51・4・9判時833号93頁）。

　　(3)　損害賠償

　出来高算定の方法については以上のような方法があるといわれているが、実際の訴訟においては論理的に割り切れない問題も多い。たとえば、根太に瑕疵があり取替えが必要な場合の床材を出来形とみるか、設計上予定されている部材が入手困難な場合に取扱いを異にすべきか、実際に工事を引き継ぐ別業者としては工程を初めからやり直さなければならない場合はどうか、ハウスメーカーの認定工法の場合は別業者での引継ぎが実質上不可能ではないかといった問題である。

　これらの点については、必ずしも出来高算定のみでは考慮されないこともありうるが、出来高算定において考慮されなかったとしても、請負人の債務不履行の場合には、他の業者に工事を引き継がせたことによる代金の増額分は、別途、損害賠償として請求しうることに注意する必要がある。

Ⅶ 時効と除斥期間

1 請負人の瑕疵担保責任の存続期間

(1) 民法の規定

　建物その他土地の工作物の請負人の瑕疵担保責任の存続期間は、引渡しから5年（石造、土造、れんが造、コンクリート造、金属造その他これらに類する構造の工作物については、10年）とされている（民法638条）。

　この担保責任の存続期間は、除斥期間と解されており、売主の瑕疵担保責任の除斥期間に関する判例（最判平成4・10・20民集46巻7号1129頁）に準じて、権利行使は裁判外の行使で足りると解されている。

　担保責任の存続期間は、民法167条の規定による消滅時効の期間内に限り、契約で伸長することができる（民法639条）。期間の短縮については、規定はないが、契約により短縮することができると解されている。

(2) 品確法による特則

　2000年4月1日以降に契約された新築住宅の請負人は、「構造耐力上主要な部分または雨水の浸入を防止する部分」の瑕疵について、引渡しから10年間、瑕疵担保責任を負う（品確法94条1項）。これに反する特約で注文者に不利なものは、無効である（同条2項）。他方、特約で期間を伸長することは、20年までの間ならば可能である（同法97条）。

　ただし、品確法の適用がある場合にも、民法638条2項の適用は除外されないので、建物が瑕疵によって滅失または損傷した場合は、滅失または損傷の時から1年以内に瑕疵担保責任に基づく権利を行使しなければならないことに注意を要する（品確法94条3項）。すなわち、両規定の関係については、10年の存続期間内に滅失または損傷した場合には、滅失または損傷の時から1年以内に権利行使しなければならず、10年の存続期間経過後に滅失または損傷した場合には、もはや権利行使することができない、という見解が

有力である。

2　売主の瑕疵担保責任の存続期間

(1)　民法の規定

　売主の担保責任の存続期間は、「事実を知った時」から1年である（民法566条3項）。この存続期間は除斥期間と解されており、権利行使は裁判外の行使をもって足りるとするのが判例である（前掲・最判平成4・10・20）。

　また、売主の瑕疵担保責任と消滅時効との関係については、「瑕疵担保による損害賠償請求権には消滅時効の規定の適用があり、この消滅時効は、買主が売買の目的物の引渡しを受けた時から進行すると解するのが相当である」とするのが判例である（最判平成13・11・27民集55巻6号1311頁）。

　したがって、売主の瑕疵担保責任による損害賠償請求権は、引渡し時から10年の時効消滅に服することになるので、引渡しから10年経過後に瑕疵の存在を知っても、瑕疵担保責任に基づく権利を行使することはできない。なお、この点、売買契約が商行為にあたる場合、商行為によって生じた債権として5年間の時効消滅に服することになる（商法522条）とする見解もあることから、5年間の時効期間についても注意をしたほうがよい。ただし、売主が商人で買主が一般消費者であるような一方的商行為の場合、商法522条の適用については債権者にとって商行為たる行為から生じた債権に適用を限定すべきとの見解もある。

(2)　品確法による特則

　2000年4月1日以降に契約された新築住宅の売主は、「構造耐力上主要な部分または雨水の浸入を防止する部分」の瑕疵について、引渡しから10年間、民法566条1項並びに同法634条1項および2項に規定する瑕疵担保責任を負う（品確法95条1項）。民法の明文規定では、売主の瑕疵担保責任の効果として契約解除と損害賠償請求しか認められていないが、品確法では、瑕疵の修補請求も認められている。品確法95条1項の規定に反する特約で買主に不利なものは、無効である（同条2項）。他方、特約で期間を伸長することは、

20年までの間ならば可能である（同法97条）。

　ただし、この場合にも、民法566条3項の適用があるので、買主が瑕疵の存在を知った時から1年以内に瑕疵担保責任に基づく権利を行使しなければならないことに注意を要する（品確法95条3項）。

　したがって、品確法の適用がある場合には、民法566条3項による瑕疵の存在を知った時から1年の除斥期間と前述の引渡しから10年の消滅時効に加えて、引渡しから10年（特約により20年まで伸長可）の除斥期間という3種類の期間制限を受けることになる。裁判外の権利行使は、除斥期間内の権利保存としては認められるが、消滅時効の中断事由とは認められないため、結局のところ、除斥期間内の権利保存だけでは足りず、引渡しから10年以内に時効中断措置をとらなければならないことに注意が必要である。なお、商事債権としての瑕疵担保責任による損害賠償請求権の5年の消滅時効と、品確法による10年の期間制限の関係については、品確法が特別に強行規定として長期の期間を定め住宅取得者の保護を図っている趣旨からすれば、品確法の適用がある範囲においては、品確法が定める10年の期間制限のほうが優先し、商事債権としての5年の消滅時効の適用はないと解すべきである。

3　不法行為に基づく損害賠償責任の存続期間

　不法行為に基づく損害賠償責任の存続期間は、「損害および加害者を知った時」から3年、不法行為の時から20年である。

　この3年の期間については時効期間であり、20年の期間については除斥期間であると解するのが判例である。

　瑕疵を理由とする損害賠償請求について「損害および加害者を知った時」とは、被害者たる注文者が、建築士の鑑定書等により、瑕疵の存在を具体的に知った時である。

　判例によれば、20年の除斥期間は、出訴期間と解されているので、損害および加害者を知らなかったとしても、原則として、不法行為の時から20年を経過する前に、出訴しなければならないことになる。

4　改正民法

(1)　売買契約、請負契約による契約不適合責任の存続期間

2017年改正民法においては、売買契約、請負契約ともに、契約不適合を知って1年以内に売主・請負人に対して通知をしなければ、原則として契約不適合責任を追及することができなくなる（改正民法566条、637条1項）。

また、権利を行使することができることを知った時から5年、権利を行使することができる時から10年（ただし、人の生命または身体の侵害による損害賠償請求権については20年（改正民法167条））という消滅時効期間にも注意が必要である（改正民法166条1項1号・2号）。

なお、協議を行う旨の書面による合意による時効完成猶予の制度が新設されている（改正民法151条）。

(2)　品確法の特則

2017年改正民法の施行に伴う整備法において、品確法では、「瑕疵」について「種類又は品質に関して契約の内容に適合しない状態をいう」との定義規定を新設した（品確法2条5項）。瑕疵担保責任の存続期間を10年とする強行規定としての存在は、改正民法においても変わりはない。ただし、契約不適合の通知を1年以内に通知しなければ担保責任を追及できないこと（改正民法566条、637条1項）、権利を行使することができることを知った時から5年、権利を行使することができる時から10年、という消滅時効期間（改正民法166条1項1号・2号）が存することに注意をしなければならない。

(3)　不法行為に基づく損害賠償責任の存続期間

不法行為に基づく損害賠償責任の存続期間は、「損害および加害者を知った時」から3年、不法行為の時から20年である。長期の20年の期間についても、除斥期間ではなく消滅時効期間であることが明定された（改正民法724条）。なお、「人の生命又は身体の侵害」による損害賠償請求権については短期の時効期間については3年ではなく5年とされている（改正民法724条の2）。

【書式】 欠陥住宅訴訟における訴状、瑕疵一覧表、調査報告書のモデル書式例

訴　　状

平成○○年○月○日

○○地方裁判所　　御中

　　　　　　　　　　　　　　　原告訴訟代理人
　　　　　　　　　　　　　　　　弁護士　○　○　○　○

当事者の表示
　　　別紙当事者目録記載のとおり

損害賠償請求事件
　　訴訟物の価格　　　金4254万4000円
　　貼用印紙　　　　　金14万9000円
　　予納郵券　　　　　金1万0288円

【附属書類】
　1　訴状副本　　　　　　　　　3通
　2　訴訟委任状　　　　　　　　1通
　3　資格証明書　　　　　　　　2通

第1　請求の趣旨
　1　被告らは原告に対して，連帯して，金4254万4000円及びこれに対する平成24年11月30日から支払済みまで年5分の割合による金員を支払え。
　2　訴訟費用は被告らの負担とする。
　3　仮執行宣言

第2　請求の原因
　1　本件紛争の概要
　　原告甲野太郎は，平成29年7月ころ，その居住する鉄骨ラーメン構造3階建て建物の増築を計画し，これに先だって訴外株式会社××検査に本件建物を調査させたところ，超音波探傷検査の結果，柱・梁の接合部分などにつき検査箇所23箇所中19箇所の溶接不良が発見され，現状のまま

本件建物に対する増築は不可能であることが判明した。

　原告らは，同年8月に，建築工事業者である被告乙建設株式会社及び鉄骨納入業者である被告丙工業株式会社と何回か会合して善処を要求したが，誠意ある対応を受けることができなかった。

　本件訴訟は，被告乙建設株式会社，同丙工業株式会社の外，同建物建築工事の監理者である被告丁建築士も当事者に加えて，瑕疵担保責任及び不法行為に基づく損害賠償請求を行うものである。

2　被告らの地位

(1)　被告乙建設株式会社（以下「乙建設」という。）は，後記の原告宅新築工事を請け負った建築施工等を業とする株式会社である。

(2)　被告丙工業株式会社（以下「丙工業」という。）は，乙建設の下請けとして，同人から同新築工事における鉄骨工事を請け負い，同工事を施工したものである。

(3)　被告丁川次郎（以下「丁建築士」という。）は，登録番号○○○○○○号により登録を受けた一級建築士であり，同新築工事の設計及び工事監理に携わるとともに，確認申請書の設計者欄及び監理者欄に記名の上確認申請の代行手続を行ったものである。

3　乙建設との間の建築工事請負契約

(1)　原告は，平成24年3月ころ，3階部分は同人の居住用，2階部分は第三者への賃貸用，1階部分は車庫として，下記の建物（以下「本件建物」という）の建築を計画し，同年4月23日に丁建築士の代行申請によって確認申請を行い，同年5月21日同確認通知を取得し，同年6月3日，乙建設との間で，下記のとおり，居住用建物の建築工事請負契約を締結した。

　　　工事名　　　　　　甲野邸鉄骨3階建工事
　　　工事場所　　　　　○○県○○市○○町1丁目2番3号
　　　工事期間　　　　　着手　契約の日から10日以内
　　　　　　　　　　　　完成　着手の日から120日以内
　　　引渡しの時期　　　　　　完成の日から10日以内
　　　請負代金額　　　　金24,454,000円（消費税別途）
　　　支払方法　　　　　契約時　　　　　　800万円
　　　　　　　　　　　　上棟時　　　　　　800万円
　　　　　　　　　　　　完成引渡し時　　　845万4000円

(2) また，原告は，同年9月下旬ころ，金197万300円（消費税別途）の追加工事を発注した。

(3) 最終契約金額は，上記本工事代金及び追加工事代金の合計額に消費税を加えた金額2774万5515円から，金14万5515円が値引きされ，最終的に金2760万円となった。

4 建物の引渡し

本件建物は平成24年11月ころ完成し，原告は遅くとも同年同月末日までに本件建物の引渡しを受けた。引渡し後，原告甲野太郎が本件建物3階部分に入居し，また平成26年6月には同人の結婚に伴い同建物2階部分も同人及びその家族の住居としてこれを使用している。

5 本件建物の欠陥

平成29年7月15日に，訴外株式会社××検査による鉄骨接合部の溶接検査を実施したところ，以下の瑕疵が判明した。

(1) 現状

本件建物は，鉄骨ラーメン構造[*1]の建物であるところ，突き合わせ溶接[*2]が求められている柱と梁の接合部分の超音波探傷検査の結果，23箇所の検査箇所の内19箇所（83％）において不合格であった。しかも，そのほとんどが探傷長の全長にわたってきずが認められる極めて酷い溶接状況であった。

なお，同年8月12日，丙工業の依頼による検査会社である訴外株式会社△△により，確認のための再検査が実施されたが，上記訴外株式会社××検査による検査結果と同じであることが確認された。

(2) 瑕疵の理由，基準法令等

鉄骨ラーメン構造の建物における，構造部材（柱や梁など）の緊結（接合）は，構造安全上極めて重要な事項である。そのため，建築基準法関係法令は，以下のとおり厳格な規定を定めている。

建築基準法施行令98条は，構造部材が接合される突き合わせ溶接部分では，その溶接継目の強度は材料強度（F）と同等であることを要求し，この強度を確保するために，建設省告示昭和56年第1103号「高度の品質

---

*1 ラーメン構造：各節点で部材同士が剛（回転しない）に接合された骨組。
*2 突き合わせ溶接：母材同士の突き合わせ部分の全面が完全に溶け込んで，原子レベルで一体化する溶接。

を確保し得る条件を定める件」において，自動溶接装置を備えた工場で溶接を行うこと等の詳細な規則を定めている。同告示を解説した日本建築センターの「建築物の構造規定」によれば，「接合部の溶接に欠陥がある場合には，その程度にもよるが溶接欠陥の周囲に応力集中[*3]が生じ，大きな力を受けた場合には脆性的に破壊することになる。すなわち，母材の降伏[*4]後，部材として十分に変形するまで接合部が破断しないという耐震設計の基本条件を満足させることができない。溶接欠陥のある建築物は，本来その建築物がもっているはずの粘り強さを発揮することなく，突然，倒壊してしまう可能性がある。」と解説している。

　建設省告示昭和55年第1791号「特定建築物の地震に対する安全上必要な構造計算の基準を定める件」においては，「構造耐力上主要な部分である柱若しくははり又はこれらの接合部が，割裂き，せん断破壊等によって構造耐力上支障のある急激な耐力の低下を生ずるおそれのないことを確かめること。」としている（同第二の三号）。

　これら法令の規定を受け，日本建築センターの「構造計算指針・同解説」は，柱・梁仕口部の強度確保について，「保有水平耐力時に当該部材の当該部位に作用する応力に安全率αを乗じた応力に対して，当該部位の仕口[*5]・継手部[*6]が破断しないことを確認する必要がある。」とした上，「安全率αは，仕口・継手部の応力集中，鋼材の降伏応力度の現状でのバラツキや歪硬化すなわち降伏比の影響，部材の塑性化や保有水平耐力予測の不確実性等を考慮して設定する必要がある。」とし，その安全率αを1.3と定めている。

　このように，柱と梁の接合部は，母材の1.3倍の強度が要求されているが，これに反して，本件建物の接合部は許されない溶接欠陥がそのまま放置され，その割合は限られた調査対象だけでも83％に達しており，建物全体の強度を著しく低下させている。しかも，本件建物の溶接箇所は数百箇所におよぶものと思料されるが，同じ施工者の手によるもので

[*3] 応力集中：部材断面が急変したり，孔や切欠きがあるなど，断面の不連続部分の近傍に応力が著しく集中する現象。
[*4] 降伏：応力がある一定値に達すると，応力はそのままの値でひずみだけが増加する現象。平たく言うと，材料が力に耐えきれず折れ曲がってしまうこと。
[*5] 仕口：直行する部材の接合部。
[*6] 継手：継ぎ足される部材の接合部。

ある以上，今回調査できなかった部位についても同様の不良施工があるものと考えられる。

建築基準法が最低限の基準として定める建物の安全性が，震度6弱では建物は損傷せず，震度6強では建物はある程度損傷することはやむを得ないが，崩壊には至らない，すなわち居住している人の生命や身体の安全性は保たれる程度の強度をもって安全基準を定めている。本件建物の構造欠陥は，建物のみならず，原告家族や来訪者などの生命や身体の安全性を脅かしている重大な欠陥であり，早期の是正が必要である。

(3) 判例

右写真は，阪神・淡路大震災で倒壊した鉄骨造建物の写真であるが，柱と梁の溶接不良により，同接合部分から折れるようにして倒壊している。このように溶接欠陥は，倒壊に結びつく重大欠陥であり，多くの裁判例も取壊建替費用相当損害金を認めている（名古屋地裁平成22年5月18日判決，名古屋高裁平成21年6月24日判決，静岡地裁平成17年4月27日判決，名古屋地裁平成17年10月28日判決，名古屋地裁岡崎支部平成14年2月26日判決，大阪地裁平成12年6月30日判決，東京地裁平成11年12月24日判決，神戸地裁平成10年6月11日判決等【いずれも民事法研究会発行「消費者のための欠陥住宅判例・第1集～第6集」】）。

6 原告の損害

原告は，前項記載の瑕疵により次の損害を被った。

(1) 取壊建替費用相当損害金

鉄骨造建物の剛接合部分における溶接欠陥は致命的であり，これを物理的及び経済的見地よりみて補修できる余地はなく，取り壊して建て替える以外に相当な補修方法はない。上記溶接欠陥の各判例がいずれも取

壊建替費用相当損害金を認容しているのは，この理由による。

具体的には，溶接欠陥の補修は，ガウジング[*7]により切断して再度溶接することになる。しかし，そのためには①ガウジングによる火災防止のため建物の内装・外装撤去と養生が必要となるが，溶接欠陥が全箇所にわたる以上，ほとんど全内外装撤去（スケルトン状態）にしなければならず，②かつ溶接工のための風雨等の影響を受けない特注の足場製作と近隣に火災を発生させないための囲いが必要であり，大きな費用を要する上，③溶接は，通常，溶接工場における自動溶接機械を使用して溶接するが，溶接工による場合も熟練工による繊細な作業であって，工場における良好な環境の下で下向き溶接が基本であるところ，既に建築された建物においては熟練工による極めて難度の高い上向き溶接を行わなければならず，現場における不安定な足場上での上向き溶接作業はほとんど不可能に近く，仮にガウジング後の現場再溶接を行ったとしても，それが再び不合格となる率は極めて高い。ガウジングと再溶接は1回までしか許されないから，結局は鉄骨骨組を解体して部材そのものを取り替えざるを得なくなる可能性が高い。

以上のとおり，内外装をほとんど全部撤去せざるを得ないことによるその撤去と再施工による費用及び足場構築費用等を考えると，補修費用は建て直し以上の金額を要し，経済的に見合わないばかりでなく，かつ物理的にも現場再溶接の失敗の蓋然性は極めて高く，それ故これを責任をもって引き受ける熟練工を探すことも不可能に近い。

本件建物の解体費用は300万円を要し，再築費用は2760万円（本件建物建築請負代金と同額）を要するので，取壊建替費用相当損害金は，上記各金額の合計額である金3060万円である。原告は同損害を被ったものである。

(2) 増改築計画を前提とした設計費用相当分

原告は，本件建物の増築を前提として，その設計を訴外株式会社※※設計事務所との間で設計・監理委託契約を締結し，既に設計行為が行われていたが，その増改築計画を進める中で本件溶接欠陥が判明し，既存建物が健全な建物であることを前提としてなされた同設計事務所の設計

---

*7 ガウジング：炭素棒を電極としてアークを発生させ，アーク熱で溶かした金属を圧縮空気で連続的に吹飛ばして切断する方法。

が全て無駄となった。そのため，原告は同設計事務所との間で設計・監理委託契約を解約せざるを得ず，同事務所に対してその清算金として76万円を支払った。従って，同金額も本件欠陥に基づき原告の被った損害として計上せざるを得ない。

(3) 補修期間中の仮住居費用

原告は，上記取壊建替工事5ヶ月（取壊し1ヶ月，建築工事4ヶ月）及びその前後の引越しに要する期間1ヶ月の合計6ヶ月間，仮住居に移転せざるを得ず，その仮住居費用相当の損害を被る。1ヶ月分の仮住居費用は20万円を下らないので，損害額は，同6ヶ月分の仮住居費用及び1ヶ月分の権利金の合計額140万円である。

(4) 引っ越し費用

原告は，仮住居への引っ越しと仮住居から再築後の建物への引っ越しの2回の引っ越し費用を負担せざるを得ず，その合計額は50万円を下らない。

(5) 調査費用

本件建物の欠陥は鉄骨軸組の問題であり，建築専門家による調査鑑定をまたなければ，建築の素人である原告には判らぬものであり，本件建物の欠陥の有無，内容，原因，回復措置の可否等を正確に知り，安全に居住しかつ自己の権利を擁護するために，調査鑑定を必要とした。そこで，本件訴訟にあたり一級建築士戌山三郎に調査鑑定を依頼し，調査鑑定費用金を支払った。また，今後の訴訟追行の上で協力を受けるために同建築士に対する追加費用の支払は必要不可欠であるから，原告は，同鑑定書作成費用及び今後の支払を含めて合計50万円を調査費用相当損害金として請求する。

(6) 慰謝料

原告は，今般，本件建物が大きな地震に遭遇すれば倒壊の危険もある建物であることが判明し，その不安のなかで家族とともに居住を続けざるを得ず，その心労は多大である。

欠陥住宅被害は，そこに住まう人の心をも傷つける精神的被害がむしろ本質的なものということができるのであり，原告の被った精神損害は，少なくとも金300万円を下らないというべきである。

(7) 弁護士費用

建築訴訟は，技術的・専門的訴訟追行能力を要し，弁護士による訴訟

追行が必要不可欠である。原告甲野次郎が負担すべき弁護士費用は，それぞれ前記各記載の損害額合計額（3676万円）に対する旧日弁連弁護士報酬規定に基づいて算定した標準額の合計であり，その額は金578万4000円（着手金192万8000円，報酬金385万6000円の合計額）である。

7　被告らの責任
(1)　最高裁平成19年7月6日判決

周知のとおり最高裁平成19年7月6日判決は，建物の建築に携わる設計者，施工者及び工事監理者（以下，併せて「設計・施工者等」という。）に不法行為責任を認めている。すなわち，「設計・施工者等は，建物の建築に当たり，契約関係にない居住者等に対する関係でも，当該建物に建物としての基本的な安全性が欠けることがないように配慮すべき注意義務を負うと解するのが相当である。そして，設計・施工者等がこの義務を怠ったために建築された建物に建物としての基本的な安全性を損なう瑕疵があり，それにより居住者等の生命，身体又は財産が侵害された場合には，これによって生じた損害について不法行為による賠償責任を負うというべきである。」としている。

(2)　乙建設の責任

乙建設は，「施工技術の確保に努めなければならない。」とする施工技術確保義務を負っており（建設業法25条の27），当然のことながら，施工の当事者として本件建物に建物としての基本的な安全性が欠けることがないように配慮すべき注意義務を負っている。従って，当然鉄骨工事についても安全性を確認しなければならない義務を負っている。同被告は，このような義務を怠って構造上の安全性を有しない建物を建築したものであり，不法行為責任を免れない。

また，乙建設は，前記第5項記載の瑕疵ある建築物を建築して甲に提供しているのであるから，民法634条2項の瑕疵担保責任を負うものである（上記不法行為責任と選択的主張）。

(3)　丙工業の責任

丙工業は，構造軀体である鉄骨の納入者であり，かつ本件鉄骨の加工・搬入及び現場における組立ての各工事に直接携わったものであるが，構造耐力上主要部分の溶接接合部の安全性を確認した上で，健全な材料を提供すべき義務がある。同被告は，これら義務を怠ったものであり，原告と契約関係にある当事者ではなくても，上記判例の趣旨からして，不

法行為責任が発生することは明らかである。
(4) 丁建築士の監理者としての責任
　　丁建築士は，本件建物設計者兼監理者であるが，監理者として建築士法18条に定める設計図書と現場施工の一致の確認という職責を怠らなければ本件溶接欠陥を避止し得たはずである。同被告はこれを怠り，前記の重大な構造欠陥を作る一因を作ったものであるから，当然不法行為責任を免れないものである。
　　なお，仮に同被告が確認申請書上に名前だけを記載した名目上の設計・監理者であったり，あるいは確認通知を取得するために確認申請代行手続のみを請け負った建築士であったとしても，同行為は，「建築関係法規による規制の潜脱を容易にする行為等，その規制の実効性を失わせるような行為」であって，不法行為責任を免れない（最高裁平成15年11月14日判決）。
8　結論
　　よって，原告は被告らに対し，連帯して不法行為責任による損害賠償請求権に基づき，第6項記載の損害金合計金4254万4000円及びこれに対する不法行為の後であることが明らかな本件建物引渡しの日である平成24年11月30日から，支払済みまで年5分の割合による金員の支払を求める。

当事者目録

（略）

第 5 章　欠陥住宅訴訟の実際

瑕疵一覧表

番号	項目	実際の状態				あるべき状態とその根拠	
		取得者側（原告）		供給者側（被告）		取得者側（原告）	
		主張	証拠	主張	証拠	あるべき状態	その根拠
1		柱と梁の突き合せ溶接のなされている箇所を23箇所超音波探傷検査をしたところ, 19箇所が不合格となった。これは調査対象の83％に達しており, 本件建物の溶接箇所は数百箇所に及ぶが, 同じ施工者の手によるものである以上, 調査が不可能であった部位についても同様の施工不良があると推認される。	甲1号証	前段は認める。後段は否認する。		柱と梁の接合部の溶接が, 法令の要求する強度を有していること	①構造部材の突き合せ溶接部分では, その溶接継目の強度は材料強度（F）と同等以上でなければならない（施行令98条）②この強度を確保するために, 建設省告示昭和56年第1103号「高度の品質を確保し得る条件を定める件」において, 自動溶接装置を備えた工場で溶接を行うこと等の詳細な規則を定めている。③建設省告示昭和55年第1791号「特定建築物の地震に対する安全上必要な構造計算の基準を定める件」において,「構造耐力上主要な部分である柱若しくははり又はこれらの接合部が, 割裂き, せん断破壊によって構造耐力上支障のある急激な耐力の低下を生ずるおそれのないことを確かめること。」としている。
2							
3							
4							
	合計						

190

【書式】 欠陥住宅訴訟における訴状、瑕疵一覧表、調査報告書のモデル書式例

平成29年(ワ)第〇〇〇号　民事第〇部〇係
原告〇〇〇〇／被告〇〇〇〇
平成〇〇年〇月〇日〇〇作成

	損害							
	供給者側（被告）		取得者側（原告）			供給者側（被告）		
証拠	主張	証拠	主張	金額	証拠	主張	金額	証拠
甲1号証	否認する。一部に溶接不良部分はあるが，建築基準法の安全基準は余力があるので，多少これを下回っても，全体として安全性に支障はなく，あるべき施工（通常有すべき品質性能を欠く施工）ではないとはいえない。	乙1号証	補修するためには建物を解体撤去して建て直すほかなく，建替取壊費用が損害となる。	3060万円（解体費用300万円及び再築費用2760万円の合計額）	甲1号証	補修または補強の必要性はない	0円	乙1号証
				¥〇〇〇〇			¥〇〇〇〇	

191

第 5 章　欠陥住宅訴訟の実際

調査報告書

（●●●●●ビル）

平成29年7月30日

一級建築士　　●●●●　　　㊞
東京都渋谷区　●●●●●●●●

目　次

第1　調査の目的等 ──────────────── 1
第2　建物概要 ────────────────── 1
第3　参考資料等 ───────────────── 2
第4　調査結果の概要 ─────────────── 3
　Ⅰ　1階柱脚部固定不良……………………………… 3
　Ⅱ　基礎ばりの配筋状態……………………………… 3
　Ⅲ　鉄骨仕口部の溶接………………………………… 3
　Ⅳ　屋上防水の仕様…………………………………… 3
第5　調査の詳細 ───────────────── 3

【書式】　欠陥住宅訴訟における訴状、瑕疵一覧表、調査報告書のモデル書式例

　　Ⅰ　1階柱の脚部固定不良……………………………………………………3
　　Ⅱ　基礎ばりの配筋不良………………………………………………………4
　　Ⅲ　鉄骨の溶接不良等…………………………………………………………5
　　　A　梁端部溶接………………………………………………………………5
　　　B　ハンチの勾配不良………………………………………………………6
　　　C　溶接不良…………………………………………………………………6
　　Ⅳ　屋上防水の性能不良………………………………………………………8
　第6　調査者略歴等 ─────────────────────── 9

- -

●●●●　殿

　貴殿より依頼されました，東京都●●●●●●●所在の建物について本調査をしましたので，その結果を報告いたします。

第1　調査の目的等
　　1　依頼者　　　　●●●●
　　2　調査場所　　　東京都●●●●●●●
　　3　建物名　　　　●●●●ビル
　　4　調査者　　　　一級建築士　●●●●
　　5　調査期日　　　予備調査　　　平成29年7月5日
　　　　　　　　　　　本調査　　　　平成29年7月20日
　　　　　　　　　　　※調査会社　　平成29年7月15日
　　6　立会者　　　　依頼者
　　7　調査協力者　　株式会社●●●●（検査会社）
　　8　調査方法　　　溶接部外観検査，同超音波探傷検査，基礎ばり配筋検査。
　　9　調査の目的　　現状建物が設計図及び建築基準法令等に適合した性能が確保されているか否かについて調査を行った。今回は特に，

193

　　　　　　　　　　鉄骨の溶接部及び基礎の鉄筋コンクリート造部について
　　　　　　　　　　行った。
　　10　調査項目　　A　構造設計と現状
　　　　　　　　　　B　基礎の配筋状態
　　　　　　　　　　C　鉄骨の仕口部の溶接状態・他
　　　　　　　　　　D　屋上防水仕様

第2　建物概要
　　1　設計者　　　一級建築士　●●●●
　　2　監理者　　　同上
　　3　施工者　　　●●●●建設株式会社
　　4　建物規模　　地上3階建，塔屋1
　　　　　　　　　　延床面積455.23㎡
　　　　　　　　　　建築面積153.67㎡
　　5　構造　　　　鉄骨造，純ラーメン構造
　　6　用途　　　　店舗併用共同住宅

　　　　　　　　　　　　―1―

　　7　敷地関係　　地域：準住居地域（60/200）
　　8　確認関係　　確認済通知書：第●●認建長指●●●●号，平成28年7
　　　　　　　　　　月26日，●●●●建築主事
　　　　　　　　　　完了検査済証：平成29年1月19日,123号（但し，依頼
　　　　　　　　　　者は未受領との説明）

第3　参考資料等
　　1　参考資料
　　　1)　設計図　　　　　（日付記入なし）
　　　2)　契約書　　　　　平成28年4月25日（約款のみ添付）：甲第1号証
　　　3)　確認申請関係書類　（添付の設計図，構造計算書等はなし）
　　　4)　施工中工事写真　依頼者撮影，提供のもの。（施工者のものはなし）
　　　5)　調査報告書　　　●●●●
　　2　判断基準

1) 建築基準法・施行令，並びに告示等
2) 日本建築学会　　建築工事標準仕様書（JASS）
　　　　　　　　　　鉄骨：JASS 6，鉄筋コンクリート造：JASS 5
3) 日本建築学会　　鉄骨精度測定指針，鋼構造建築溶接部の超音波探傷規準，鋼構造接合部設計指針，鉄骨工事技術指針・工場製作編
　　　　　　　　　　鋼構造設計規準，鉄筋コンクリート構造計算規準
　　　　　　　　　　FRP防水工事施工指針（案）・同解説
4) 日本建築センター　構造計算指針・同解説
5) その他－客観的基準等（但し，特定団体の規準類は除く）

第4　調査結果の概要
I　1階柱脚部固定不良
1) 一階本柱（C）が，設計図ではすべて基礎へ地盤より83cm埋込み型式となっているが，工事中の写真で見る限り，基礎はり上にアンカーボルト固定となっている。柱脚が完全固定からピン又は半固定に剛性低下されている。
2) 支柱（P1）が設計図では基礎はり上端でアンカーボルト固定になっているが，写真で見る限り，腰壁の途中に宙づり状態となっている。
3) 構造計算の基本条件に大きく影響し，再計算の必要がある。
II　基礎ばりの配筋状態
1) 基礎ばりは，設計図ではすべてが柱との接合部において，水平ハンチ（端部のはり幅が中央部より30cm広くなっている＝幅の形状変化）がついているが，写真を見る限り，ハンチが設置されていない可能性がある。
2) 1通りのB通り側の外部を掘削し，基礎はりの鉄筋の位置を検査したところ，ハンチ始端部の鉄筋（肋筋）が設計図では二重になっているが，●●●●の非破壊調査ではそのように施工されていないことが確認された。これは，柱の固定方法が埋め込み工法からアンカーボルト工法に変更された結果によるものと考えられる。

3) 肋筋間隔は設計図では200mmとなっているが，測定では最大で245mmと設計図より広く施工されている箇所が8箇所中2箇所確認された。
Ⅲ 鉄骨仕口部の溶接
1) ハンチ部（G1）のウェッブ材の溶接に欠陥あり。
2) 通しダイヤプラムとコラムの溶接部に欠陥あり。
3) はりのフランジでハンチ始端部に補強スチフナープレートがない。
4) その他，アンダーカット，板厚のずれ等の欠陥がある。
Ⅳ 屋上防水の仕様
設計図ではFRP3プライ仕様となっているが，正規のFRP防水仕様であるかについて大変疑問である。また，補強マット（ガラス繊維）が設計では3プライ（3層）となっているが，布目状繊維が，写真及び立上り部で見る限り，1層（1プライ）である。
※樹脂の種類，繊維の種類等の使用されている材料が不明である。

第5 調査の詳細
Ⅰ 1階柱の脚部固定不良
1 位置及び現象
1) 本柱全て（10本）が，設計では基礎の中へ83cm埋め込みになっているが，コンクリートの表面に載せて，アンカーボルトで固定する方法に変更されている。施工中の写真参照。

― 3 ―

2) 上記以外の支柱においても，柱脚部の固定が基礎ばり上面にはなく，腰壁に接合されている。施工中の写真参照。
2 所見
1) 本件建物は鉄骨造のラーメン構造※1である。1階の柱脚は埋め込み型式の完全固定で設計されている。ラーメン構造は柱と梁の接合部が剛接合になっていて，外力に対して変形後においても接合部の角度が不変であることが基本条件である。鉄骨造の場合は材料強度が他の材料より高いので，一定の条件内では変形に耐えられる構造になっている。
2) 本件建物の一階の柱脚がアンカーボルトで固定されている場合は，

曲げモーメントに対しては抵抗力がなく，変形し易い状態になっている。故に，強度が低く剛性低下となっているため，揺れやすい構造である。
3) この様に重要な変更をして施工をした場合は，現状に適応した構造計算を行って，安全性を確認しなければならないが，そのような計算書は現時点では確認されていないとのことである（依頼者の説明）。
4) 故に本件建物は設計と現状が著しく異なる建物となっているため，危険な状態となっている可能性がある。現状建物の構造計算書を設計者から入手することが最も重要である。場合によっては，再計算の必要も考慮すべきである。
5) 支柱については，直接地震力等を負担しているものではないが，正確にコンクリートに固定されているか否かの補充調査が必要である。外力としては，壁面に作用する風荷重に対して安全か否かの検討が必要である。

II 基礎ばりの配筋不良
1 位置及び現状
1) 今回の調査箇所は，1通りFG 2梁のB端寄りである。
2) 配筋状態は,肋筋の間隔が設計ではD13（径：mm単位）が200mmとなっているが，調査では245mm間隔になっている箇所が2箇所存在する。
3) また，ハンチの始端部に補強筋が認められない。但し，ハンチの有無については，写真以外では特定されていないため，そのことを正確に確定してから安全性の確認をする必要がある。そのためには先ず，施工図提出を求める必要がある。なお，ハンチがなければ補強筋は不要である。
2 所見

1) 肋筋の規定は間隔評価の他，最低肋筋比0.2％（以上）の規定がある。「鉄筋コンクリート構造計算規準」資料参照。
　　帯筋比$Pw = aw/bx$
　　　　aw：一組のあばら筋の断面積

　　　　　　　b：梁幅
　　　　　　　x：あばら筋間隔
　① ハンチがない場合
　　　　　aw＝1.43｛cm 2｝→ 2 － D 10
　　　　　b＝30｛cm 2｝
　　　　　x＝20cm（設計）
　　　　　pw＝1.43/30×20＝0.0023→0.23％　OK
　　　　　現状 x＝245
　　　　　pw＝1.43/30×245＝0.0019→0.19％　NG
　② ハンチがある場合
　　　　　aw＝254｛cm 2｝→ 2 － D 13
　　　　　b＝30〜60cm→45cmと仮定
　　　　　x＝20cm（設計）
　　　　　pw＝254/45×20＝0.0039→0.39
　　　　　x＝245
　　　　　pw＝2.45/45×245＝0.0022→0.22　OK
　　　　　b＝50の場合
　　　　　x＝245
　　　　　pw＝254/50×245＝0.002→0.2　OK
 2)　上記の試算結果よりハンチがない場合は間隔が245cmでは規定値より少ないためNGとなる。これは最低値であるので，構造計算で算出された数値が大きくても必要な数値である。
　　　ハンチが有る場合は鉄筋径も太くなるため規定値以上あるためOKである。但し，補強筋は必要であり，是正すべきである。

Ⅲ　鉄骨の溶接不良等
　A　梁端部溶接
　 1　位置及び現状
　　 1)　大ばりの端部にはハンチが設置されているが，ウェッブ部分を三角に切り欠き，縦に広げてその隙間へ鋼板をはめ込み，継ぎ目を余盛りのみで接合していて，溶接形式は突き合わせ溶接でも隅肉溶接でもない接合になっている。下図説明図参照

【説明図】
(省略)

2 所見
1) ハンチは規格鋼材梁を高くして，仕口部の強度を上げるために加工したものである。
2) 本件の場合，規格品のH形鋼材のウエッブ部分を切り裂き，縦方向に広げ，空間部分を同じ厚さの鋼板を埋めて接合したものである。板と板の接合部は，切り口を突き付けて表面を溶接の余盛りのみで接合してあり，鋼板そのものは溶融されておらず，殆ど強度がない状態である。故に，梁として一体となっていない。そのため，剛性も強度も形状通りには期待できないものである。
3) 梁と柱の接合部は，仕口部と称して，母材より (1.3倍) 30%以上の強度が要求されている。資料5,資料2 (告示)，資料3 (通達) 参照。
4) 構造計算で必要とされるために設置したとした場合は，現状のハンチの構造は一体性に欠け，応力の伝達も出来ないため不適切であり，是正は不可欠である。

B ハンチの勾配不良
1 位置及び現状
現状のハンチで勾配が1/3を超えている箇所は南側のCG 1で1/2.5となっている。●●●●報告書18ページ参照。
2 所見
1) ハンチの傾斜勾配は下図のように，高さ1に対して水平長さ3の比率
2) ハンチの始端に補強プレートを設置する必要がある。
【説明図】
(省略)

C 溶接不良
　　　　●●●●報告書参照　　　位置：4～6ページ
　　　　　　　　　　　　　　　　現象：14～16ページ
1 位置及び現状
1) 板厚の食い違い

① 調査箇所NO3,測定値（ずれ）　　　－2㎜＞0　　　NG
　　　② 調査箇所NO5,測定値（ずれ）　　　－1㎜＞0　　　NG

　　　　　　　　　　　　　—6—

- -

　2）　アンダーカット
　　　① 調査箇所NO4,測定値（深さ）　　　1㎜＞0.3　　　NG
　　　② 調査箇所NO6,測定値（深さ）　　　1㎜＞0.3　　　NG
　3）　すみ肉溶接脚長不足
　　　① 調査箇所NO1,測定値　　　　　　6.5＜7.0㎜　　　NG
　　　② 調査箇所NO9,測定値　　RG1　　5.0＜6.0㎜　　　NG
　　　　　　　　　　　　　　　RG2　　5.0＜6.0㎜　　　NG
　4）　スカラップの切断不良
　　　① 調査箇所NO5,CG Ⅰ　　　　ガス切断（凹凸）未処理
　　　② 調査箇所NO6,CG 1　　　　同上
　　　③ 調査箇所NO7, 3 GI　　　　同上
　　　④ 調査箇所NO9,RG 1　　　　同上
　　　※報告書25ページ写真③⑤参照。
2　所見
　1）　板厚の食い違い（ずれ）については，梁と柱の接合部において応力を伝達するために重要な項目であり，そのため，建築基準法施行令では次のように規定している。
　　　　施行令第67条　　資料3—1
　　　　2　構造耐力上主要な部分である継手又は仕口の構造は，その部分の存在応力を伝えることができるものとして国土交通大臣が定めた構造方法を用いるものとしなければならない。以下省略
　2）　上記の国土交通大臣が定めた構造方法は，告示第1464号である。
　　　　資料3—2, 3—3参照。
　　　前記〔位置及び現象〕でNG＝不合格と判断したのは上記告示の基準に適合しない測定値が判明しているからである。
　3）　当然，外観上の溶接欠陥があれば，その部分では，部材間の応力伝達ができない。そのことにより，その部分は母材より応力集中等

により強度が低下し，設計で目的としている母材より1.3倍（資料7―6参照）の必要強度が得られない結果は明白である。
4) 前記，〈溶接欠陥〉は何れも外観部であるが，建物の安全性の確保から，鉄骨の製作工場から建設地へ搬入する場合には，必ず事前に受入検査があり，その受入検査基準に合格した製品のみが建設地へ搬入できる仕組みとなっている。資料6参照。

　　検査の方法は，溶接外観部と内部に分かれているが，何れの項目でも欠陥があればすべてを補修し，再検査して合格とならなければならない。資料6―5参照。

――7――

5) 本件建物の溶接欠陥は，本来，工場溶接部であって，当該部分の溶接は現場溶接は原則施工しないが，仮に溶接作業に適した環境を設定し，慎重に高度な技能をもった技術者が施工すれば，理論的には補強不能とは云えない。しかし，そのためには，仕上げ材等の可燃物や高温に弱い材料等を撤去し，高所作業の架設設備を完備して施工する必要があり，足場や作業環境の悪い現場で欠陥のない溶接を行うことは現実的には不可能に近い。

Ⅳ　屋上防水の性能不良
　依頼者の説明によれば，屋上の防水はFRP防水で施工するとの約束であったところ，依頼者は，途中で，屋根勾配について南側へ流れるように変更を依頼した。その理由は，地上部において雨水構迄の距離が短かくなるためである。
1　位置及び現状
1) 本建物は塗膜状の露出防水であり，屋上は手摺り，塔屋があるので，軽歩行用の仕様が要求される。
2) 本建物の屋上防水は，塔屋（階段室）の幅木部分の上部で見る限り，補強繊維は布目状のものであり，ガラスマットではないことが確認できる。現況写真参照。
3) 現在使用されている樹脂の種類については，今回検査をしていないが，ポリエステル樹脂か否かについて，必要ならば特定することは可

4) なお，現時点では，具体的に現状の防水材について，仕様，グレード，メーカーについての資料は確認されていない。
5) 屋根面の勾配は主な方向（南北，東西）について測定した結果，次のとおりであった。測定位置図参照。
　　　南北方向　　1/133＜1/100
　　　東西方向　　1/387＜1/100
6) ルーフドレーン金物が，どれ位コンクリートに彫り込まれているかは不明である。縦樋との関係や水溜まり防止のためには，金物の表面とコンクリートの表面は同一であることが基本である。

2　所見
1) FRP防水は日本建築学会の「FRP防水工事施工指針（案）・同解説」によれば，「……，プラスチックをマトリックスとしてガラス繊維，カーボン繊維などの繊維を用いて成形した複合材料，代表的なものはガラス繊維をポリエステル樹脂で固めたもの」となっている。添付資料8—2参照。

—8—

2) 現状の防水は，樹脂や補強マットの材質は確定されていないが，繊維の形状は布目状でガラスマットの可能性は低いと考えられる。現状防水は通常の塗布防水の可能性が高い。
3) また，FRP防水の仕様は，一番グレードの低い単層用のものでも，7工程で仕上げられることになっているが（資料8—5参照），立ち上がり部分の小口を見る限りそのような形跡は見当たらない。
4) 現状の屋根勾配は1/133～1/387と指針の規定の1/50～1/100より緩く，水の溜まり易い状態である。なお，一般的な防水でも，上記勾配は要求されている。
5) 結論
　　一般の塗膜防水より，FRP防水の方が耐久性及び強度について性能が高いので，契約どおりに回復するため，現状の防水層を撤去して，下地の勾配を1/100以上になるように是正して，「FRP防水仕様」に適合するように再施工すべきである。添付資料8参照。

第6　調査者略歴等

（省略）

第6章

シックハウス問題

第6章 シックハウス問題

I シックハウス問題の基礎知識

1 シックハウス症候群とは

　シックハウス症候群とは、一般に、広義では、建物内に居住することによって生じるさまざまな体調不良の総称とされるが、狭義では、室内で建材や家具などから放散される化学物質を吸入曝露することによる健康障害を指す。
　健康障害として、目、鼻粘膜および喉の粘膜刺激症状、粘膜の乾燥、皮膚の紅斑、湿疹やじんましん、全身倦怠感、頭痛、風邪にかかりやすい、息がつまる、ぜいぜいする、いろいろな刺激に過敏に反応する、目眩、吐き気、嘔吐などのさまざまな症状を含むとされているが、このほか、集中力がなくなる、計算間違いが多くなる、物忘れが増える、思考力の低下、情緒不安定、視野が暗くなるなどの症状も報告されている。
　欧米においては、主としてビルにおける室内環境汚染が問題とされ、1983年には、WHO（世界保健機関）が、「シックビルディング症候群」を定義づけしたが、日本では、1994年頃から雑誌で紹介されるなどして、社会問題となった。
　現代の建物は、合板・接着剤等の有害な化学物質を含んだ建材が大量に使われる反面、冷暖房効率の観点から室内の気密性、断熱性が向上した結果、高濃度の化学物質が室内に充満しやすくなった。シックハウス症候群は、このような要因で生まれた一種の現代病である。
　現在では、病態や発症のメカニズム等についても研究が進められ、2004年４月からは健康保険の適用が認められるなど、公的にも認知されつつある。
　なお、シックハウス症候群と混同されやすいのが、化学物質過敏症である。
　化学物質過敏症とは、発症機序のいかんにかかわらず、環境中の種々の低濃度化学物質に反応し、非アレルギー性の過敏状態の発現により、精神・身体症状を示すものであり、医学的には別個の疾病とされるが、シックハウス

症候群から症状が悪化して、化学物質過敏症に転じるケースも多い。

2　シックハウス症候群の原因物質

　厚生労働省は、WHOの見解を参考にして、シックハウス症候群を招きやすい毒性の高い13種類の化学物質（VOC＝揮発性有機化合物）と、これらを含む揮発性有機化合物の総量（TVOC＝トータルVOC）について、室内濃度の指針値を設定している（次頁の〔表〕参照）。

　これらは一般に長期曝露を前提にした基準といわれるが、唯一、ホルムアルデヒドについては短期曝露による毒性を基準にしたものであることに留意すべきである。

　また、これら以外にも、シックハウス症候群の原因となる有害な化学物質は数多く存在するのであり、現時点で指針値が設定されていないからといって、全く問題がないとは言い切れないことを忘れてはならない。

3　法規制等

　古くは1955年、財団法人日本公衆衛生協会は、ホルムアルデヒドの環境衛生基準（空気汚染の許容値）として、0.1ppmを超えてはならないとした。

　1971年、農林省（当時）は、住宅用内装材のホルムアルデヒド規制を通達し、翌72年には住宅用合板に対する指導方針を作成した。

　1973年、JISにおいて、ホルムアルデヒド放散量に関するパーティクルボード等の規格が定められた。

　1975年10月1日、「有害物質を含有する家庭用品の規制に関する法律」は、生後24カ月以内の幼児用衣類の繊維からホルムアルデヒドが検出されてはならないと規定し、ホルムアルデヒドが幼児の衣服に容易に移染しないよう、放散量の多い建材を幼児用家具等に使用することなどが禁止された。

　1988年、社団法人日本産業衛生学会は、労働現場におけるホルムアルデヒドの空気濃度を0.5ppm以下とすべきことを勧告値として提示した。

　1997年6月以降、厚生労働省は、前述のとおり、13物質とTVOCに関す

第6章 シックハウス問題

〔表2〕 厚生労働省が定める室内化学物質濃度指針値

太字は2003年改正建築基準法の規制対象物質

物質名(設定日)	濃度指針値*1	毒性指標*2	主な発生源	健康影響
ホルムアルデヒド (1997.6.13)	100 μg/m³ (0.08ppm)	ヒト吸入曝露における鼻咽頭粘膜への刺激	合板、集成材、MDF、断熱材、接着剤、防腐剤等	目・鼻・喉への刺激、流涙、呼吸器への不快感等
トルエン (2000.6.26)	260 μg/m³ (0.07ppm)	ヒト吸入曝露における神経行動機能及び生殖発生への影響	接着剤、塗料の溶剤等	目・気道への刺激、頭痛・疲労等の神経症状等
キシレン (2000.6.26)	870 μg/m³ (0.20ppm)	妊娠ラット吸入曝露における出生児の中枢神経系発達への影響	接着剤、塗料の溶剤等	トルエンと似た症状
パラジクロロベンゼン (2000.6.26)	240 μg/m³ (0.04ppm)	ビーグル犬経口曝露における肝臓及び腎臓等への影響	防虫剤、芳香剤	目・皮膚への刺激、肝臓・腎臓・肺の機能障害等
エチルベンゼン (2000.12.15)	3800 μg/m³ (0.88ppm)	マウス及びラット吸入曝露における肝臓及び腎臓等への影響	接着剤、塗料の溶剤等	喉・目への刺激、めまい等の神経症状、皮膚炎等
スチレン (2000.12.15)	220 μg/m³ (0.05ppm)	ラット吸入曝露における脳や肝臓への影響	合成樹脂等を使用している断熱材等	目・鼻・喉への刺激、眠気やめまい等の神経症状等
クロルピリホス (2000.12.15)	1 μg/m³*3 (0.07ppb)*3	母ラット経口曝露における新生児の神経発達への影響及び新生児脳への形態学的影響	有機リン系防蟻剤	倦怠感、頭痛、胸部圧迫感、嘔吐、縮瞳、痙攣等
フタル酸ジ-n-ブチル (2000.12.15)	220 μg/m³ (0.02ppm)	母ラット経口曝露における新生児の生殖器の構造異常等の影響	塗料、顔料、接着剤等	目・皮膚・気道への刺激等
テトラデカン (2001.7.5)	330 μg/m³ (0.04ppm)	ラット経口曝露における肝臓への影響	灯油、塗料の溶剤等	麻酔作用、皮膚炎等
フタル酸ジ-2-エチルヘキシル (2001.7.5)	120 μg/m³ (7.6ppb)	ラット経口曝露における精巣への病理組織学的影響	壁紙、床材、各種フィルム等	目・気道への刺激、消化管の機能障害、皮膚炎等
ダイアジノン (2001.7.5)	0.29 μg/m³ (0.02ppb)	ラット吸入曝露における血漿及び赤血球コリンエステラーゼ活性への影響	有機リン系殺虫剤	クロルピリホスと似た症状
アセトアルデヒド (2002.1.22)	48 μg/m³ (0.03ppm)	ラットの経気道曝露における鼻腔嗅覚上皮への影響	接着剤、防腐剤等	目・鼻・喉への刺激、皮膚炎、麻酔作用、気管支炎等
フェノブカルブ (2002.1.22)	33 μg/m³ (3.8ppb)	ラットの経口曝露におけるコリンエステラーゼ活性などへの影響	カーバメート系防蟻剤	倦怠感、頭痛、嘔吐、腹痛、縮瞳、意識混濁等
TVOC (2000.12.15)	400 μg/m³*4 (—)	国内の室内VOC実態調査の結果から、合理的に達成可能な限り低い範囲で決定		

(厚生労働省シックハウス(室内空気汚染)問題に関する検討会中間報告書より作成)

* 1 両単位の換算は、25℃の場合による。
* 2 当該物質による曝露で見られた毒性のうち、指針値を算出するのに用いた毒性で、基本的には最も低い濃度で見られた影響である。
* 3 小児の場合は1/10。
* 4 暫定目標値。

る指針値を順次策定した。

　そして、2003年7月1日施行の改正建築基準法は、①クロルピリホス（有機リン系防蟻剤）の使用禁止、②ホルムアルデヒドを放散する建材の使用制限、③建物内の換気設備設置義務を柱とするシックハウス対策の規制を設けた。

　この改正は、一歩前進ではあるものの、クロルピリホスとホルムアルデヒド以外の化学物質については規制対象とされておらず、あくまで建材と換気に関する規制にすぎないため、これを遵守したからといって化学物質の室内濃度の安全性が保証されるものではない。また、小規模のリフォームには、そもそも建築基準法が適用されず、規制が及ばない。

　したがって、この改正によっても、シックハウス問題がすべて解決したわけではなく、今後とも粘り強い対策が必要である。

II　受任時の留意点

1　シックハウス関連事件を受任する際の心構え

　弁護士が、シックハウス症候群や化学物質過敏症に関する相談を受けた際、まず、留意すべきは、被害者の症状の程度である。相談を受ける際は、被害者が軽微な匂いや刺激にも過敏に反応することを想定し、タバコはもちろん香水、整髪剤、化粧も控えるべきである。事務所や相談室はもちろん、できれば廊下なども含む施設全体が禁煙となっている場所で相談するよう配慮すべきである。

2　原因物質の特定

　室内の化学物質が原因であることについて、科学的な裏づけが必要である。そのためには、まず、使用された建材に関する化学物質安全データシート（MSDS）を入手するとともに、室内の空気を測定しておく必要がある。
　測定方法には、簡易測定と精密測定、吸引方式（アクティブ法）と拡散方式（パッシブ法）などがあるが、比較的料金の安い簡易測定で原因物質にあたりを付けて、より精密な測定に移行していくことになろう。
　各地の室内化学物質の分析機関については、公益財団法人住宅リフォーム・紛争処理支援センターウェブサイトに一覧があり、また、保健所が無料で室内化学物質の簡易測定を行ってくれる自治体もあるので、まずは、問い合わせてみるとよい。
　測定の時期も問題となる。建材等から放散される化学物質の量は、時間の経過とともに減少していくのが一般的であるが、気温による影響で、寒い冬より暑い夏のほうが高濃度になりやすいことから、気温の上昇を待ったほうがよい場合もありうる。もっとも、気温や湿度による影響を補正する「換算式」によって克服できる場合もあるので、詳しい専門家に相談すべきである。

3　症状の診断

　健康被害が発生していることについて、医学的な裏づけが必要である。そのためには、医師の診断書が必須である。

　この点、診断書に「シックハウス症候群」や「化学物質過敏症」と記載されていても、診断結果に至る過程、特に、診断の際、いかなる他覚的検査が行われたか、当該検査結果において肉体的変調が客観的な形で示されているか、といった点を十分に検討すべきである。訴訟において、建設業者等からの「患者の言いなりに書かれており、客観性のない診断書だ」といった批判に耐えうるものでなければならないのである。

　シックハウス症候群に関する他覚的検査としては、眼球運動検査、コントラスト感度検査、瞳孔反応検査、SPECT（脳内血流量検査）、負荷テスト等がある。

　なお、一般の病院では、症状等を理解してもらえないおそれがあることから、シックハウスや化学物質過敏症の診療科を標榜している専門病院を受診してもらうべきである。

III 訴訟における問題点

1 因果関係

シックハウス問題が、建設業者等の相手方との間で法的な紛争となった場合、まず、問題となるのは、因果関係である。

因果関係の立証については、化学物質の測定結果と医師の診断書が軸となり、測定値の正確性や診断書の信頼性が主に争点となる。

最終的には、測定値については専門家の意見書や鑑定により立証を行い、診断書についても担当医の意見書や尋問によって正当性を明らかにしていくことになる。

また、弁護士としては、測定結果や医師の診断書・意見書等を提出するだけでなく、化学物質の危険性や疾病の実態を十分理解してもらえるよう、その客観的毒性や疾病の実態に関する信頼性の高い文献を証拠提出したうえで、準備書面でわかりやすく説明する等の努力を惜しんではならない。

なお、化学物質に曝露しやすい職場環境であった、アレルギー体質であるなどと、居住環境以外の他原因に関する反論も予想されることから、この点もあらかじめ確認しておく必要がある。

2 過失（予見可能性）

不法行為責任や債務不履行責任を追及する場合、過失（予見可能性）の有無が大きな争点となる。実際、これまでは、建築当時、当該疾病についての認知度が十分でなかったこと等を理由に、建設業者等の側に予見可能性がないとされる裁判例も多かった。

他方、瑕疵担保責任を追及する場合、過失は問題とならないはずであるが、建築当時の工事水準という形で、実質的に同様の問題が争点となりうる。

もっとも、シックハウス問題に関しては、1997年6月以降に厚生労働省

指針値が設定され、2000年4月施行の品確法による住宅性能表示基準の中に空気環境に関する基準が盛り込まれ、2003年7月施行の改正建築基準法にシックハウス対策が盛り込まれたことなどから、少なくともこれらの規制の対象物質に関しては、今後、予見可能性が否定されるケースは少ないと思われる。

なお、建材メーカーに対する関係では、過失の立証が不要な製造物責任に基づく請求も考えられる(第2章Ⅱ5参照)。

3　損害論

(1)　物的損害と人的損害

物的損害として、室内空気環境を改善するための補修ないし建替え費用が問題となることは当然である。

また、居住者が健康被害を受けた場合、人的損害として、治療費、休業損害、後遺障害に基づく逸失利益、慰謝料など、交通事故等における請求項目と同様の項目が請求対象となりうる。

この点、特に、逸失利益と建物の補修費用については、シックハウス特有の問題があるので、項を改めて述べる。

(2)　逸失利益

シックハウス症候群や化学物質過敏症の患者の中には、症状発生の原因となった建物を退去した後も慢性的な過敏症状が継続して社会生活が制限されるケースがあり、そのような場合、後遺障害等級の認定が問題となる。

症状が慢性化している場合、完全な回復(完治)は難しい。化学物質を回避する生活を送ることで一定の回復がみられても、日常生活に戻るや否や、高濃度の化学物質に曝露して、再び重篤な症状に逆戻りしてしまうケースも多い。

したがって、どの程度の後遺障害等級を認定すべきかについては、現在のところ定説はなく、個別のケースにあわせて、被害者の発症後の経過観察における回復具合(被害者本人の申告だけではなく、他覚的検査の数値等に変化が

あるか等）を踏まえたうえで、医師とも十分に話し合って主張・立証していく必要がある。

この点、後述のように、後遺障害等級を認定して損害を算定した裁判例が参考になろう（東京地判平成21・10・1欠陥住宅判例［第5集］244頁（11級1号を認定）、大阪地判平成18・12・25判時1965号102頁（12級を認定）、東京高判平成18・8・31判時1959号3頁（14級を認定）、大阪地判平成26・10・6欠陥住宅判例［第7集］462頁（14級を認定））。

(3) 補修費用

前述したように、建物退去後も慢性的な過敏症状が継続するケースもある。こうした被害者の場合、通常人では問題とならないような微量な化学物質にも反応する危険があることから、建物の補修についても、単に原因となった建材等を除去・交換するだけでは足りず、化学物質の放散を極力抑えた部材とする等の配慮を行う必要がある。

こうした場合、補修費用も、単なる部材の交換の場合よりも高額となることが多いと思われ、裁判所において、こうした比較的高額な補修費用を認めてもらうためには、建築学的なアプローチだけではなく、医学的なアプローチも含めた形での立証活動が必要となる。

IV 裁判例等

1 訴訟の趨勢

これまで、いわゆるシックハウスないし化学物質過敏症が問題となった事案では、被害者側の敗訴事例が相次ぎ、勝訴は困難といわれた時期が長く続いた。

こうした中、東京地判平成17・12・5判時1914号107頁・欠陥住宅判例［第4集］438頁は、購入したマンションの室内に、厚生労働省指針値を超えるホルムアルデヒドが検出された事案で、売主が、当該マンションの販売に関して、チラシ等で、「シックハウス対策がなされた建物である」旨宣伝していた事実等を重視し、当該マンションにおいて指針値を超えるホルムアルデヒドが検出されたことは、当事者が前提としていた水準に到達していない瑕疵が存在すると認定して、瑕疵担保責任に基づく契約解除と損害賠償請求（マンションの代金や諸費用、移転費用等）を認めた。

上記裁判例は、居住者の健康被害は直接の争点になっていないものの、建物内の化学物質を瑕疵と評価し、被害者を救済した初の裁判例である。

その後、前掲・東京地判平成21・10・1は、平成12年（建築基準法2003年改正前）に引き渡された新築マンションに居住していた被害者が、同マンションに用いられている建材から放散されるホルムアルデヒドにより、シックハウス症候群および化学物質過敏症に罹患した事案で、室内濃度に関する法規制がなくても、売主には、建材の選定のみならず使用した建材に関するリスクを説明し、事前測定して適切に対処するなど、買主その他の建物の居住者等に対する関係において、その生命、身体および重要な財産を侵害しないような基本的安全性を確保する義務があるとして、売主の過失を認め、不法行為責任を認定した。

上記裁判例は、シックハウス症候群ないし化学物質過敏症につき、建材が

原因であるとして売主の不法行為責任を認めた初の裁判例であり、居住者の健康被害について、後遺障害等級を11級1号と認定して、逸失利益、後遺障害慰謝料を認めた。

上記裁判例からすると、「シックハウス症候群」や「化学物質過敏症」に関する訴訟については、従来の「裁判所に訴訟類型としてまず認知されなければならない」という段階から、「どういった損害をどれだけ認めさせるか」という次の段階に移行していると評価できる。

このほか、下記の参考事例があるが、解決傾向としては和解によるものが多いと思われる。

2 参考事例

シックハウス問題に関する裁判例は第9章Xを参照されたい。和解例としては、以下のものがある。

- 大阪地裁堺支部平成18・2・16和解
 堺市が開園許可をした私立保育園に通った保育園児30人が、空気中に厚生労働省指針値を大きく上回るトルエンによって体調を崩したとして、堺市と園舎を建てた建設会社などを被告として損害賠償請求をした事案で、被告らが解決金の支払いと再発防止などを約束する旨の和解が成立した。
- 大阪地裁平成18・9・11和解
 建築基準法改正（2003年）以前に建築された新築マンションにおいて、室内に厚生労働省指針値を超えるホルムアルデヒドが検出され、シックハウス症候群に罹患した者もいるとして、マンションの売主、施工業者等を被告とし、入居者らが集団で提訴した事案において、業者側が、原告側が納得しうるだけの金員の支払いに応じ、和解が成立した。
- 大阪地裁平成19・1・24和解
 住居を原因として化学物質過敏症に罹患した被害者が、通っていた市

立学校に対して、シックスクール対策を怠ったために通学できなかったとして、大阪市を被告として提訴した事案で、市が解決金の支払いとシックハウス問題に対する教職員の理解を深めるよう努めることを約束する旨の和解が成立した。

第7章

地盤・宅地被害

I 東日本大震災による被害・問題の顕在化

　2011年3月11日とその後の余震を含む東日本大震災に伴い、地盤・宅地被害が顕在化した。同年9月27日時点での国土交通省の把握でも、13県において宅地被害（液状化被害を除く）は5467件、液状化被害は2万6914件に上るといわれ、千葉県や宮城県、福島県で被害者が造成・販売業者等に対する訴訟による被害回復を図らざるを得ない状況となっていった。

Ⅱ　被害救済のための裁判例

1　1978年発生の宮城県沖地震に関するもの

　1978年6月12日に発生した宮城県沖地震により分譲宅地に亀裂、地盤沈下等が生じて宅地および居宅に損害が生じたとして、宅地購入者らが、売主の瑕疵担保責任に基づいて、宅地の価格減少分および建物修補費用等の損害の賠償を求めた事案につき、仙台地方裁判所は訴えを棄却したのに対し、仙台高判平成12・10・25判時1764号82頁は、「一般的な造成宅地として販売する場合には、震度5の程度の地震動に対し、地盤上の建築物に軽視できない影響を及ぼすような地盤の亀裂、沈下などが生じない程度の耐震性を備えることが要求されているとみるべきであり、右の程度の地震動により本件各宅地に亀裂等が発生するなどしてこれに耐えられなかった場合には、本件各宅地は、一般的な造成宅地としても通常有すべき品質と性能を欠いていると解すべきである」と判示し、損害賠償を認めた。

　阪神・淡路大震災や東日本大震災などを指摘するまでもなく、現時点において震度5程度の地震動に耐えれば足りるものではないが、造成宅地として通常有すべき品質と性能が求められること、安易な地震の抗弁を排斥していることなどが参考になる。

2　「宅地としての基本的な安全性」を必要とするもの

　地方自治体が分譲した宅地上に建物を建築したところ、当該宅地の地盤沈下により建物に被害を受けたとして、被害者が、不法行為に基づく損害賠償請求として、建物の補修費用等の支払いを求めた事案につき、仙台高判平成22・10・29（判例秘書）は、1986年造成に係る地盤の瑕疵につき、「宅地上に建築される住宅等の建物は、その建物の利用者等の生命、身体又は財産を危険にさらすことがないよう建物としての基本的な安全性を備えていなければ

ならないところ、その敷地の地盤の性状がその上に建築される建物の基本的な安全性に大きな影響を与えることは明らかであるから、宅地の地盤は建物の建築に適した強度や安定性を有していなければならず、このような強度や安定性は、宅地としての基本的な安全性というべきである」として造成・販売者の賠償責任を肯定し、「宅地としての基本的な安全性」確保が業者側の注意義務を構成することを明らかにした。

「宅地」の存在意義から説得的な判示を行い、また、業者側の反論（予見可能性が存しない、過度な義務となる等）を排斥しており、その規範とともに判示内容も参考になる。

3　東日本大震災に関するもの

東日本大震災後にも被害救済に大いに参考になる裁判例が出されている。

事案は、1993年に造成分譲地を購入した者らが、東日本大震災によりかかる分譲宅地が崩壊し、その上に建築した建物が損傷し使用不可能となったとして土地代金や建物建築費用相当額等の損害賠償請求を行ったところ、被告が「本件各土地に生じた被害は、東日本大震災の際の震度6強という全く予測できない地震によるものであり、本件各土地に存する区画の造成工事に安全性が欠落していたものではない」などと争ったものである。

福島地裁郡山支判平成29・4・21消費者法ニュース113号271頁は、「本件宅地造成に当たっては、本件各土地の盛土部分の土質や本件宅地造成前の地形、本件北側法面の小段での農業用水路設置等の事情を踏まえた盛土の排水対策が十分でなく、盛土の安定設計を怠っていたものと認められる。すなわち、上記……の報告書……において、『盛土地盤の崩壊は、設計時に必要な安定検討をしていないこと、施工時に排水対策を十分に行っていなかったことにより、地震に対する必要な安全率を満たしていなかったために発生した』などと結論付けているように、本件各土地は、地震に対して通常宅地が有するべき安全性を十分に有しない状態となっていたものであり、このため、本件各土地の盛土層は、東日本大震災の地震動に耐えられず地盤崩壊を惹起し

たものというべきである。確かに東日本大震災の地震動は大きいものであるが、本件崩落事故の誘因となったにすぎず、本件崩落事故の根本的な原因は、上記……の意見にもあるとおり、本件宅地造成の盛土施工に当たり適切な排水対策等を怠ったこと等にあるというべきである」と判示した。

本判決では、「東日本大震災による地震動は大きいものではあるが、本件崩壊事故の誘因となったにすぎず、本件崩落事故の根本的原因は適切な排水対策を怠ったこと等にある」と判示し、被告の「地震によるもの」との不可抗力（天災）の抗弁を明確に排斥し、地震動は、崩壊の「誘因」（契機）にすぎず、崩壊の原因は「必要な安定検討をしていないこと」「施工時に排水対策を十分に行っていなかったこと」に存するとして造成上の瑕疵が原因であると明確に認定した点は、画期的である。これまで、地震による不可抗力（天災）の抗弁を否定した事案として、神戸地判平成10・6・11欠陥住宅判例［第1集］318頁が、阪神・淡路大震災で9階建て鉄骨建物に溶接不良があり同建物が全壊した事案で、施工業者が大地震による不可抗力の天災と主張したのに対し、同地方裁判所は、「大半の建物が地震により滅失したわけではないからいまだ不可抗力とはいえない」と判示したものがあるが、前掲・福島地裁郡山支部判決は、震度6強という強い地震で造成地の地盤が崩壊した事案につき、「地震動は大きいものであるが、本件崩壊事故の誘因となったにすぎない」と明確に言い切っている点で、瑕疵の存在と地震との関係性を的確に示すものとして先例的価値ある判決といえる。

4 その他の参考裁判例

軟弱地盤の売買等により買主が地盤改良等の不測の損害負担を余儀なくされる事案につき、土地改良費相当額の損害賠償を認めた名古屋高判平成22・1・20裁判所ウェブサイトや、軟弱地盤性を説明しなかった仲介業者らに建物補修費用の賠償義務を認めた東京地判平成25・3・22判例集未登載なども、被害救済の場面で参考になる。

Ⅲ 法制度上の問題点と行政・学会の動向

1 法制度上の問題点など

　東日本大震災発生前まで、建物と地盤の関係は、主として建築基準法令の基礎選定の面から安全性が検討され、また、適用範囲が限定的な宅地造成等規制法など、宅地としての地盤の安全性そのものに着目した法制度が十分に整備されていなかった面もある。また、販売・造成から20年を経過した地盤の瑕疵など権利行使期間への手当ても不十分である。なお、これら問題点は現時点においても改善されたものとはいいがたい状況にある。

2 行政・学会の動向など

　仙台市では、市内の宅地造成地の切土と盛土の分布状況と造成履歴等をまとめた「仙台市宅地造成履歴等情報マップ」を作成し公表するなど、各自治体で情報提供等も一定程度進められている。
　また、公益社団法人地盤工学会をはじめ専門家らが、大震災による被害を防止できなかった反省も踏まえ、地盤の調査・試験等を行い、評価・対策等を提示するものとして地盤品質判定士という資格制度を創設し、現実に消費者側からの相談等に応じている。

Ⅳ　被害予防と救済に向けて

　瑕疵判断基準としては、建築基準法令の基礎関係法令が規範となるほか、1961年制定の宅地造成等規制法があり、これに基づく施行令（1962年制定）において「勾配」の確保、「すべり」防止措置、「雨水……によるゆるみ」防止措置、「段切り」などの具体的対策を求めており、また、各都道府県・市町村においても工事方法の具体的内容が定められていることが多く、これら法令等が瑕疵基準となるものと考えられる。

　また、地盤工学会関東支部地盤リスクと法・訴訟等の社会システムに関する事例研究委員会では東日本大震災などを受け、司法救済に資する観点から『法律家・消費者のための住宅地盤Q＆A』（民事法研究会）を取りまとめており、法律実務家にも参考になる。

　東日本大震災を受けての全般的な課題・方策等は、日弁連「宅地被害者の救済及び予防のための法改正等を求める意見書」（2012年3月15日。第10章Ⅰに掲載）に詳しく、ぜひ参照されたい。

第8章

欠陥住宅紛争に取り組む場合に必要な建築知識

第8章　欠陥住宅紛争に取り組む場合に必要な建築知識

> 　前述のとおり、欠陥住宅紛争に取り組む場合には、建築士の協力が必要不可欠であるが、少なくとも、弁護士も欠陥の目星をつける程度の知識があったほうが相談を受ける際に役立ち、建築士との打合せにおいてもスムーズであるので、以下では、建築に関する基礎知識をごく簡単に説明しておく。

I　地盤と基礎

1　地盤

(1)　地盤の重要性

　建物は土地の上に建築されるものであるため、地盤は建物を支持する大切な要素である。そのため、地盤の状況を把握することは、建物を建てるうえで極めて重要であり、これを怠ったために不同沈下（建物の不均等な沈下）といった深刻な欠陥を惹き起こした例は少なくない。地盤調査は、建物の設計上、必須の調査である。

(2)　地盤調査の方法

　地盤の許容応力度（支持力）の算定については建築基準法施行令93条が規定され、同条を受けて平成13年国土交通省告示第1113号が用意され、地盤調査の方法、および、許容応力度を定める方法として3つの式が用意されている。

①　土質の性状と基礎の形状より決まる式（標準貫入試験）
②　載荷試験により決まる式（平板載荷試験）
③　スウェーデン式サウンディング試験による式（SWS試験）

　そして、現在は小規模建物のほとんどの調査はスウェーデン式サウンディング試験（SWS試験）で行い、その調査結果から許容応力度を決定している。

標準貫入試験（一般にボーリング調査と呼ばれることが多い）は、高さ約3 mのやぐらを組み、質量63.5kgのハンマーを75cmの高さから自由落下させてボーリングロッドを打撃し、地盤に30cm貫入させるのに要する打撃回数（これをN値という）を測定する方法である。ロッドの先端には試験用サンプラーが取り付けられており、土質サンプルが採取できるため、深層地盤に及ぶまで非常に詳細な調査が可能である。ただし、大がかりなやぐらを組むため一定の空間的広さを要すること、費用が相対的に高めであること、ごく表層の地盤調査には向かないこと等の短所がある。

　平板載荷試験は、直径30cmの円形の載荷板を調査地盤の上に置いて、その上に荷重をかけて沈下の度合いを見る測定方法である。平板載荷試験は、変化する各層の厚みや土質が判明しないこと、載荷板直径の2倍程度の深さまでの地耐力しか判明しない等の短所があり、地層によっては標準貫入試験と併用する必要がある。

　スウェーデン式サウンディング試験（SWS試験）は、ロッドの先端に螺旋状のスクリューポイントを取り付けて荷重を加え、ハンドルを回転させて1 m貫入させるのに要する半回転数（Nsw）を計測し、試験時の音と貫入抵抗から地盤を判断する調査方法である（JISに規定がある）。表層に近い浅い地盤調査に向いており、費用も比較的安価で済むため、宅地の地盤調査ではよく行われている調査方法である。しかし、土質サンプルが採取できないこと、NswからN値を換算する式は土質によって異なるうえに何種類か存するため、換算において20％程度のばらつきがあるとされており、正確さにやや欠けるきらいがあること、土中の石等に当たると計測ができなくなってしまうこと等の短所がある。

　また、地盤に見合った基礎を設計するために建築基準法施行令、告示を具体化する通説的・標準的規準として、日本建築学会編著『建築基礎構造設計指針』、小規模建物については日本建築学会編著『小規模建築物基礎設計指針』等がある。もとより、これら指針は法規範ではないが、同指針に沿って建築すれば検査済証の交付が得られるのに対し、同指針と異なる設計・施工の建

物の場合、別途、同指針と同等またはそれ以上の安全性を有することの証明が求められるという意味で、法規範に準じる効用をもつ。

(3) 地盤の欠陥

宅地造成工事が都市計画法や宅地造成等規制法、および、宅地造成マニュアル等、わが国の宅地造成に係る客観的仕様基準を具備したものになっているか否かにより宅地造成業者の責任が問われる。

また、平成12年建設省告示第1347号は、許容応力度が20kN/㎡未満の場合は基礎杭、20kN/㎡以上30kN/㎡未満の場合は基礎杭またはべた基礎、30kN/㎡以上の場合は基礎杭、べた基礎、布基礎としなければならないと規定し、建築基準法施行令38条1項は、「建築物の基礎は、建築物に作用する荷重及び外力を安全に地盤に伝え、かつ、地盤の沈下又は変形に対して構造耐力上安全なものとしなければならない」と規定するから、建築士は、地盤調査をして地盤に見合った基礎形式を選定する義務があり、当該地盤に見合う基礎形式が選定されていなければ、建築士やハウスメーカーは責任を問われることになる。

2 基 礎

(1) 法 令

基礎は、地盤に対して建物を定着させ荷重を伝達させる部分で、一体のコンクリート造または一体の鉄筋コンクリート造で敷設される。建築基準法20条1項は、「建築物は、自重、積載荷重、積雪荷重、風圧、土圧及び水圧並びに地震その他の震動及び衝撃に対して安全な構造」でなければならないと規定し、建築基準法施行令38条1項はこれを受けて、「建築物の基礎は、建築物に作用する荷重及び外力を安全に地盤に伝え、かつ、地盤の沈下又は変形に対して構造耐力上安全なものとしなければならない」と規定している。

(2) 地盤と基礎の構造

基礎は、上部建物の荷重や地盤の支持力と沈下量にあわせて構造や形状を選択しなければならないから、敷地に関する地盤調査をしなければならない。

平成12年建設省告示第1347号が制定されるまでは、木造の場合、基礎に鉄筋を入れるか否かは設計者の判断に任されていた。しかし、軟弱地盤や建物の荷重が大きい場合は鉄筋を入れるのが建築上の常識であり、また旧住宅金融公庫の公庫仕様では「軟弱な地盤等では一体の鉄筋コンクリート造とする」と規定されている。契約図面や仕様において有筋基礎とされているにもかかわらず無筋で施工されている場合には当然契約違反となるが、そうでない場合でも地盤や荷重の状態から鉄筋コンクリート基礎とすべきところ無筋基礎となっているときは、建築基準法20条1項、同法施行令38条1項の要件を満たさないものであり、設計上の瑕疵と考えるべきである。

(3)　基礎の欠陥

　基礎の形状は種々あるが、一般的なものとしては、布基礎、べた基礎、杭基礎などがある。布基礎は、断面形状が逆Ｔ字型で一部土中に埋め込まれている。布基礎が正しく施工されているかについては、建物に沿って土を掘削してその形状および底盤（フーチング。逆Ｔ字の横棒部分）の幅および厚さを計測し、設計図や仕様書に反していないかを確認する。

　基礎を打設する際は、一定の寸法を確保するために木製の仮枠（型枠）を設置してコンクリートを流し込むが、仮枠を省略し、地盤を掘削して直接コンクリートを流し込む手抜きが行われることがある。これは後で地盤を掘削してみれば、底盤がきれいな直方体状ではなく、でこぼこの不整形になっているのですぐわかる。このような基礎は、多くの場合必要な幅も厚さも確保されておらず、またコンクリート中のセメントと水が地盤に吸収されてコンクリート自体の耐力が損なわれることから、不同沈下（建物の一様でない沈下）や地震等の外力を受けて破断するおそれがある。このような基礎を欠陥と認め、その取替え工事費用の賠償を命じた裁判例として、東京高判平成12・3・15欠陥住宅判例［第1集］164頁、大阪地判昭和59・12・26判タ548号181頁などがある。

　鉄筋コンクリート基礎で施工すべき場合の基礎の厚さについて、建築基準法施行令79条によれば、「鉄筋に対するコンクリートのかぶり厚さは、……

〈図1〉 べた基礎

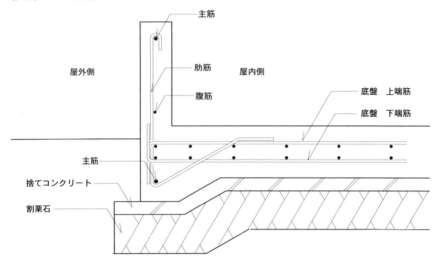

〈図2〉 布基礎

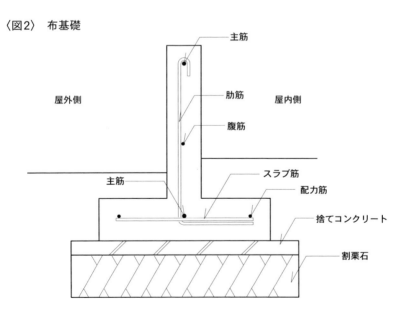

基礎（布基礎の立上り部分を除く。）にあつては捨コンクリートの部分を除いて6センチメートル以上としなければならない」とされているから、10mm筋2本が上下に交差する分とこれに対する上下各60mmのかぶり厚さで、計算上最低でも合計140mmの底盤厚さが必要であることになる。そこで公庫仕様では、基礎打ち工事がそれほど精密な工事ではないことに鑑み、余裕をみて150mmと定めているのである。鉄筋のかぶり厚さ不足は、水分浸透によって鉄筋が錆びることから鉄が膨張することになり、コンクリートにクラック（ひび割れ）や剥離を生じさせるので、基礎の耐久性を低下させる。

　基礎は建物の安全性を左右する構造上重要な部分であるから、その欠陥が部分補修で除去可能な場合には取替え（建物を基礎から切り離し、ジャッキアップして、基礎工事をやり直す）を求めるべきである。

第8章　欠陥住宅紛争に取り組む場合に必要な建築知識

Ⅱ　木　造

1　軸組構法（在来工法）

(1)　軸組構法（在来工法）とは

　わが国の木造住宅の多くが在来軸組工法により建築されている。この工法は、地震・強風時に建物に作用する水平外力に対し、建物の壁（筋かい・面材とあわせた耐力壁＝軸組）が抵抗して損壊を防ぐ構造である。そのため、かかる建物の構造安全性は、基本的に壁量（耐力壁の長さ×壁倍率）によって決定づけられる。

(2)　耐力壁の量と配置

　建築基準法令においては、建築基準法20条、同法施行令36条を受けて同法施行令46条等で壁量の簡易な計算基準が定められているが、木造3階建て建物については、さらに建築基準法20条2号により綿密な構造計算が要求されている。

〈図3〉　軸組構法

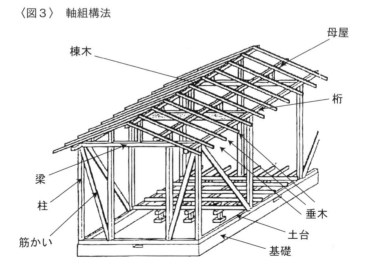

234

建築基準法施行令46条4項は、木ずり壁、筋かい入りの壁等の壁の種類によって壁倍率を定め、耐力壁の最低必要量（壁量という）を定めている。ところが、確認申請では法定の壁量を満たす設計で確認通知を受けておき、実際の施工では、耐力壁である間仕切り壁を取り払って建築するケースが多い。これは、特に木造3階建て建売住宅で顕著であるが、使い勝手を優先させて間仕切り壁の少ない広い空間を確保し、買い手の購買意欲をそそるのが目的である。このような建物には大抵「揺れる」という欠陥現象が生じることが多いが、単なる揺れだけの問題ではなく、構造上の安全性にかかわる重大な欠陥である。

建築基準法施行令46条1項は、壁の配置につき、「各階の張り間方向及びけた行方向に、それぞれ壁を設け又は筋かいを入れた軸組を釣合い良く配置しなければならない」と規定しているが、従前はこの「釣合い良く配置」についての具体的基準は存在しなかった。そこで、平成12年建設省告示第1352号はこれを規定し、同告示による簡易な方法によって検証するか、または偏心率の計算（建築基準法施行令82条の3第2号参照）によってその数値が0.3以下になることと定めた。前者の簡易な方法とは、建物の検討する方向別にこれを4分割し、その両端の部分（側端部分）の必要壁量の比率を検討することによって釣合いの状況を判定する方法である。壁の配置が偏っている建物（すなわち偏心率の高い建物）は、地震の際に、剛心を中心に回転する力が生まれ、建物全体に捻れが生じて、倒壊に結びつく。

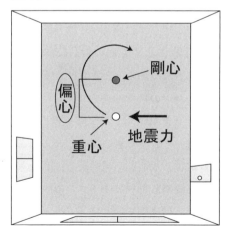

〈図4〉 偏　心

「重心」……建物全体の重さのバランスの中心。
　　　　地震力等の水平力は建物の重心に作用する。
「剛心」……建物全体の剛性のバランスの中心。
「偏心」……剛心と重心とのずれ。

(3) 斜めの部材（筋かい、火打梁）

筋かいとは、柱や梁などでつくった四辺形の構面（外力に抵抗できるように構成された１組の平面骨組）に入れる斜材である（日本建築学会編『建築学用語辞典』（岩波書店））。筋かいの断面寸法や緊結については建築基準法施行令45条に、筋かいの配置や必要量については、同令46条１項・４項、接合方法については同令47条にそれぞれ規定されている。2000年の建築基準法および同法施行令改正に伴い、建設省告示によって筋かいの緊結方法等について詳細に規定され、筋かいプレートと呼ばれる金物で緊結する方法等いくつかの方法が具体的に指示された（平成12年建設省告示第1460号）。阪神・淡路大震災では、筋かいの上下端の緊結が不十分だったために簡単に抜け落ちてしまったり、断面寸法が足りずに座屈（圧縮力を受ける部材あるいは構造物が圧縮力に直交する方向にはらみ出す現象。前掲『建築学用語辞典』）して、倒壊に至った事例が多数報告されている（たとえば、「建築知識」1995年３月号173頁以下）。建物完成後に筋かいの状況を確認することは困難な場合が多いが、床下収納庫をはずして床下を覗いたり、天井点検口から天井裏を覗くと、筋かい端部の仕口（接合方法）を観察できる場合がある。

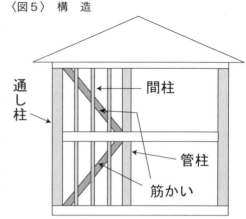

〈図５〉 構 造

火打材は、小屋組（屋根裏の骨組）、床組の水平面にあって、斜めに入れて隅角部を固める部材であり、このうち、土台の隅角を固めるものを火打土台、小屋組や２階床組を固めるものを火打梁という（前掲『建築学用語辞典』）。火打材については、建築基準法施行令46条３項で使用が義務づけられている。その詳細について公庫仕様は、火打梁の場合は断面寸法90㎜×90㎜以上とし、仕口（接合方法）はかたぎ大入れ（火打材を入れる梁や桁等を斜に欠き込んで差

し込む接合方法）とし、六角ボルト締めとすると規定されている。

これら斜めの材は、骨組の変形を防ぐ重要な構造材であり、その手抜きは即、倒壊の危険に結びつく構造上の欠陥であるが、手間を惜しんで端部を柱や土台・梁に対して釘打ちのみとする手抜き工事が多い。

(4) 柱や梁の接合

柱や梁によって構成された骨組を軸組という。また、柱や梁が直交する方向での接合を仕口（しくち）といい、直線上で接合することを継手（つぎて）という。この仕口や継手について、建築基準法施行令47条は「構造耐力上主要な部分である継手又は仕口は、ボルト締、かすがい打、込み栓打その他の国土交通大臣が定める構造方法によりその部分の存在応力を伝えるように緊結しなければならない」と規定している。従来から公庫仕様は、これらの緊結方法について金物を主体とした緊結方法を指示してきたが、前掲・平成12年建設省告示第1460号は、公庫仕様に倣う形で、仕口・継手について具体的に規定した。

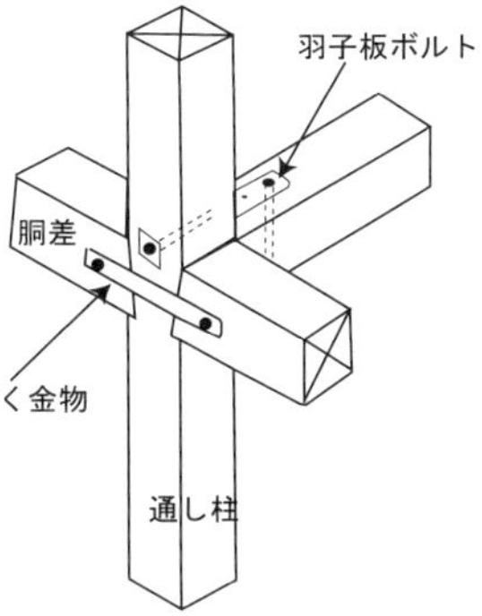

このような諸基準に違反して手抜きがよくみられるのは、梁の緊結に使用される羽子板ボルトと柱の緊結に使用されるホールダウン金物（引き寄せ金物）である。

羽子板ボルトは羽子板の形をしたボルトを梁や柱に貫通させて梁を接合する金物であるが、木材にボルトの穴だけ空けてあるのに羽子板ボルトが設置されていなかったり、貫通ボルトを使用せずに仮止め釘だけで止めつけてあるという手抜きが多い。

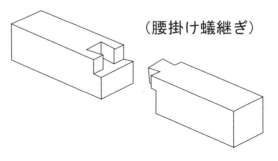

〈図6〉 取合（仕口）の一例

〈図7〉 継手の一例

（腰掛け蟻継ぎ）

ホールダウン金物は、地震等の外力を受けたときに、耐力壁を構成する柱に発生する引き抜き力に抵抗するために設置されるものである。このホールダウン金物の未施工も手抜きの多い箇所であるので注意を要する。従前、3階建て建物のみに用いられてきたホールダウン金物は、前掲・平成12年建設省告示第1460号によって2階建て、3階建てを問わず使用が義務づけられた。

(5) 木材の材質・断面寸法

木材の材質について、建築基準法施行令41条は、「構造耐力上主要な部分に使用する木材の品質は、節、腐れ、繊維の傾斜、丸身等による耐力上の欠点がないものでなければならない」と規定している。

柱の小径については、建築基準法施行令43条に具体的記載があり、公庫仕様ではさらに詳細に各部材の断面寸法を規定している。同条2項によれば、柱の小径が同条1項の数値よりも下回る場合、地上階数が2以上の建築物の1階の柱の小径が13.5cmを下回る場合については、国土交通大臣の定める構造計算によって安全を確認しなければならないとされ、その構造計算の方法については平成12年建設省告示第1349号によって定められた。設計者は、これらの基準に基づいて構造上の耐力を考慮して柱や梁の断面寸法を設計図書の中に記載しているのが普通である。

このような所定の断面寸法の木材を使用することが契約上または法令上要求されているが、この所定の断面寸法に満たない材料が使用されている場合は当然欠陥といえる。

これに対して、業者側から「木材が乾燥して、痩せたためである」との反論がなされることが多い。しかし、構造用木材の品質は、「木材は十分乾燥したものを用い、構造材に用いる製材の品質は、構造用製材のJASに適合するもの又は製材のJAS 1等以上とする」(公庫仕様4.1.1)とされているのであり、このような木材である限り大きく痩せることはない。また、理論上大気の湿度以下に木材が乾燥することはないので、収縮にはおのずと限界がある(大気の湿度が高くなれば湿気を吸収して膨張することもありうる)。ちなみに、

適切な含水率（15%）の木材が含水率１％変化するときの平均膨張収縮率（板目方向）は、スギ0.26％、ヒノキ0.23％、アカマツ0.29％、クロマツ0.26％である。

　また、製材の過程で断面寸法がある程度小さくなるのはやむを得ないとの反論がなされることもある。しかし、「木材の断面を表示する指定寸法は、ひき立て寸法とする」（公庫仕様4.2.1）とされており、ひき立て寸法とは、「木材を製材したままの寸法」のことであるから、上記反論はあたらない。

２　ツーバイフォー工法

(1)　ツーバイフォー工法とは

　ツーバイフォー工法は、建築基準法施行令80条の２の大臣告示を受けた工法であり、枠組に合板を釘打ちして床や壁をつくる工法である。ツーバイフォー工法は、筋かいに代えて構造耐力を確保するために構造用合板（構造用合板として認定基準に合致し、認定工場でのみ製作されるもので、構造耐力が認められる）を用い、釘打ちのピッチも一定間隔（外周部100㎜、その他200㎜）以下で行わなければならない等、工法上厳格な規制の下に許されている。

(2)　釘ピッチ等

　ツーバイフォーは、釘打ちによって構造耐力をもたせるものであり、構造上釘ピッチは重要であるが、所定の釘ピッチが守られない手抜き工事は意外と多い。また、最近は釘打ちを釘打銃で行うが、施工技術未熟のために枠組からはずれて釘が打たれ、しかもそれを知りながら放置するというミスが多い。さらに、釘の打ち込み過多（パンチングシア、パンチングアウト）により、壁材の耐力不足を招くことも大きな問題である。これら釘打ちの欠陥は極めて危険であり、取壊し・建替え、少なくとも外装を撤去して釘の打ち直しが必要である。

３　４号建築物に関する法規制

　木造２階建て等の小規模な住宅については、建築基準法令による規制が不

十分な状況にあり、それが欠陥住宅の温床となっているとともに、欠陥住宅訴訟でも業者側から不合理な反論を招く要因にもなっている。そこで、このような法規制の実態をよく理解しておくことが、欠陥住宅事件に取り組むうえで重要である。

なお、この問題については、日弁連が発表している「４号建築物に対する法規制の是正を求める意見書」（2018年３月）において、法令上の問題点の指摘と制度改革の提言を行っているので参照されたい（第10章Ⅰ参照）。

(1) **４号建築物に対する現行法の特例的取扱い**

「４号建築物」とは、建築基準法６条１項４号所定の建築物のことであり、①木造の２階建てまたは平家建ての建築物のほか、②鉄筋コンクリート造または鉄骨造の平家建ての建築物であり、戸建て住宅の多くがこれにあたるが、建築基準法令上、次のような特例的な取扱いがなされている。

(ア) **実体的な特例──構造計算の免除**

４号建築物は、構造計算の免除されるルートが認められている。

建築基準法20条１項は、建物規模ごとに構造安全性を確保するための方法を定めており、４号建築物以外の建築物については、すべて建築基準法施行令81条以下に規定されている構造計算を行うことを義務づけている。

これに対し、４号建築物については、建築基準法20条１項４号で、構造計算を行うルート（同号ロ）と並んで選択的に、同法施行令36条から80条の３までの規定（仕様規定）に適合すれば構造計算を免除されるルートが認められている（同号イ、同法施行令36条３項）。

(イ) **手続的な特例──構造審査の省略**

４号建築物は、建築確認・検査手続における構造審査の免除ないし省略が認められている（いわゆる「４号特例」）。

４号建築物以外の建築物は、建築確認手続および中間・完了検査において、建築確認検査機関によって法適合性の審査および検査が義務づけられている（建築基準法６条、６条の２、７条〜７条の４）。

これに対し、４号建築物については、①「建築士の設計に係るもの」であ

る場合、建築確認手続において構造安全性の審査が省略され（建築基準法6条の4第1項3号）、また、②「建築士である工事監理者によって設計図書のとおりに実施されたことが確認されたもの」である場合、中間検査および完了検査手続において構造安全性の検査が省略される（同法7条の5）。

その結果、4号建築物については、確認申請書に構造関係の設計図書（軸組図、伏図等）を添付しなくともよい（そのため、「図書省略」とも呼ばれる）。

(2) 4号建築物に対する規制の不十分さと欠陥住宅被害

以上のような4号建築物に対する特例的取扱いおよび不十分な法規制は、欠陥住宅被害が生み出される温床になっている。

(ア) 仕様規定の不十分さ

まず、建築基準法20条1項4号イにより適用される仕様規定が、構造計算を行った場合に比べて不十分であるため、形式的に仕様規定を満たしただけでは建築基準法令の要求する耐震性能を必ずしも確保できないことがある。

とりわけ、在来軸組工法の木造建築物に関する仕様規定は、次のとおり、構造安全性に関する技術基準として著しく不十分である。

① 規定水準の不十分さ　たとえば、建築基準法施行令46条4項は耐力壁の簡易な計算（壁量計算）を規定しているが、この計算による結果は、許容応力度計算によって要求される壁量の約6〜7割程度の水準にとどまっている。

② 規定形式の不十分さ　たとえば、建築基準法施行令46条3項は火打梁等の設置を求めているが、水平剛性を適正に確保するに足りる、建築物の規模・形状等に応じた仕様基準になっていない。

③ 規定項目の不十分さ　たとえば、ⓐ梁の断面に関して、柱や筋かいのような断面寸法の規定（建築基準法施行令43条、45条）がない、ⓑ平面プランに狭窄部等がある場合に、分割してゾーンごとに壁量等の構造検討を行うことを求める規定がない、ⓒ耐力壁や柱の上下階での一致（壁・柱直下率）に関する規定がないなど、仕様規定が不足している。

以上①〜③のように仕様規定による技術基準が不十分なものにとどまって

いる結果、建築基準法20条1項4号イによる仕様規定のルートを選択した場合、仕様規定を形式的に充足しただけでは、法令が求める構造安全性（建築基準法施行令36条の3）を確保できないことがある。特に、意匠重視の設計者は、壁量等について仕様規定ぎりぎりの設計をする傾向が強く、同時に、吹き抜けやスキップフロア等水平構面の耐力要素も減少させるなど、構造安全性に配慮のない設計をするため、構造計算をすればNGの結果が出る欠陥住宅も少なからず存在する。

　　(イ)　構造安全性のチェックがない

　また、4号建築物は、建築確認・検査手続で構造審査が免除され、確認申請で構造設計図書（軸組図、伏図等）を添付しなくともよいため、建築士が設計・監理に関与した4号建築物については、構造安全性の公的チェックを受ける機会もなく、事実上、野放しに近い状態である。

　その結果、たとえ構造図面を作成していなくとも建築できるため、建築構造に習熟していない意匠設計者の場合、平面図・立面図等しか作成せず、プレカット業者が作成するプレカット図面（施工図の一種）を構造図に代替させているなどの事態も横行している。

　この点、国土交通省も、2008年頃には、4号建築物に対する法規制について問題があるとして、いったん具体的な法改正についても議論していたが、建設業界からの反発を受けて改正を延期したまま、今やうやむやにしようとする現状にある。

　(3)　4号建築物に関する欠陥住宅訴訟での留意点

　　(ア)　完了検査等に合格しているとの反論

　欠陥住宅事件においては、建築士や施工業者側から「建築確認や中間・完了検査に合格しているから、構造欠陥があるはずがない」などと反論されることもあるが、4号建築物の場合には構造審査がなされないから、全く根拠のない、無意味な反論である。

　むしろ、そのような反論をする建築士や施工業者は、法令の基本的な知識すら有しておらず、4号建築物の法規制の不十分性を理解していないことを

自白しているに等しいから、構造安全性に配慮した設計・施工がなされていない可能性が高いといえる。

4号建築物の場合、仕様規定の形式的な充足にとらわれることなく、構造計画の適正さ、実質的な構造安全性の充足を慎重にチェックすべきであり、事案によっては構造計算をする必要があろう。

　(イ)　直ちに瑕疵にあたるとはいえないとの反論

建築基準法20条1項4号イのルートによって設計された4号建築物については、「仮に構造計算をすれば安全性に問題があるとしても、この点が直ちに設計上及び施工上の瑕疵にあたるとはいえない」などという見解もみられる（LP建築訴訟129頁）。

しかし、建築基準法20条1項4号イのルートによる4号建築物についてだけは、他の建物よりも構造安全性の要求水準が低くともよい、建築基準法がそれを許容している、などということがあろうはずがない。

「構造耐力」の一般原則を定めた建築基準法20条を、設計の場面において具体化して「構造設計の原則」を定めた規定が建築基準法施行令36条の3であるが、この規定について次のように解説されている。「令第36条の3は、構造設計に当たって守るべき基本的な原則を示している。（中略）これらの原則は、すべての建築物について適用されるものであるため、構造計算書の提出を要しない小規模なものについても、また構造計算による安全確認を行う場合においても、その主旨を反映しなければならない」（建築行政情報センターほか編『建築物の構造関係技術基準解説書〔2015年版〕』39頁）。

この点、4号建築物について、鑑定で構造計算をした結果に基づき瑕疵を認定した裁判例として、仙台地裁古川支判平成14・8・14欠陥住宅判例〔第3集〕262頁、大阪地裁堺支判平成18・6・28欠陥住宅判例〔第5集〕68頁、大津地裁長浜支判平成30・1・12判例集未登載等がある。

Ⅲ　鉄筋コンクリート造

1　鉄筋コンクリート造とは

　鉄筋は、引張力に強いが圧縮力には効果的に機能せず、コンクリートはその逆の性質を有することから、鉄筋とコンクリートを一体化して強度を確保したのが、鉄筋コンクリート造である。したがって、必要箇所に必要量の鉄筋が設置されず、手抜きされた場合は構造上の欠陥ということができる。なお、法令上「鉄筋コンクリート造」とは、建物軀体（床、壁、柱等の主要構造体部分）の鉄筋コンクリート造のみをいうのではなく、たとえば木造建物の鉄筋コンクリート基礎部分も鉄筋コンクリート造である。

　配筋の手抜きについて目視による調査は不可能であり、専門の調査機関による磁気探査やX線写真検査によらざるを得ない。なお、鉄筋コンクリート工事を請け負った下請業者が元請に報告するために工事記録写真を撮っている場合がある。そこで、所定の鉄筋を入れたか否かが争いとなったときは、工事記録写真の提出を求めるとよい。

　コンクリートの強度はセメントと水の混合割合である水セメント比（セメント量に対する水の割合）等によって決定される。水セメント比が大きくなると強度、水密性、乾燥による収縮性などに悪影響を及ぼすが、現場の管理が悪いと、雨の中や漏水の中で作業を行ったり、コンクリートの流動性を高めて作業を早く終わらせようとの目的で、わざわざコンクリートミキサー車の中に水を入れるといった悪質な手抜き事例も報告されている。

2　ひび割れ

　コンクリートやモルタルは、乾燥収縮によってひび割れ（亀裂・クラックともいう）を生じることが多く、適切に施工した場合であっても、ヘアクラックと呼ばれる幅の狭いひび割れが生じることがある。しかし、特に鉄筋コン

クリートの軀体部分のひび割れは、漏水の原因になるほか、コンクリートの中性化を進行させ、鉄筋に錆を発生させる原因となって、建物の耐久性に悪影響を及ぼすため、これを防止する施工上の配慮が必要である。

収縮ひび割れは、打ち込み時に散水を行って一定の湿度を保つなどの養生をしっかり行うことによって最小限に抑えることができる。

JASS 5 は、「構造体コンクリートは、……過大なひび割れ、コールドジョイント、有害な打込み不良がないように製造し、打ち込み、養生しなければならない」と規定しており、0.3mmを超えるひび割れは「過大なひび割れ」であり、建築基準法施行令36条の3第3項の「使用上の支障となる変形」に該当しうると解される。

また、日本建築学会編著『鉄筋コンクリート造建築物の収縮ひび割れ制御設計・施工指針（案）・同解説』は、従前の『鉄筋コンクリート造のひび割れ対策指針・同解説』を大幅に改訂し、「収縮ひび割れ制御のための許容値・設計値」として、「漏水抵抗性を確保する場合の許容ひび割れ幅は0.15mmとし、設計ひび割れ幅は0.1mm以下とする」、「一般環境下において劣化抵抗性を確保するための許容ひび割れ幅は、屋外では0.3mm、屋内では0.5mmとし、設計ひび割れ幅は、屋外では0.2mm以下、屋内では0.3mm以下とする」と定めている（同書40頁）。

また、何らかの構造上の欠陥が原因となり、わずかな荷重や外力によって建物の矩形に歪みを生じたり、あるいは不同沈下等により建物に無理な力が作用することが原因となって生ずるひび割れを、構造クラックと呼ぶ。これは、垂直方向あるいは斜め方向に直線上に入ることが多く、外見からある程度の判断はできる。構造クラックを疑わせるひび割れを発見したとしても、そこから直ちに構造上の欠陥と断定することはできず、専門家によってその原因を究明し、構造クラックであることの立証が必要である。

Ⅳ 鉄骨造

1 鉄骨造の特徴

　鉄骨造（Ｓ造）とは、構造上主要な骨組み部分に、形鋼（かたこう）や鋼管などの鋼材を用いた構造である。
　鉄骨造の特徴は、次のとおりである。
① 小さい断面で大きな荷重に耐えることができることから、鉄筋コンクリートと比べて、内部空間が広い構造、大スパン構造が可能となる。
② 高層建築物に適する。
③ 座屈（部材に圧力が加えられたときに、限度を超えると急激に変形が増大する現象）を生じやすい。
④ 部材の断面が小さくなりすぎると、床振動障害が発生したり、地震時や台風時に大きく揺れたりすることがある。
⑤ 鋼材は高熱に対する抵抗力が低いので、耐火被覆が必要となる（建築基準法施行令70条、平成12年建設省告示第1356号）。

2 鉄骨造の構造形式

　鉄骨の構造形式は、①ラーメン構造、②ブレース構造、③トラス構造の3つに大別される。
　ラーメン構造は、柱と梁を強く接合（剛接合）し、一体化させた構造である。
　ブレース構造は、柱と梁の接合部は多少動く（回転する）ことを前提にして、木造の筋かいのような斜め材（ブレース）で横からの力に耐える構造である。
　トラス構造は、複数の三角形による骨組構造のことであり、結合部である「節点」は　ボルトやピンなどで結合される。

3　耐火被覆

　建築基準法2条7号は、耐火構造の定義を規定する。耐火構造については、平成12年建築基準法関係告示第1399号「耐火構造の構造方法を定める件」がある。鉄骨造は、一定基準の耐火被覆をすることで耐火構造となる。鉄骨造の建物に火災が生じた際に、火災が鎮火するまでの建物の倒壊を防ぐため、建物を熱から守らなければならないことから、耐火被覆は、火災時における人命の保護、建築物の安全確保と極めて重要な役割を果たすものである。

4　柱　脚

　建築基準法施行令66条は、「構造耐力上主要な部分である柱の脚部は、国土交通大臣が定める基準に従つたアンカーボルトによる緊結その他の構造方法により基礎に緊結しなければならない」と規定する。同条に基づき、平成12年建設省告示第1456号「鉄骨造の柱の脚部を基礎に緊結する構造方法の基準を定める件」は、鉄骨造の柱の脚部を基礎に緊結する構造方法の基準を定めている。

5　部材の接合方法

　鉄骨造における鋼材同士の接合方法としては、①機械的接合法（たとえば、ボルトやリベットのような締結材を用いる方法）、②冶金的結合方法（溶接）、③接着法（接着剤を用いる）がある。

　日本工業規格（JIS）の溶接用語によれば、「溶接」とは、「2個以上の母材を、接合される母材間に連続性があるように、熱、圧力、又はその両方によって一体にする操作」である。

　溶接の主な種類としては、①突き合わせ溶接（完全溶込み溶接）、②隅肉溶接、③部分溶込み溶接がある。

　突き合わせ溶接（完全溶込み溶接）は、端部を斜めに加工した溝（「開先」という）を作った2つの部材を突き合わせ、溝の中に溶着金属を充填して、溶

着金属と母材の溶込みにより、突き合わせ面同士を連続的に完全に溶かし込んで一体化させるものである。最も信頼性の高い溶接方法である。

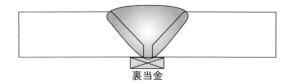

〈図8〉 完全溶込み溶接

隅肉溶接とは、接合母材の隅角部に溶着金属を充塡して連続的に溶接継目を作って母材同士を密着させるものである。母材の接触面は溶接されず、突き合わせ溶接（完全溶込み溶接）のように母材の接触面が原子レベルで一体化しないから、力の伝達が不完全となるので、構造的に重要な接合部には用いてはならない。

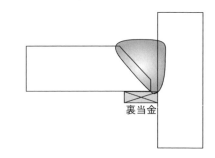

〈図9〉 隅肉溶接

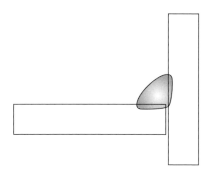

部分溶込み溶接は、母材同士が板厚の一部しか溶け込まないものである。繰り返し応力を伝達する部分、溶接線と直交方向に引張力が働く場合、軸を溶接線とする曲げが働く部分などには用いることはできない。

以上についての詳細は、今村仁美ほか『図説やさしい建築一般構造』（学芸出版社）、原口秀昭『ゼロからはじめる建築の「構造」入門』（彰国社）を参照されたい。

6　溶接の検査方法

　溶接欠陥の検査方法には、外観検査、超音波探傷法、放射線検査法などがある。

　外観検査によって、溶接部の寸法、ビートの形状、表面割れの有無、アンダーカット、オーバーラップ、ピットなどが検査される。

　溶接部の溶込み状態等の内部欠陥の検査については、超音波探傷法や放射線検査法を用いる。超音波探傷検査は、認定資格者によって行われ、欠陥の評価および合格判定は、一般社団法人日本建築学会の制定する「鋼構造建築溶接部の超音波探傷検査規準・同解説」に詳細に決められている。

　溶接接合について、具体的な仕様を定めた代表的なものとして、旧住宅金融公庫融資住宅の住宅工事共通仕様書がある。同仕様書によれば、「不適切な開先の場合には、溶接を行なってはならない」、「溶接部の端部に十分な長さをもったエンドタブを用いる」、「溶接は裏当て金を用い、初層の溶接による母材の溶込みが十分得られるようにする」等と規定されている。また不良溶接の補修について、「超音波探傷試験の結果が不合格の部分は、削り取って再溶接を行ない、更に検査を行なう」と規定されている。

　フラット35技術基準対応「鉄筋コンクリート造、鉄骨造等住宅工事仕様書」においても、溶接材料（6.2.3）、溶接接合（6.5）について規定している。

7　溶接の欠陥

　建築基準法施行令62条2項前段は、構造耐力上主要な部分である継手および仕口の構造は、その部分の存在応力を伝えることができるものとして、国土交通大臣が定めた構造方法を用いるものまたは国土交通大臣の認定を受けたものとしなければならないと定める。これを受けて、平成12年建設省告示第1464号（鉄骨造の継手又は仕口の構造方法を定める件）2号イ柱書は、溶接部は、割れ、内部欠陥等の構造耐力上支障のある欠陥がないものとする旨を定める。

建築訴訟の実務上は、施主側が超音波探傷検査によって柱と梁などの溶接について割れ、内部欠陥等があることを立証し、施工者側がこの割れ、内部欠陥等は構造耐力上支障を生じさせないとして争う（この点については、施工者側が主張・立証責任を負う）という形になることになる（LP建築訴訟144頁）。

　建物完成後に溶接欠陥を補修しようとしても、上向き溶接の困難性や周辺仕上部への美観上の悪影響等から困難な場合が多く、再築せざるを得ない場合も少なくない。

　溶接欠陥を理由として、建替え・取壊し費用相当額の損害賠償を認めた判例としては、以下のものがある。

① 　神戸地裁姫路支判平成7・1・30判時1531号92頁（第9章判例45）
② 　京都地判平成16・2・16（第9章判例57）
③ 　静岡地裁沼津支判平成17・4・27（第9章判例59）
④ 　名古屋地判平成17・10・28（第9章判例60）
⑤ 　名古屋地判平成20・11・6、名古屋高判平成21・6・24（第9章判例63）
⑥ 　名古屋地判平成22・5・18（第9章判例65）

V 不具合現象
──瑕疵現象、欠陥現象

1 雨漏り

　雨漏りは、雨が降るとポタポタと部屋の中に落ちてくる雨漏りもあるが、建物壁内に染み込むように浸入してくるものもあり、形態はさまざまである。後者の場合、発見が遅れて気がついたときは構造軀体の腐食がかなり進行しているという場合がある。雨漏りがなく雨露を凌ぐことができるということは、建物が最低限具備すべき性能である。

　雨漏りはあくまでも「瑕疵現象」であり、瑕疵原因そのものではないから、建築瑕疵訴訟では、雨漏りの「瑕疵原因」である施工不良を具体的に主張・立証することが必要となる。

　雨漏り原因としては、①屋上の防水の劣化、②瓦やコロニアルの下に葺いてある防水シートの老朽化、③メーカーが指定した方法を守っていない施工（手抜き工事）、④屋根の塗装、コーキングの施工不良ないし劣化、⑤ベランダの防水劣化ないし施工不良、⑥屋根のトップライトおよびその近辺の施工不良、⑦雨樋の詰まり、⑧窓のサッシのパッキンの劣化、⑨瓦やコロニアル等の屋根材が欠損、⑩太陽光発電や太陽光温水器等の施工不良などが考えられる。

　しかし、雨漏りの「瑕疵原因」である施工不良を特定することは必ずしも容易ではない。そこで、雨漏りがないことが建物が最低限具備すべき性能であることを踏まえ、施主の主張・立証上の困難を救済するため、新築建物において雨漏りが生じた場合には、特段の事情がない限り、「瑕疵原因」となる何らかの施工不良が存在すると推定するべきである（LP建築訴訟180頁）。

　この場合、修補費用をどのように算定するべきかが問題となるが、推定される施工不良についての修補費用のうち最も高額なものを選択するのが相当

である。

2　結露

　結露とは、湿気（水蒸気）を含んだ空気が冷やされて、空気中に含まれる湿気（気体）が水滴（液体）に変わる（凝縮または液化）ことである。住宅においては、室内の暖かい湿った空気が天井裏や壁の内部に流入して冷たい外気温に接することによって発生する。比較的雨天のときに起こりやすいことから、雨漏りと勘違いしている場合もあるので注意が必要である。結露も発見が遅れると木材を腐食させ、構造上の致命的欠陥に至る。見えないところで静かに進行するという点において、雨漏りよりも始末が悪いともいえる。

　結露は、「瑕疵現象」であり、「瑕疵原因」そのものではない。建築瑕疵訴訟では、結露の「瑕疵原因」となる施工不良を具体的に主張・立証することが必要となる。

　結露の「瑕疵原因」となる施工不良としては、断熱材の施工不良、具体的には、コンクリート壁内側の断熱材吹付けが不十分で肉厚が足りなかったり、木造建物の屋根裏の断熱材敷込みが雑で隙間だらけであるようなことが考えられる。

　コンクリート壁内側の断熱材肉厚は、コンセントボックスをはずして、楊子等を刺してみれば部分的であるが確認できる。

　屋根裏の断熱材に隙間があれば、その隙間から室内の暖かい湿った空気が天井裏や壁の内部に流入して内面結露を惹起することになるが、隙間の有無は、天井の点検口から確認することができる。

3　傾斜

　基礎構造が地盤と適合していないために不同沈下が起こり、建物が傾き、壁や柱が傾斜して垂直性が欠如したり、床が傾斜して水平性が欠如することがある。

　傾斜は、「瑕疵現象」であり、「瑕疵原因」そのものではない。建築瑕疵訴訟

では、傾斜の「瑕疵原因」となる施工不良を具体的に主張・立証することが必要となる。

傾斜の「瑕疵原因」となる施工不良としては、基礎構造が地盤と適合していないことなどが考えられる。

垂直性は、柱等に下げ振りを当てて、計測することができる。5円玉を糸で吊るして簡易な下げ振りを作成することもできる。襖や障子と柱との隙間があるからといって直ちに建物自体に傾斜があると判断することはできない。建物全体に一様に同方向・同程度の傾きが認められた場合は不同沈下の可能性が高い。

水平性は、水準器を当てたり、ボールやビー玉等を置いてみるという簡易な方法で計測することができる。正確に計測するには、レーザーレベルやレーザープレーナーを用いて行う。

特殊な建物でない限り完全に水平な床というものはあり得ないから、どのような家でもボールやビー玉を置けば多少は転がるはずである。各部屋とも一方向に勢いよく転がる場合は不同沈下等の欠陥が疑われるが、多少ボールが転がるからといって直ちに欠陥であると断定することはできないことに注意する必要がある。

品確法74条の規定に基づく「住宅紛争の処理の参考となるべき技術的基準」（平成12年建設省大臣告示第1653号）では、壁または柱について、3/1000未満の勾配（凸凹の少ない仕上げによる壁または柱の交錯する線（2m程度以上の長さのものに限る）の鉛直線に対する角度をいう）の傾斜がある場合（レベル1）は、「構造耐力上主要な部分に瑕疵が存在する可能性」は「低い」、3/1000以上6/1000未満の勾配の傾斜がある場合（レベル2）は、「一定程度存在する」、6/1000以上の勾配の傾斜がある場合（レベル3）は、「高い」とする。

同告示は、床については、3/1000未満の勾配（凸凹の少ない仕上げによる床の表面における2点（3m以上離れているものに限る）の間を結ぶ直線の水平面に対する角度をいう）の傾斜がある場合（レベル1）は、「構造耐力上主要な部分に瑕疵が存在する可能性」は「低い」、3/1000以上6/1000未満の勾配の傾

斜がある場合（レベル2）は、「一定程度存在する」、6/1000以上の勾配の傾斜がある場合（レベル3）は、「高い」とする。

　ただし、同告示の留意事項4項は、「レベル1に該当しても構造耐力主要な部分に瑕疵が存在する場合もなり、また、レベル3に該当しても構造耐力上主要な部分に瑕疵が存在しない場合もある」としていることに注意する必要がある。

　なお、床面に3/1000の傾斜があるというのは、長さ1mに対して3mmの傾斜という意味であり、たとえば床面の長さが3mの場合なら、両端の差は9mmとなる。

4　ひび割れ

　ひび割れについては、鉄筋コンクリート造について述べたとおりである（前記Ⅲ2参照）。

第9章

欠陥住宅被害救済に参考となる裁判例

第9章　欠陥住宅被害救済に参考となる裁判例

Ⅰ　瑕疵判断基準の参考になる裁判例

瑕疵の認定において参考になる裁判例としては、以下のものがある。

(1)　最高裁判決

1．最判平成15・10・10判時1840号10頁・欠陥住宅判例［第3集］464頁（請負・鉄骨造）

　　建築請負工事において約定に反する太さの鉄骨が使用されたことについて、注文者が瑕疵であると主張したのに対し、請負人側から構造計算上は居住建物としての安全性に問題がない旨反論された事案。

　　判決は、請負契約における当事者間で、本件建物の耐震性を高め、耐震性の面でより安全性の高い建物にするため、主柱につき断面の寸法300mm×300mmの鉄骨を使用することが、特に約定され、これが契約の重要な内容になっていたにもかかわらず、この約定に違反して同250mm×250mmの鉄骨を使用して施工された主柱の工事には瑕疵があると判断した。

(2)　下級審裁判例

2．大阪地判昭和57・5・27判タ477号154頁（請負・鉄骨造）

　　軽量鉄骨造陸屋根3階建ての建物に使用された鉄骨が、日本軽量鉄骨協会作成の軽量鉄骨建築指導基準および日本建築学会作成の薄板鋼構造設計施工基準に達していないことについて、両基準が、建築物の安全性を確保する見地から遵守されるべき基準として作成されたもので、建築の分野において権威ある基準として是認されてきたことは、証拠から明らかであるから、右両基準を無視して3階建ての建築物である本件建物の主要構造部に板厚1.6mの鉄骨を採用した設計、それによる施工は、特殊な材料、構法を用いる等、右両基準に定めるものと同等以上の耐力を確保していると認められる特段の事情がない限

り、構造耐力上の危険を孕み、建築物が本来有すべき安全性に欠けるものと推認せざるを得ないと判断した。

3．松江地裁西郷支判昭和61・10・24判例集未登載（請負・木造）

注文者としては少なくとも一般庶民住宅を対象とする公庫仕様書を下回ることがないとするのが通常であるから、明示がない事項については公庫仕様書の工事施工基準に照らし瑕疵の有無を判断するのが合理的であるとした事例。

4．神戸地判平成9・8・26欠陥住宅判例［第1集］38頁（請負・木造）

公庫仕様は、公庫融資対象物件について定められているものであるが、一般的には、木造建物を建築する場合、公庫仕様に基づいて精度を確保するという手法がとられているとして、公庫仕様を欠陥の判断基準として用いた事例。

5．大阪高判平成10・12・1欠陥住宅判例［第1集］412頁（請負・鉄骨造）

耐火構造等が問題になった事案において、建築基準法規は最低限保有すべき性状であり、居住者の安全性にかかわる重要な構造仕様であって、建築基準法が必要不可欠なものとして規定していることから、明示の合意がなくとも、請負人はこれに適合した建築物を建築すべき義務を負っているものと解されると明確に述べた事例。

6．大阪地判平成12・6・30欠陥住宅判例［第2集］170頁（新築売買・鉄骨造）

耐火建築物でなければならないにもかかわらず、主要構造部である柱、梁の耐火被覆がなく、床の小梁、根太、壁の下地、屋根の下地、階段はいずれも木製であり、全く耐火構造となっておらず、外部の開口部に甲種防火扉が設置されていない等、所定の耐火性能を欠いていると認定された事例。

7．京都地判平成13・10・30欠陥住宅判例［第2集］342頁（請負・鉄骨造）

注文者の年齢や身長に限りなく配慮した設計・施工をすべきであったのに、窓や鏡、ユニットバスや換気扇スイッチなどの位置が高すぎ

て不便を来していることを中心に、打合せ不足に由来する床暖房の設置位置の誤りなど、数々の瑕疵を認定した事例。

8．仙台地裁古川支判平成14・8・14欠陥住宅判例［第3集］262頁（請負・木造）

建築基準法上は構造計算を必要とされていないが、本件建物は特殊な構造で、構造計算をしないと安全性に対する不安を除去できない場合であること、そのため、構造計算をしたところ、強度を確保するためには梁の厚みが不足していることが判明したこと、構造計算は、最低限度の基準に基づいて計算するものであるが、一般に使用する木材の太さなどを決める際は、2倍程度の荷重に耐えられるような部材を用いることが通常であることが認められるとし、このような点を勘案すると、現実に構造計算の結果、梁の厚みが不足している本件では、この点を欠陥とするのが相当と判断した事例。

9．大阪地裁堺支判平成18・6・28欠陥住宅判例［第5集］68頁（請負・木造）

建築基準法20条2号が規定する建築物に木造2階建て建物は該当せず構造計算による安全性の確認は不要であるとしつつ、建物の構造上の安全性の有無を判断するについては、最低限の基準を定める建築基準法および同法施行令に規定する建築構造に関する基準を用い、一般的な小規模木造住宅に通常備わるべき構造上の安全性を満たすかを判断するのが相当であり、構造計算もその判断基準の1つとして用いることができるとした事例

10．大阪地判平成20・10・30判例集未登載（請負・鉄筋コンクリート造）

マンション完成後、7年しか経過していない時点であって、タイルの一部が膨らみ、剥離寸前の状況であった部分が存在したこと、ほかにも、少なくないタイル亀裂箇所が存在することからすると、このような現状につき、単なる経年劣化を超えた本件施工当時における通常の施工水準に比して、劣っていたと評価すべき施工上の不手際が原因

であったと推認するのが相当であると判断した事例。

11. 大阪高判平成21・2・10欠陥住宅判例［第5集］200頁（請負・木造）
　　べた基礎の立ち上がりに人通孔を設けるにあたり、補強するための鉄筋が不足していることが建築基準法施行令38条3項に基づく建設省告示第1347号に適合しない瑕疵があると認定した事例。

12. 札幌地判平成21・1・16欠陥住宅判例［第5集］232頁（中古売買・鉄骨造）
　　売買契約における瑕疵担保責任における瑕疵性の判断においては、売買契約時において建物としての取引上一般に有すべき品質・性能を欠くかどうかにより判断されるとして、外壁タイルの浮き、剥離が広範囲に及び落下の可能性もあるが売買価格に織り込まれた事実もなく、中古建物として通常備えるべき品質・性能を基準として、これを超える程度の損傷等がある場合にあたるとした事例。

13. 仙台地判平成23・1・13欠陥住宅判例［第6集］382頁（請負・鉄筋コンクリート造）
　　建物が最低限度の性能を有すべきことは、請負契約上当然に要求される内容であるから、最低限度の基準を定めた建築基準法令に違反する場合は瑕疵にあたるとし、この建築基準法令には国土交通省告示、日本工業規格、日本建築学会の標準工事仕様書（JASS）等を含み、また、建築工事実施のために必要な図面および仕様書からなる設計図書は、建築工事請負契約において定められた仕事の内容を具体的に特定する文書であることから、設計図書と合致しない工事は、特別の事情がない限り、契約で定められた内容を満たさず瑕疵にあたるとした事例。

14. 京都地判平成23・7・29欠陥住宅判例［第6集］4頁（新築売買・木造）
　　準防火地域の木造に関する建築基準法令の防火規制違反を認定し、これらは準防火地域に存在する建物としては通常有するべき性能であるということができるところ、これらが欠如しているのであるから民法570条にある瑕疵があるとした事例。

15. 大津地裁彦根支判平成23・6・30、大阪高判平成25・3・27欠陥住宅判例［第7集］4頁（新築売買・木造）

　　建物の折り込み広告に「公庫"新基準"対応住宅」と記載されていたことから、当事者間に「公庫仕様」で建物を施工するとの合意あったと認定して瑕疵判断の基準とし、公庫基準に反する施工を瑕疵と認定した事例。

16. 東京高判平成24・6・12欠陥住宅判例［第7集］412頁（鉄筋コンクリート造）

　　建物を店舗として使用していた者（フランチャイジー）が、スロープで滑って転倒したため、建物を賃借して改装を行った会社（フランチャイザー）に対し、損害賠償を請求した事案において、スロープの勾配が建築基準法施行令26条の8には違反していないが、東京都福祉まちづくり条例に違反していることやスロープに使用されたタイルのメーカーが勾配部に使用することを推奨していなかったことなどの事実を総合すると、建物出入口に設置されたスロープとして、通常有すべき安全性を欠いたものと認めることができるとした事例。

17. 大阪地判平成25・2・26判タ1389号193頁（請負・鉄筋コンクリート造）

　　施工業者が本件建物の引渡しの提供をした約3カ月後には、基礎梁に幅0.3mm以上のクラック（住宅紛争処理の参考となるべき技術的基準（平成12年建設省告示第1653号）第3の2(2)ハ参照）が数十箇所発生していたこと、引渡しから約1年後の時点で基礎梁のクラックから漏水している箇所があることが認められることから、基礎梁について何らかの施工不良があることを推認することができ、この点は通常の施工として許容することができないものとして瑕疵にあたるとした事例。また、地下外周壁（基礎梁の外部）の打継ぎ部目地にシーリング等の処理がされていない箇所があることが認められるのであり、これも漏水に寄与している可能性があると判断した事例。

18. 大津地裁長浜支判平成30・1・12判例集未登載（請負・木造）

建築基準法に定められた建築物の最低限の基準を充足することは契約上の当然の前提であり契約内容を補完補充するものであるとしたうえで、本件車庫は建築基準法上直ちに構造計算によってその構造安全性が確かめられるべき建築物ではないが、本件車庫には建築基準法施行令67条2項違反があるため、建築基準法20条4号ロにより構造計算によって構造安全性が確かめられる必要があるとした。

　また、4号建築物について、構造計算により安全性に問題があるとしても、その点が直ちに瑕疵にあたるとはいえないとの見解によるものとしても、建築基準法20条は、4号建築物についても、自重や地震その他の震動および衝撃に対して安全な構造のものとすることを求めているから、構造計算によりエラーが出た場合には、その結果をも1つの判断材料として、同条の求める安全性の有無を検討すべきであると判旨した事例。

Ⅱ　瑕疵と施主の要望・承諾に関する裁判例

施主の要望・承諾がある事例に関する裁判例には、以下のものがある。

(1)　最高裁判決

19.　最判平成23・12・16判時2139号3頁（請負・鉄筋コンクリート造）

　　建築基準法令等に違反する建物の建築を目的とした請負契約が公序良俗に違反し無効とした最高裁判決。

　　建築基準法所定の確認および検査を潜脱するため、いったんは建築基準法等の法令の規定に適合した建物を建築して検査済証の交付も受けた後に、実施図面に基づき違法建物の建築工事を施工することが計画されて請負契約が締結されたという事案について、建物が完成された場合には、居住者や近隣住民の生命、身体等の安全にかかわる違法を有する危険な建物となり、これらの違法の中には建物が完成してしまえば、これを是正することが相当困難なものも含まれており、請負人は建築工事請負等を業とする者でありながら、計画をすべて了承して契約の締結に及び、注文者の依頼を拒絶することが困難であったというような事情もうかがわれないなどの事情に照らし、当該建物の建築は著しく反社会性の強い行為であるといわなければならず、これを目的とする請負契約は、公序良俗に反し無効であると判断した。

(2)　下級審裁判例

20.　長崎地判平成元・3・1欠陥住宅判例［第1集］250頁（請負・木造）

　　素人の施主の意匠、外観についての要求を具体化しつつ、同時に建築物としての十分な構造強度、耐力を確保し、施主の要望が建築設計の常識をわきまえないことに基づく無謀なものであるときには、その旨を説明し理解を得て翻意させるのが専門家である建築設計者の責務

であるというべきであって、建物が設計上根本的な安全性を欠いた場合、ただ施主が要求したから、あるいは施主が承諾したからということだけでは、設計者は免責されないと解するべきであると判断した。

21. 神戸地裁尼崎支判平成11・7・7欠陥住宅判例［第1集］394頁（請負・鉄骨造）

　一般に注文主において建築基準法令等の規制法規の内容を把握していることは通常ではない一方、請負業者にはその知識があることが一般であることからして、建築基準法違反の諸点については、施主において建築基準法等に違反することを理解したうえでなおそのような指示をし、請負業者の施工内容はこれに基づくものであることを、請負業者側で立証しない限り、瑕疵修補請求の対象となる瑕疵があるものと認められるべきであると判断した。

Ⅲ　補修方法に関する裁判例

　近時の建築瑕疵紛争においては、欠陥の有無の点とともに、欠陥の存在を前提として、相当な補修方法は何であるかとの点に焦点がおかれることが多い。

　これまでの裁判例において、「相当な補修方法」の一般論に触れた判例は数少ないが、札幌地判平成17・10・28裁判所ウェブサイトは、「法令等は建築物の最低限の安全性を定めたものであることからすれば、建物の補修方法も、原則として法令等における瑕疵がない状態に復帰させることが最も妥当な方法である」と判示している。また、静岡地裁沼津支判平成17・4・27欠陥住宅判例［第4集］258頁は、「請負契約に基づく瑕疵担保責任が債務の本旨に従った履行の実現をも趣旨とする制度であることに照らすと、建築請負契約により新築された建物の瑕疵の除去を目的とする補修は、これにより注文者が契約で合意されたとおりの性質を有する建物を取得できる内容とすべきであって、補修の結果、例えば建物の安全性に関しては同等の性能を備えるに至ったとしても、構造や意匠などの点に重大な変更を及ぼすことは、合意に反するものであって債務の本旨に従った履行とは認められないから、原則として許されないと解するのが相当である」と判示している。いずれの判例における判旨も、相当補修方法に関する一般原則として極めて妥当な判旨である。

　相当な補修方法に関する裁判例としては、以下のものがある。

---

22. 大阪地判平成11・2・8欠陥住宅判例［第2集］266頁（中古売買・混構造）

　　壁面・基礎部のクラック、外壁盛土の沈下、床タイルの割れ等の発生原因は敷地造成時の地盤改良工事の際の転圧不足による地盤沈下および施工上の不備によるものであり、隠れた瑕疵があると認定し、地

盤の補強を図り、地盤の不同沈下を止めるために薬液を注入充塡し、支持層をつくる等の補修費用の損害賠償を認めた事例。

23．神戸地裁尼崎支判平成11・7・7欠陥住宅判例［第1集］394頁（請負・鉄骨造）

　　耐火構造の瑕疵として、各住戸界壁が建築基準法施行令に違反し、屋根・梁・2階床の耐火被覆がない点のほか、給排水換気設備の瑕疵、消防法上義務づけられた避難器具等の設備未設置等について、屋根の耐火被覆、住戸界壁の補修、柱や梁の耐火被覆等の補修費用を認めた事例。

24．福岡地判平成11・10・20判時1709号77頁（請負・木造）

　　建物建築にあたり、土地の地盤強度を調査する義務を怠り、建物の沈下を招いたとして、建設業者に対して不法行為に基づく損害賠償として、基礎が沈下しないように地盤対策をしたうえで基礎の水平ひいては建物の水平を確保する改修工事方法として、本件建物の基礎の下に、住宅を支える地盤が確保できる深さまで杭を打ち、杭と基礎を結合させる工法による損害賠償を認めた事例。

25．東京高判平成12・3・15欠陥住宅判例［第1集］164頁（請負・木造）

　　基礎のかぶり厚さ不足の瑕疵について、基礎の破断や亀裂等および支持地盤の不同沈下の形跡の状況は認められないが、地盤に対する耐久力の低下およびコンクリートの爆裂による沈下等の危険を包蔵しているとして瑕疵と認め、建物をジャッキアップする方法による補修費用を認めた事例。

26．京都地判平成12・10・16欠陥住宅判例［第2集］198頁・判時1755号118頁（新築売買・混構造）

　　地下1階ガレージと盛土地盤の布基礎という異種基礎に跨る構造としたために不同沈下し、その原因は脆弱な盛土部分の締め固め等を十分に行わないまま単純な布基礎を施工したためであり、異なる基礎構造の併用禁止（建築基準法施行令38条2項）にも違反するとして、売主

には瑕疵担保責任、建設業者には不法行為責任を認め、地盤の固化工事・建物の押上げ工事・基礎の補強と打替え工事等に要する費用の損害賠償を認めた事例。

27. 盛岡地裁一関支判平成14・5・10欠陥住宅判例［第3集］206頁（請負・木造）

地盤に不適な基礎施工、基礎底盤かぶり厚さ不足、建物内部地盤が外部より低い、基礎と土台の緊結不良、その他床組の施工不良等があると認定したうえで、曳き家をしたうえで基礎工事（べた基礎の工法による）をやり直す方法による補修費用を認めた事例。

28. 大阪地判平成14・6・27欠陥住宅判例［第3集］226頁（請負・木造）

土地建物の不同沈下の原因は土地の擁壁設置の瑕疵、および土地の転圧不足、並びに土地地盤改良工事としてされた柱状改良体が十分に支持地盤まで到達していなかったことの3点にあると認定し、建物を曳き家し、基礎を一度解体したうえで、柱状改良体および基礎を再設置する等の補修方法による損害賠償を認めた事例。

29. 松山地裁西条支判平成14・9・27欠陥住宅判例［第3集］30頁（新築売買・木造）

掘削土地埋戻しの際の転圧が不十分、布基礎が無筋コンクリートで栗石地業や基礎スラブがないこと、擁壁に水抜き穴が設けられていないこと等から不同沈下が発生したと認定し、補修方法として基礎をつくり替える必要があり、新設の基礎としてはべた基礎を採用して打設すること、傾斜が認められる擁壁については壁体の背面に鋼管杭を打設すること等が必要とし、建物代金を上回る補修費用を認めた事例。

30. 神戸地判平成14・11・29欠陥住宅判例［第3集］296頁（請負・木造）

阪神・淡路大震災を契機として大きな不同沈下が発生した事案につき、建物の北側部分は造成地盤の上に布基礎を支持基盤として、その南側部分は車庫の天井スラブのコンクリートを基礎として、2つの異なる構造方法による基礎設計をし、本件建物基礎の設計にあたり、構

造耐力上の安全性に対する配慮を著しく欠いていたため、建築基準法施行令38条1項に違反しており、設計上の瑕疵があるものといわざるを得ないとし、建替えではなくアンダーピニング工法による補修費用等の損害賠償の支払いを命じた事例。

31. 仙台地判平成15・12・19欠陥住宅判例［第3集］368頁（請負・木造）

捨てコンクリートの未施工、かぶり厚さの不足、基礎底盤の厚さ不足の基礎の欠陥等を認定し、コンクリートの増し打ちでは既存コンクリートに新たなコンクリートを付着させて一体性を確保することが技術的に困難であることから、建物を嵩上げし、基礎を全面的につくり直すことが必要とした事例。

32. 仙台地裁石巻支判平成17・3・24、仙台高判平成18・3・29欠陥住宅判例［第4集］22頁（新築売買・木造）

布基礎底盤部分の厚さ・幅の不足、布基礎底盤のコンクリートかぶり厚さ不足、捨てコンクリートの不施工等の欠陥を認定し、建物をジャッキアップし、基礎を再施工する方法による損害賠償を認めた事例。

33. 札幌地判平成17・10・28裁判所ウェブサイト（請負・鉄筋コンクリート造）

5階建ての賃貸マンションについて、ジャンカやコールドジョイントといったコンクリートの打込み不良、ひび割れ、鉄筋のかぶり厚さ不足および配筋間隔の不良、開口補強筋の欠落の瑕疵を認定し、基礎梁や壁についてはコンクリートをはつりとって鉄筋を配筋し直し、コンクリートを打ち増しし、床スラブは新設、バルコニーはすべて解体・新設する補修費用を損害として認めた事例。

34. 京都地裁園部支判平成18・3・28欠陥住宅判例［第4集］354頁（請負・鉄骨造）

基礎の根入れの深さ、基礎構造上の欠陥、柱脚部の応力度不足などの瑕疵が認められ、柱脚部の構造補強、アンダーピニング工法による

改善工事、各部防水のやり替えおよび外壁の改修等の補修費用が損害賠償として認められた事例。

35．神戸地裁洲本支判平成18・3・31欠陥住宅判例［第4集］314頁（請負・鉄骨造）

　基礎に不同沈下は生じていないものの外壁や居室内クロスにひび割れが生じている事案において、地盤の長期許容支持力に対応する基礎が施工されていない瑕疵を認め、鑑定結果における薬液注入工法ではなく、建物を曳き家したうえで地盤改良を行う補修方法による損害賠償を認めた事例。

36．高松高判平成18・4・27欠陥住宅判例［第5集］4頁（新築売買・木造）

　擁壁を設置するにあたり削りとった土地の転圧不足、建築確認とは異なる基礎の施工、排水設備が不十分であることなどの諸要素が複合的な要因となって不等沈下が発生したとして売主、設計監理者に対して不法行為に基づく損害賠償を認め、損害として建物代金を超える補修工事費用は認めるべきではないという主張を排斥し、建物代金を超える補修費用を認めた事例。

37．仙台高判平成23・9・16欠陥住宅判例［第6集］264頁（請負・木造）

　基礎部分の鉄筋かぶり厚さの不足、基礎部分の厚みの不足、基礎の根入れ不足、床下通気口で基礎のコンクリート鉄筋が露出しているという瑕疵を認定し、補修方法として、建物を持ち上げ、現存する基礎を撤去し、新たに布基礎を再施工する方法による損害賠償を認めた事例。

38．福岡地判平成23・3・24欠陥住宅判例［第6集］426頁（新築売買・鉄筋コンクリート造）

　平成12年に導入された限界耐力計算法ではなく、売買当時（平成11年）の建築基準法令等に従って許容応力度計算による適切な構造計算がなされていないとして、構造計算を行った建築士の不法行為責任を認容し、補修方法については、限界耐力計算法も基準になり、これに

よる補修が現実的に可能であるとして、損害の公平な分担から建替え費用ではなく限界耐力計算法による補修費用をもって損害と認めた事例。

Ⅳ 補修費用以外の損害に関する裁判例

補修費用以外の損害に関する裁判例としては、以下のものがある。

(1) 最高裁判決

39．最判平成22・6・17欠陥住宅判例［第6集］56頁（新築売買・鉄骨造）
　　新築建物に重大な瑕疵がありこれを建て替えざるを得ない場合において、当該瑕疵が構造耐力上の安全性にかかわるものであるため建物が倒壊する具体的なおそれがあるなど、社会通念上、建物自体が社会経済的な価値を有しないと評価すべきものであるときには、買主が居住していたという利益については、損益相殺ないし損益相殺的な調整の対象として損害額から控除することはできないと判断した。

(2) 下級審裁判例

40．大阪高判昭和58・10・27判時1112号67頁
　　雨漏りがひどくなって漏電の心配が強まったため、動力用電力の供給を止められ、営業を廃業するに至った事案につき、営業不能による損害として約1年分の得べかりし利益を損害として認めた事例。

41．仙台高判平成18・3・29欠陥住宅判例［第4集］22頁（新築売買・木造）
　　建物の売主兼施工者に対し建築基準法および同法施行令の規定、平成4年度版公庫仕様書の基準そのほかわが国の標準的な技術水準を遵守し、こうした技術水準を満たした建物を建築しこれを販売する義務があったのにこれに反したとして不法行為責任を認め、損害として補修費用のほかに、補修期間中の賃借建物の賃料および引っ越し費用、建物の欠陥調査等に要した費用、弁護士費用を認めた事例。

42．仙台地判平成18・8・9欠陥住宅判例［第4集］234頁（請負・木造）
　　設計図書、建築基準法令、標準的な技術基準、公庫仕様書に反した

施工を瑕疵として請負人の瑕疵担保責任を認め、損害として補修費用のほかに、補修期間中の代替建物の賃料、引っ越し費用、弁護士費用を認めた事例。

※慰謝料を認めた裁判例は第2章Ⅳ7別表参照

V　取壊し・建替えを認めた裁判例

　取壊し・建替えを認める理由となった瑕疵としては、鉄骨造の建物における溶接不良、地耐力（地盤の支持力）の不足、構造上または防火上の安全性にかかわる瑕疵が多数存在する建物などがある。

(1)　最高裁判決

43．最判平成14・9・24判時1801号77頁・欠陥住宅判例［第3集］292頁（請負・木造）

　　注文建築により完成した建物に重大な瑕疵がある場合に、請負人の瑕疵担保責任に基づく建替え費用相当額の賠償請求を肯定した。

　　判決は、建物に重大な瑕疵があって建て替えるほかない場合には、建物を収去することは社会的経済的に大きな損失をもたらすものではなく、また、建替えに要する費用を請負人に負担させることは、請負人に過酷であるともいえないとして、民法634条1項ただし書の趣旨に反しないと判断した。

(2)　下級審裁判例

44．大阪高判昭和59・12・26判タ548号181頁（請負・木造）

　　建物に、その基本的、構造的部分に重大な瑕疵があること、特に、基礎底盤、構造仕口、通し柱の瑕疵について建築基準法、同法施行令に定められている構造耐力を維持するための補修をするには、その当該工事時点まで戻す必要があり、そのためには基礎部分、内外装等をいったん撤去する必要があること、新築建物を前提とすれば住居として美匠上も一部補修することでは賄えないし、いったん軸組に組み込まれた木材はそれ自体欠陥のない木材でも一種の変形を来しているから、当該内外装材をそのまま使用するためには、かえって多額の費用を必要としその他経費上も、個々の部分的な補修より新規に建て替え

たほうが経済的であるとして、請負人に建替え費用相当額の損害賠償を命じた事例。

45. 神戸地裁姫路支判平成7・1・30判時1531号92頁（請負・鉄骨造）

完全溶込み溶接すべきところを隅肉溶接した施工等について不法行為責任を認定し、被告の具体的危険を感じさせる兆候は何もないため建物の解体撤去建替え費用を請求することは過大であるとの主張につき、本件は民法634条1項ただし書が予定する場合ではなく、むしろ重大な瑕疵であるからこそ補修費用も増加するものであるとして取壊し・建替え費用を損害とした事例。

46. 神戸地判平成9・8・26欠陥住宅判例［第1集］38頁（新築売買・木造）

兵庫県南部地震によって倒壊した建物について、建物1階部分の柱と横架材の結合および筋かいと横架材の仕口の結合が、施行令を具体化した公庫仕様に反し、性能不足であり、これに1階の東西の間仕切り壁の不足および配置のバランスの悪さが加わって倒壊したものであるとし、建物代金相当額は瑕疵がないことにより被った損害（信頼利益）の賠償と表現して、その賠償を認めた事例。

47. 神戸地裁尼崎支判平成12・10・27欠陥住宅判例［第2集］190頁（新築売買・混構造）

瑕疵として、建築確認図書において指示されている1階天井スラブ、壁梁、地中梁および建築基準法所定の防火性能の欠如、ホールダウン金物の未施工、耐力壁の厚さ、基礎スラブの堅牢さ不足を認定し、鉄筋コンクリート造部分（1階）については全部解体撤去してやり直す必要があり、木造部分（2、3階）についても補修工事は事実上不可能か多額の費用を要することになるとして、取壊し・建替え費用を損害として認めた事例。

48. 長崎地裁大村支判平成12・12・22欠陥住宅判例［第2集］294頁（請負・木造）

瑕疵として、ⓐ基礎構造について、確認図書どおりの地中梁がない、

基礎梁の断面欠損と主筋の切断を生じている、構造耐力上主要な位置に布基礎が施工されていない、補強工事で挿入された基礎の欠陥、杭基礎の安全性に対する疑問を、ⓑ木構造について、壁量不足、柱脚と基礎の緊結不良、柱頭と横架材の緊結不良、小屋梁の緊結不良、床梁の緊結不良、床束と大曳接合部に金物補強がない、バルコニーの床組の不良等を、ⓒ屋外階段について施工不良等を認定した。そのうえで、本件建物の欠陥は多岐にわたっており、しかも部分的な補修工事で対応できるのは一部にすぎず、設計から再検討せざるを得ないことから、基礎、耐力壁、小屋組、1階の床組、バルコニーの床組、屋外階段などいずれも解体、再施工が必要であり、このように大半の部分で解体再施工を要することから、結局、取り壊して建て替える方法によらざるを得ないとした事例。

49. 札幌地判平成13・1・29欠陥住宅判例[第2集]72頁(新築売買・木造)

瑕疵として、基礎の立ち上がり部分のかぶり厚さ不足、基礎と土台を緊結するアンカーボルトの不存在、筋かいの未施工部分の存在および緊結不良等を認定し、これらの瑕疵は建物の構造耐力に直接影響を及ぼすこと、瑕疵の多くが契約上遵守すべき公庫仕様による施工を行っていないことに起因する場合には、これら以外にも類似箇所に類似の瑕疵がある可能性が極めて高いと結論することには十分な合理性があることから、建物全体を解体して全体の構造を再点検する必要があるので、補修に要する費用が新築代金相当額を上回るものと認めるのが相当であるとして、取壊し・建替えを認めた事例。

50. 神戸地判平成13・11・30欠陥住宅判例[第2集]466頁(請負・鉄骨造)

柱と梁の接合部分のダイヤフラムの欠落、柱・大梁仕口部の完全溶込み溶接の不施工の欠陥を認め、現場での補修は安全で確実な施工が望めず、工場での補修は工期と費用がかさむこと等から、地上部の建物をすべて解体してあらためて建て直す方法が相当とした事例。

51. 横浜地裁川崎支判平成13・12・20欠陥住宅判例[第2集]426頁(請

負・鉄筋コンクリート造）

　瑕疵として、コンクリートの打込み不良（ジャンカおよびコンクリートの強度不足、コンクリート内の夾雑物、コールドジョイント）、鉄筋に対するコンクリートのかぶり厚さ不足、柱の帯筋の欠落を認定し、本件建物は、建物の重要な要素である柱・梁などに欠陥があり、構造に係る重大な欠陥が建物全体に及んでいることが認められるとした。欠陥の補修方法としては、本件建物の各階層ごとにジャッキを入れてコンクリートを打ち直していくなどの方法が考えられるが、1本の柱が凝固して強度を出すまでに約4週間を要することから、この方法は極めて長期間の工事を要し、工費および住居者の住居費用の問題等をあわせ考えると、補修方法としては相当ではなく、他に補修によっては安全性を回復する方法が考えられないから、本件建物を取り壊したうえ再築するほかないというべきであるとした事例。

52．東京地判平成14・1・10欠陥住宅判例［第2集］240頁（中古売買・混構造）

　建築基準法施行令38条、建築基準法20条1号に違反する基礎であったため建物の不同沈下を生じた等の瑕疵を認定し、基礎の補修としては建物をジャッキアップして基礎を取り壊してやり直す方法があるが物理的・経済的に困難であるとして、建物取壊し・建替えの必要を認めたうえで、中古建物の代金相当額を損害として認めた事例。

53．名古屋地裁岡崎支判平成14・2・26欠陥住宅判例［第3集］398頁（請負・鉄骨造）

　基礎コンクリートの強度不足、鉄骨の溶接不良の瑕疵を認定し、これらの瑕疵が建物の基本構造における重大なものであることから、補修ではなく建替えが必要であるとした事例。

54．東京地判平成14・6・17欠陥住宅判例［第3集］142頁（新築売買・鉄骨造）

　鉄骨ラーメン構造3階建ての建物として売り出された建売住宅につ

いて、柱、梁に使用されている鉄骨の断面寸法が、確認図面上の寸法の半分以下の材料が使用されており、鉄骨造の建物に木製の筋かいを入れるという建築基準法令上認められていない施工を行っており、建築基準法所定の構造耐力を著しく欠き、構造上の安全性を欠いているうえ、防火地域内の建物であるにもかかわらず耐火建築物にもなっておらず、耐火性能を欠落しているという瑕疵を認定し、補修方法としては、既存建物を取り壊して建て替える以外にないとされた事例。

55. 京都地判平成14・7・15欠陥住宅判例［第3集］252頁（請負・木造）
　　瑕疵として、耐力壁の不足、ホールダウン金物の未施工、水平剛性を確保する施工がなされていない、過大な偏心等から構造安全性を欠いていると認定し、修理によって安全性を回復することはできないとして、取壊し・建替えを認めた事例。

56. 京都地判平成15・9・3欠陥住宅判例［第3集］96頁（新築売買・木造）
　　耐力壁の不足、ホールダウン金物の未施工、水平剛性を確保する施工がなされていない、過大な偏心、基礎底盤の幅不足等の瑕疵を認定し、施工者側の主張する補修方法は相当な費用を要すること、補修しても建築基準法上の基準を満たすかどうか不明であること、利用上の不便が生じることから採用できず、補修は社会通念上不可能であるとして、取壊し・建替えを認めた。

57. 京都地判平成16・2・16欠陥住宅判例［第3集］446頁（請負・鉄骨造）
　　構造計算による安全性の確認がなされず、1階鉄骨柱を設計図書から変更、3階床ブレースの切断、鉄骨梁柱接合部の溶接不足、柱脚部の設計変更および鉄筋施工不良等、全体にわたって多数の瑕疵があると認定し、その補修は実際上困難であり、瑕疵のない建物を再築する費用を基準に損害を算定すべきとした事例。

58. 京都地判平成16・12・10欠陥住宅判例［第4集］4頁（新築売買・木造）
　　地耐力が（N値）1から3の不均一な地盤上の建物について、地耐力の不足を認定し、施工者側主張の薬剤注入による補修方法（CCP工

法）をとっても局部隆起の危険、本件では周辺の水路や擁壁の撤去が必要であること等から建物の撤去が必要という理由で、取壊し・建替え費用や地盤改良費用等の損害賠償を認めた。

59．静岡地裁沼津支判平成17・4・27欠陥住宅判例［第4集］258頁（請負・鉄骨造）

　　検査による溶接欠陥の出現頻度から溶接欠陥箇所が80％以上あると推定し、本件建物が有すべき最低限の構造上の安全性を欠く重大な瑕疵があると認め、かつその補修は不可能であって、瑕疵を除去するためにはいったん解体して再築せざるを得ないとした事例。

60．名古屋地判平成17・10・28欠陥住宅判例［第4集］286頁（請負・鉄骨造）

　　事前に構造計算がなされず、図面に基づき事後的に行った結果によっても構造安全性を満たしていない、使用された鉄骨柱および梁の部材が図面と比べ縮小している、柱・梁の接合部分の溶接につき、突き合わせ溶接でなければならない部分につき隅肉溶接がされている等の瑕疵を認め、本件建物は構造上安全性が確保されておらず、当初の居住性を損なわずに構造上の安全性を確保できる補修方法もないことから、基礎部分を含めて解体撤去したうえで、再度建て替える以外にその瑕疵を補修することはできないとした事例。

61．長野地裁諏訪支判平成18・5・11欠陥住宅判例［第4集］526頁（請負・鉄骨造）

　　鉄骨の溶接不良のほか、基礎の根入れ不足等の瑕疵を認め、補修するためには基礎工事から本件建物の建築工事をやり直さなければならないとし、建物の取壊し・再築費用の損害賠償を認めた事例。

62．和歌山地判平成20・6・11欠陥住宅判例［第5集］170頁（請負・木造）

　　瑕疵として、基礎構造選定の誤り（杭基礎打設等の不同沈下対策不実施）を認定し、エポキシ樹脂注入・コンクリート増打ち、曳き家、アンダーピニング工法、アイリフト工法等他の補修方法の問題点を具体的に指摘して、欠陥を補修するためには建物をいったん取り壊し、支

持地盤まで杭基礎を打設したうえで、建物を再築するほかないとした事例。

63. 名古屋地判平成20・11・6、名古屋高判平成21・6・24欠陥住宅判例[第5集] 42頁（新築売買・鉄骨造）

　　柱梁接合部の瑕疵を認定し、特定物の売買であるため損害賠償額は売買代金相当額の限度に限られるという主張に対し、品確法88条1項により売主においても請負人と同様に民法634条2項の担保責任を負うこととされている以上、瑕疵の修補のために建物の建替えを要する場合には、建替え費用の全額を賠償する責任を負うというべきとして、取壊し・建替え費用等の賠償を認めた事例。

64. 神戸地裁姫路支判平成21・9・28、大阪高判平成22・8・26欠陥住宅判例[第6集] 124頁（請負・木造）

　　瑕疵として、①基礎の欠陥（地中梁および土台の分断、鉄筋量の不足、基礎スラブの許容せん断力不足、ひび割れモーメントに対する強度の不足、鉄筋コンクリートのかぶり厚さ不足）、②耐力壁の欠陥（構造用合板に使用された釘の太さとその間隔の不足、筋かいと柱および横架材の緊結方法の誤り・2階床と筋かいが取り付けられた梁の非一体化、壁量不足）を認定し、補修費用が新たに建替えをする場合よりも上回ることが認められるとして、工事代金と取壊し費用の合計額をもって補修費用とした事例。

65. 名古屋地判平成22・5・18欠陥住宅判例[第6集]302頁（請負・鉄骨造）

　　柱と梁とが溶込み溶接ではなく隅肉溶接しかなされておらず、補強のためとして取り付けられたダイアフラム様のプレートも補強の効果を何ら有しておらず構造耐力を有しないとし、補修工事によって解決しようとした場合には技術的に困難であることや解体し建て直すほうが経済的合理性があるとして建替え費用相当額を損害として認めた事例。

66. 京都地判平成24・7・20、大阪高判平成26・1・17欠陥住宅判例[第

7集]146頁(請負・木造)

　①基礎コンクリートかぶり厚さ不足、②1階ガレージ部のべた基礎未施工、③基礎開口部の補強未施工、④地中梁の配筋不良等を認定し、これらの瑕疵は建物の基礎が長期荷重に対する耐力を備えていないことを示すものであり、長期荷重に対する耐力不足を補うための適切かつ実現可能な補修工事を行うことは現実問題として不可能というほかなく、建替えを行う以外に方法はないとした事例。

67．大阪高判平成25・3・27欠陥住宅判例［第7集］4頁(新築売買・木造)

　基礎底盤の厚さ不足等の重要な瑕疵がある建売住宅の施工および販売について、販売会社のほか、同社の代表者、企業グループオーナー個人に対し不法行為責任に基づく建替え費用相当額の損害賠償が認容された事例。

68．仙台地判平成27・3・30欠陥住宅判例［第7集］358頁(請負・鉄骨鉄筋コンクリート造)

　瑕疵として、コンクリートの圧縮強度不足を認め、耐震補強では建物に使用されたコンクリート材料の瑕疵を根本的に是正するものといいがたく修補工事として不十分であるとしたうえで、建物に打設されたコンクリートをすべて取り除き、新たにコンクリートを打設する必要があるところ、これは建物を取り壊し新築に建て替える以上の費用を要するとして、解体・新築費用相当額を損害と認めた事例。

Ⅵ 契約解除を認めた裁判例

契約の解除を認めた裁判例としては、以下のものがある。

69. 東京高判平成3・10・21判時1412号109頁（請負・木造）

　　民法635条の規定は、仕事の目的物が建物等である場合に、目的物が完成した後に請負契約を解除することを認めると、請負人にとって過酷な結果が生じるばかりか、社会経済的にも損失が大きいことから、注文者は修補が不能であっても損害の賠償によって満足すべきであるとの趣旨によるものであって、仕事の目的物である建物等が社会的経済的な見地から判断して契約の目的に従った建物等として未完成である場合にまで、注文者が債務不履行の一般原則によって契約を解除することを禁じたものでないと解するのが相当であるとして、民法415条後段に基づく解除を認めた事例。

70. 東京高判平成6・5・25判タ874号204頁（新築売買・鉄筋コンクリート造）

　　建物全体にわたる雨漏りと水道管の破裂、出水事故の危険性および浄化槽からの汚水漏れという重大な瑕疵があるというべきであるとし、建物としての機能を回復するには全面改築しかないことが明らかであり、これらの事実からすれば、建物を賃貸して使用収益するという本件売買契約の目的は達成することができなくなったことは明らかであるとして、売買契約の解除を認めた事例。

71. 横浜地判平成9・7・16欠陥住宅判例［第1集］48頁（新築売買・木造）

　　不適切な盛土工事による地盤の不同沈下が進行しているとしたうえで、その不同沈下を根本的に補修する方法が抽象的・技術的には存在することは認めつつ、本件建物現況からはそのような根本的対策を施工することはほとんど不可能であるとして解除を認めた事例。

Ⅵ 契約解除を認めた裁判例

72. 神戸地判平成11・4・23欠陥住宅判例［第1集］358頁（中古売買・鉄筋コンクリート造）

   本件居室の蟻被害は、著しく日常生活に支障を及ぼし、本件売買契約の目的である快適な居住を達成することが不可能な状態といえ、蟻を駆除することは極めて困難であるから、本件売買契約を解除することができると判断した事例。

73. 大阪地判平成11・6・30欠陥住宅判例［第1集］60頁（新築売買・鉄骨造）

   施工図面と異なるH型鋼が使用され、建築基準法所定の構造強度を有さないと認定し、補強工事を施すことによって売買契約の目的を達することができないことは明らかであるからとして売買の瑕疵担保規定に基づき解除を認めた事例。

74. 東京地判平成13・1・29欠陥住宅判例［第2集］124頁（新築売買・木造）

   建物に関しては、①布基礎幅不足、②柱の小径不足、③耐力壁線の間隔が広すぎ、偏心、④防火性能の欠如、土地に関しては、盛土の地業不十分、独立基礎の施工不適当で不同沈下を生じているとの隠れたる瑕疵を認定したうえで、基礎については地盤を改良したうえで布基礎を新規につくり直す必要があるもののそれ自体困難であり、費用も再築費用以上になることから、契約の目的を達成することができないとして契約の解除を認めた事例。

75. 東京地判平成13・6・27判タ1095号158頁（新築売買・木造）

   軟弱地盤の土地に支持杭ではなく、べた基礎、布基盤および杭基礎を用いたため地盤沈下が発生し、建物の居住に困難をもたらす不具合が生じた場合において、軟弱地盤であることは隠れた瑕疵であり、補修費用は新築費用に匹敵する額に達するため土地付建売住宅の売買契約の目的を達することができないとして、瑕疵担保責任を理由とする売買契約の解除が有効であるとされた事例。

76. 大阪高判平成13・11・7欠陥住宅判例［第2集］4頁（新築売買・木造）

本件建物の現状の空間利用を損なわずに、本件瑕疵を除去し、安全性を有する建物にするための補修方法としては、建物をすべて解体し、新たな建物を再築するより他に方法がない以上、本件売買契約の目的を達成することが不可能であるといわざるを得ず、瑕疵担保責任に基づき本件売買契約を解除することができると判断した事例。

77. 釧路地裁帯広支判平成15・3・31欠陥住宅判例［第3集］64頁（新築売買・木造）

    前面道路が公道ではないことや物件の排水性能が劣悪であることについては、本件各物件を日常の居住建物として使用することに対応する深刻な不都合があり、また、不同沈下が見られることについては、将来の本件各建物の安全性に対する懸念が大きいものであって、これらの不備により、もはや居住用として使用収益するという目的を達成することができない状態に至っているものと認められるとして売買契約の解除を認めた事例。

78. 京都地判平成16・2・27欠陥住宅判例［第3集］116頁（新築売買・木造）

    瑕疵を完全に除去し、安全性を有する建物にするための補修方法としては、本件建物を解体し、新たな建物を再築するほうがより合理的であるというべきであるとして、瑕疵を理由とする売買契約の解除を認めた事例。

79. 神戸地裁尼崎支判平成16・3・23欠陥住宅判例［第4集］98頁（中古売買・木造）

    裏込めコンクリートがない空積みであり、傾斜が約77度もあり、多数の重要な亀裂が生じている擁壁に隠れたる瑕疵があると認め、深基礎工法による補修は補修費用だけで売買代金に近い多額の費用を要することから、契約の目的を達することができないとして、売買契約の解除を認めた事例。

80. 京都地判平成16・3・31欠陥住宅判例［第4集］140頁（請負・木造）

    請負人が建築した建物に重大な瑕疵があって建て替えるほかないと

認められる場合には、注文者には解除を認める必要性が高く、他方、解除権の行使を認めたとしても、民法635条ただし書の趣旨に反するとはいえないから、このような場合には、注文者の解除権を認めるべきであると解すると判示し、一般論として請負契約の建物完成後の解除権を肯定した事例。

81. 東京地判平成16・5・27欠陥住宅判例［第4集］378頁（請負・混構造）

　　敷地がガラと空隙で構成され、建物の地盤として成り立ち得ない致命的欠陥があるとし、その他、床スラブの強度不足、防音室の遮音設計・施工ミス、筋かい・外壁等の瑕疵を認定したうえ、多岐、多数にわたる契約違反、欠陥部分、未施工部分があることから建物は未完成であるとして請負契約の全部解除を認めた事例。

82. 大阪地判平成17・10・25欠陥住宅判例［第4集］500頁（請負・木造）

　　増改築リフォームの事案において、リフォーム後の建物が、構造計算もなく、強度や接合部に対する配慮も乏しく、特に増築された3階部分は物干し場をつくる程度の簡易な工法で施工されるなど、建築基準法所定の構造強度を大きく下回る危険な建物であると認定し、建物に加えられた補強を含めて、既施工部分の給付に関して施主に利益があるということはできないとして、契約の全部解除を認めた事例。

83. 大阪高判平成20・1・23欠陥住宅判例［第5集］360頁（中古売買・混構造）

　　土地に接道要件を満たさないため適法に建物を建築することができない隠れた瑕疵があり、売買の目的を達成することができないことが明らかであるとして、売買契約の解除を認めた事例。

84. 横浜地判平成22・3・25欠陥住宅判例［第6集］62頁（中古売買・木造）

　　土地上の3段擁壁に関し、宅地造成等規制法8条1項の許可を得ていない点や同法9条の技術基準等に適合していない点において是正が必要な状況にあり、その是正のためには、建築可能な土地の形状に変更を来し、既存建物の解体も余儀なくされ、是正工事費用も高額であ

ることを理由として、売買契約の目的が達成不能として売買契約の解除を認めた事例。

85. 札幌地判平成22・4・22、札幌高判平成23・5・26欠陥住宅判例［第6集］346頁（新築売買・鉄筋コンクリート造）

　　マンション住宅の売買において、防火・耐火性能、耐震性能などは重要な要素であり、売主は建築基準法令所定の基本的性能が具備された建物である事実を前提として販売価格を決定し、販売活動を行い、買主もそれを当然の前提として販売価格の妥当性を吟味し物件を買い受けている。したがって、耐震強度偽装がされた建物の引渡しが予定されていたのに、売主も買主も、建築基準法令所定の基本的性能が具備された建物であるとの誤解に基づき売買を合意したことになり、動機に関する錯誤があったことになると判示し、耐震補強によって耐震基準を満たすことができるとしても、補強工事の規模は軽微なものではなく、重大な錯誤にあたるとして売買契約を無効とした事例。

86. 盛岡地判平成25・8・28欠陥住宅判例［第7集］208頁（請負・木造）

　　建築中の建物について、17カ所にわたる多数かつ広範囲の瑕疵を認め、重大な瑕疵と認定したうえで、建物その他土地の工作物に関する請負契約の解除を制限した民法636条ただし書の適用を認めず、債務不履行による請負契約全部の解除を認め、建物の所有権はいまだ請負業者にあるため、土地の所有権に基づく建物の収去および土地の明渡しを認めた事例。

Ⅶ 不法行為責任に関する裁判例

不法行為責任を認めた裁判例には、以下のものがある。

(1) 最高裁判決

87. 最判平成15・11・14判時1842号38頁・欠陥住宅判例[第3集]166頁（新築売買・鉄骨造）

　名義貸し建築士の不法行為責任を認めた最高裁判決。

　建築士には建築物の設計および工事監理等の専門家としての特別の地位が与えられていることにかんがみると、建築士は、その業務を行うにあたり、新築等の建築物を購入しようとするものに対する関係において、建築士法および法の各規定による規制の潜脱を容易にする行為等、その規制の実効性を失わせるような行為をしてはならない法的義務があるものというべきであり、建築士が故意または過失によりこれに違反する行為をした場合には、その行為により損害を被った建築物の購入者に対し、不法行為に基づく賠償責任を負うと判断した事例。

88. 最判平成19・7・6判時1984号34頁・欠陥住宅判例[第5集]224頁（売買（施主より建築途中に購入）・鉄筋コンクリート造）

　建物の建築に携わる設計者、施工者、工事監理者（以下、あわせて「設計・施工者等」という）に不法行為責任を認めた最高裁判決。

　判決は、設計・施工者等は建物の建築にあたり、契約関係にない居住者等に対する関係でも、建物としての基本的な安全性に欠けることがないように配慮すべき注意義務を負うと解するのが相当であるとして、設計・施工者等がこの義務を怠ったために建築された建物に建物としての基本的な安全性を損なう瑕疵があり、それにより居住者等の生命、身体または財産が侵害された場合には、これによって生じた損害について不法行為による賠償責任を負うというべきであると判断し

た。

89. 最判平成23・7・21判時2129号36頁・欠陥住宅判例［第6集］452頁

　最高裁平成19年7月6日判決にいう「建物としての基本的な安全性を損なう瑕疵」について、居住者等の生命、身体または財産を危険にさらすような瑕疵をいい、現実的な危険性をもたらしている場合に限らないと判断した。

(2) 下級審裁判例

　(ア) 施工者の不法行為責任

90. 京都地判平成21・11・10欠陥住宅判例［第6集］280頁（請負・鉄骨造）

　外壁に外壁タイル等の外壁材を張り付ける場合、その剥落に伴い歩行者等への直撃事故や駐車中の車の破損など、居住者等の生命、身体または財産を危険にさらすおそれがあるから、外壁材が剥落しないことは、建物の基本的安全性にかかわる事柄であるとして、施工業者としては、その施工方法が原因で外壁材が剥離・落下することのないよう配慮すべき注意義務を負うべきと判示し、施工業者に不法行為責任を肯定した事例。

91. 名古屋地判平成22・5・18欠陥住宅判例［第6集］302頁（請負・鉄骨造）

　鉄骨造の建物において柱梁接合部は、構造上の安全性を確保するための要というべき部分であり、ダイアフラムの設置や柱と梁との突き合わせ溶接といった本来必要とされる作業が行われておらず、専門業者をして偽装鉄骨と言わしめるほどのものであることからすれば、同瑕疵の存在につき故意または過失があることは明らかであるとして、施工業者に不法行為責任を肯定した事例。

92. 佐賀地判平成22・9・24欠陥住宅判例［第6集］176頁（請負・木造）

　一般に、建物の建設業者は、安全性を確保した建物を建築する義務を負っており、建物の基礎を地盤の沈下または変形に対して構造耐力上安全なものとする義務を負っているべきところ、その前提として、

建物を建築する土地の地盤について必要な調査を行い、地盤に対応した基礎を施工すべき義務を負っていると解するのが相当であるとし、建設業者が同調査義務を果たしたとは認められないとして不法行為責任を肯定した事例。

93．札幌地判平成23・2・8、札幌高判平成24・2・23欠陥住宅判例［第6集］198頁（木造・請負）

　耐力壁が不足している点で建築基準法施行令46条4項に違反しており、かつ、通し柱またはこれと同視できる柱が全くないという点で施行令43条5項に違反しており、基本構造規定に反する瑕疵があるため、構造上の安全性を損なう施工がされた状態にあるとして、施工業者の不法行為責任を肯定した事例。施工業者が主張した不法行為責任が成立するには生命、身体または財産に対する抽象的な危険があるだけではなく、現に危険が差し迫っていることが必要であるとの反論については、平成19年最高裁判決および平成23年最高裁判決を正解しないものとして斥けた事例。

94．仙台高判平成23・9・16欠陥住宅判例［第6集］264頁（請負・木造）

　基礎における鉄筋のかぶり厚さは、鉄筋の防錆、付着強度の観点から要求されているものであり、長期的にコンクリートが中性化し、内部の鉄筋に錆が生じるなどして、コンクリートの爆裂に至るおそれがあるとして、建物の基本的な安全性を損ない、これを放置すると居住者の生命、身体、財産に対する危険が現実化するおそれがある瑕疵があるとして不法行為責任を肯定した。また、鉄筋の露出部分に錆が生じていることは、これも建物の基本的な安全性を損ない、これを放置すると居住者の生命、身体、財産に対する危険が現実化するおそれがある瑕疵があるといえるし、根入れ深さの不足についても、基礎の損傷を生ずるおそれがあるものであり、その不足の強度が大きいことに照らすと、これも建物の基本的な安全性を損ない、これを放置すると居住者の生命、身体、財産に対する危険が現実化するおそれがある瑕

疵といえると判断した事例。

95. 福岡高判平成23・4・15欠陥住宅判例［第6集］332頁（請負・鉄骨造）

　　鉄骨仕口の溶接不良等の瑕疵に加え、給湯管の漏水も、床下ないし壁の内部の配管から漏水することによって、構造部分の朽廃を進行させ、あるいは、水損を生じさせるおそれがあるから、建物としての基本的な安全性を損なう瑕疵と認めるのが相当であるとした事例。

96. 京都地判平成23・10・20欠陥住宅判例［第7集］260頁（新築売買・鉄筋コンクリート造）

　　建物を施工し、土地建物を販売した業者につき、責任期間を短縮する特約を有効として売主の瑕疵担保責任を否定しつつ、建物内外のクラック、ドライエリアの擁壁、エキスパンションジョイントの施工不良、共用廊下の防水工事の施工不良を、建物としての基本的な安全性を損なう瑕疵があるとして不法行為責任を肯定した事例。

97. 京都地判平成24・7・20欠陥住宅判例［第7集］146頁（請負・木造）

　　基礎の構造欠陥により沈下が生じた新築住宅について、民法634条2項に基づく賠償責任のほか、建替えしなければ補修できないほどの瑕疵により建物としての基本的な安全性を欠いており、その瑕疵は、建設業を営む被告が施工者として、当然なすべき施工をしていなかった結果によることは明らかであるとして、不法行為責任を肯定した事例。

98. 名古屋地判平成24・12・14欠陥住宅判例［第7集］70頁（新築売買・木造）

　　建物の擁壁兼基礎直下地盤の地耐力等の不足が原因として建物が傾いた事案について、建物および擁壁兼基礎を施工し販売した業者は、買主との関係において建物の基礎を地盤の沈下または変形に対して構造耐力上安全なものとしなければならない注意義務を負うがこれに違反したとして売主の不法行為責任を肯定した事例。

99. 東京地判平成25・5・9（判例秘書）（請負・木造）

外壁工事にバックアップ材の充塡とプライマーが塗布されていなかったとし、これらの瑕疵を放置したときは、シーリング材がひび割れ、破断などすることにより、当該箇所から漏水が発生し、建物利用者の健康や財産が損なわれかねない危険が生じているとして、建物の基本的安全性を損なう瑕疵に該当し、不法行為責任を負うとした事例。

100. 東京地判平成25・8・27（ウエストロー・ジャパン）（請負・木造）

土台の接合金物の打ち込みピンが欠落していることは、建物の基本的な安全性を損なう瑕疵に該当するとして、不法行為責任を肯定した事例。

101. 名古屋高判平成26・10・30欠陥住宅判例［第7集］106頁（新築売買・木造）

建物を施工し土地と建物を販売した業者に対し、盛土後の地盤強度を計測して改良措置等を講ぜずその地盤強度にふさわしい建物基礎を選択しなかった結果、地盤沈下による傾斜が生じやすい状態とさせたことにより、建物および土地の地盤に基本的な安全性を損なう瑕疵があると判示して不法行為責任を肯定した事例。

102. 東京地判平成27・2・24（ウエストロー・ジャパン）（請負・木造）

引渡し直後から地下車庫に漏水があり、1階犬走り部分にトタン板を設置する工事以降は漏水がしなくなったという事案につき、本件新築工事には1階犬走りの防水工事について建物として基本的な安全性を損なう瑕疵があり、施工業者にこれらの瑕疵が生じないように配慮すべき義務の違反が推認されるとして不法行為責任を肯定した事例。

　　(イ)　売主の不法行為責任

103. 千葉地裁一宮支判平成11・7・16欠陥住宅判例［第1集］98頁（新築売買・ログハウス）

住宅の建築、販売の専門業者は、建物を販売する際にはその建物が、設計、材料、工法等からみて十分な耐久性を有すること、その土地の気候風土に適合することを確認したうえで販売する注意義務があると

いうべきものであるとし、本件建物は海に面した斜面の上にあり、風雨の強い場所であるという立地に適合していないというべきものであるから、注意義務を怠ったものというべきであるとして、売主に不法行為責任を肯定した事例。

104．大阪地判平成12・6・30欠陥住宅判例［第2集］170頁（新築売買・鉄骨造）

　売主は不動産販売を業として営み、自らも一般建設業の免許を有しており、建築主とは資本、代表者を共通にしているという密接な関係にあったものであるから、瑕疵を知っていたか、少なくとも容易に知り得たものと認められるとしたうえで、売主が買主に対し本件建物の瑕疵を告知しなかったばかりか「今人気の高い耐震性　鉄骨造り」「より耐震性・耐火性に対しても追求された住まいです」などと事実に反する広告を頒布し、口頭でその旨説明していることについて売主の不法行為責任を肯定した事例。

105．大阪地判平成12・10・20欠陥住宅判例［第2集］146頁（新築売買・鉄骨造）

　売主は、故意に、耐火性能に関する建築基準法の規定に反し、建築確認図書とも異なる仕様で本件各建物を建築し、あえてこれを明らかにしないばかりか、かえって買主らの利益となるかのように誤信させて買主に販売したものと認められるとして、売主の不法行為責任を肯定した事例。

106．札幌地判平成13・1・29欠陥住宅判例［第2集］72頁（新築売買・木造）

　住宅金融公庫の利用を前提とした住宅の売買契約では、公庫仕様書が瑕疵判断基準になるとしてこれに反する施工を瑕疵があるとし、売主はこれらの瑕疵を知りながら、あるいは、漫然とこれを見逃して販売し、損害を与えたものであるとして、売主の不法行為責任を肯定した事例。

107．京都地判平成13・8・20、大阪高判平成14・9・19欠陥住宅判例［第

3集] 4頁（新築売買・木造）

　建築基準法令による基準はあくまで公法上の法律関係であるが、それは建物の安全を保持するための最低限の基準であって、本件欠陥は、それらの基準を満たさないと同時に建物の居住者等の生命、身体および財産のための安全性を欠くものと認められ、このような欠陥がある本件建物を建築して販売することを計画して実行した売主らには、共同不法行為責任の成立を免れないとした事例。

108．松山地裁西条支判平成14・9・27欠陥住宅判例［第3集］30頁（新築売買・木造）

　売買契約締結後に建物の施工を開始した事例につき、売主は、買主に対し、本件建物が社会通念上通常有すべき性状を有する建物として完成するよう必要なことを行い、それによって完成させた本件土地建物を買主に引き渡すべき注意義務を負っているとしたうえで、延べ面積が100㎡を超える木造建物を建築するにもかかわらず、1級建築士、2級建築士または木造建築士による設計・工事監理を受けた工事をしていないことに売主の不法行為責任を肯定した事例。

109．釧路地裁帯広支判平成15・3・31欠陥住宅判例［第3集］64頁（新築売買・木造）

　居住用建物を建築して売却した建設業者に対し、必要な性能を具備した物件を建築、売却すべき注意義務を有しているところ、本件物件には複数の看過しがたい瑕疵があり、いずれも会社担当者において相当の注意を払えばこれを防止し得たのであるから、担当者の注意義務違反が認められ、売主にはその使用者としての責任があるとした事例。

110．京都地判平成15・9・3欠陥住宅判例［第3集］96頁（新築売買・木造）

　売買契約締結後に建物の施工を開始した事例につき、売主は、買主に対し、本件建物を建築基準法その他法令上要求される安全性を備えた建物として建築すべき義務を負っていたのにこれを怠ったとして売主の不法行為責任を肯定した事例。

111．大阪地判平成15・11・26欠陥住宅判例［第3集］172頁（中古売買・鉄骨造）

　　売主として、買主が購入するかどうかを決定する際に、重大な要素となる瑕疵である本件建物傾斜について、その存在はもちろんのこと、傾斜の程度、原因等について、少なくとも自己が知りうる範囲で具体的かつ正確に告知し、説明する義務があるとし、当該義務を怠ったとして売主の不法行為責任を肯定した事例。

112．名古屋地判平成17・3・31欠陥住宅判例［第4集］78頁（新築売買・木造）

　　専門業者が売却目的で建物を建築し敷地とともに売却するにあたっては、敷地が十分な強度を備えた安全なものであることを確認し、かつ、建物について十分な構造耐力、耐久性等を備えた基礎を築造する等、通常有すべき形状、構造、安全性等を備えた建物を建築して、購入者に提供すべき法的義務があるのにこれを怠ったとして、売主に不法行為責任を肯定した事例。

113．京都地判平成23・12・6欠陥住宅判例［第6集］20頁、大阪高判平成24・10・25欠陥住宅判例［第7集］56頁（新築売買・木造）

　　建物を建築して建売住宅として他人に売却する建築主は、建築主としての地位にあって可能な範囲において建物としての基本的な安全性を損なう瑕疵がないように注意を払う義務があるとしたうえで、建築確認申請図と実際の施工内容を自ら変更したにもかかわらず、変更後の建築物が建物としての基本的な安全性を損なう結果になっていないかの確認を行わせず、法所定の資格を有するものに対して工事監理を行わせることもないまま、この変更内容のとおりに施工させたことに、上記義務違反があるとして、売主の不法行為責任を肯定した事例。

114．大阪地判平成25・4・16欠陥住宅判例［第7集］134頁（新築売買・鉄骨造）

　　超音波探傷検査により明らかとなった溶接不良は瑕疵にあたり、現

場溶接による補修は理論上不可能ではないが事実上不可能であるとし、売主が不動産の売買を目的とする会社であるから、特段の事情がない限り、過失により買主に売却したものというべきであるとして、不法行為責任に基づき売買代金相当額の損害賠償を認めた事例。

　(ウ)　取締役の不法行為責任

115.　大阪地判平成13・2・15欠陥住宅判例［第2集］364頁（請負・混構造）

　代表取締役であり、その業務全般を統括する立場にあるところ、建築確認通知とは異なり、かつ、建築基準法、同法施行令において建築物の安全性を保持するための最低基準として定められた構造上および防火上の安全性能を下回る瑕疵ある建物を建築させたこと、建築基準法を考慮せず、大工の経験で施工するいわゆる現場施工の方法による建築をするのが常態化していたことが認められるから、建築基準法違反の建物を建築させることも容易に予見できたというべきものであり、その職務を行うについて少なくとも重過失があったものとして、商法266条ノ3により、施主に生じた損害を賠償する責任があるとした事例。

　(エ)　設計・工事監理者（建築士）の不法行為責任

116.　名古屋地判昭和48・10・23判タ302号179頁（請負・鉄骨コンクリート造）

　建築士が工事監理をも委託された場合においては、設計どおり工事が進行していないと認めるときの工事施工者に対し注意を与える義務、工事施工者が従わないときの建築主にこれを報告する義務は、建築士法18条によって建築士に課せられた業務責任というべきであり、建築士が当該業務を怠った結果建築主が損害を被った場合には、建築士個人の賠償責任を問いうるとした事例。

117.　福岡高判昭和61・10・1判タ638号183頁（請負・鉄骨造）

　一般に、建築工事の設計監理契約に基づき建築士が負担する債務は、法令または条例の定める建築物に関する基準に適合するような設計を

行うとともに、当事者間で特段の取決めがなされていない限り、工事を設計図書と照合し、それが設計図書のとおりに実施されているかどうかを確認し、工事が設計図書のとおりに実施されていないと認めるときは、直ちに工事施工者に注意を与え、工事施工者がこれに従わないときは、その旨を建築主に報告することを内容とするものと解すべきと判示した事例。

118. 東京地判平成20・1・25判夕1268号220頁（請負・木造）

住宅の性能として欠くべからざる事項は、構造的欠陥がないことと漏水のないことであり、こうした事項に関する瑕疵は、構造的欠陥による倒壊の可能性や漏水による水損を生じさせることになるから、原則として、建物としての基本的な安全性を損なうべきものと解するべきであるとして建物の設計監理者に施主に対する不法行為責任を肯定した事例。また、防蟻処理に関する瑕疵も、蟻被害により構造部分の朽廃を進行させ建物の倒壊の可能性を生じさせるものであるから、原則として、同様に建物としての基本的な安全性を損なうべきものと解するべきであるとして、同じく建物の設計監理者に施主に対する不法行為責任を肯定した事例。

119. 静岡地判平成24・5・29欠陥住宅判例［第7集］230頁（請負・鉄筋コンクリート造）

構造設計について、剛床仮定が成立していないにもかかわらずそれが成立するものとして構造計算され、地震時には廊下が破断し壁が倒壊するなどの危険があり、偏心布基礎に強度不足など構造耐力上看過できない瑕疵があるとし、建物の設計監理業務を委託された建築士には瑕疵のない設計をする義務が注文者に対してあるのは明らかであり、当該瑕疵の内容が建物としての基本的な安全性にかかわるものであることから、注文者ではない買主にも同様の注意義務を負うとして不法行為責任を肯定した事例。

(オ) 仲介業者の不法行為責任

120. 大阪高判昭和61・11・18判タ642号204頁（中古売買・木造）
　　仲介業者は、委任者である買主から特に指示がなくとも、売買の目的物である土地が公道に接していない場合には、私道の通行許諾がありその通行に支障がないことを調査し、買主に不測の損害を負わせないようにする義務があるとした事例。

121. 横浜地判平成９・５・26判タ958号189頁（中古売買・鉄筋コンクリート鉄骨造）
　　マンションの売買は、違法建築か否か等、売買対象物である建物自体の性状如何が売買取引における最重要事項の１つであることは明らかであり、したがって、宅地建物取引業者としては、建物が建築基準法27条所定の耐火建築物の要請を満たしているか否かについての調査義務まではないにしても、少なくとも違法建築の存することが判明している限り、仲介依頼者である買主に対し、重要事項説明において違法建築の存することを告知するのが当然であるとして、告知義務違反を理由に不法行為責任を肯定した事例。

122. 大阪高判平成11・９・30判タ1042号168頁（新築売買・木造）
　　土地と地上の建物の売買契約は、通常その敷地自体で接道要件を満たしているものとして行われるとして、接道要件を満たさない場合は権利の瑕疵にあたり仲介業者の賠償責任を肯定した事例。

123. 東京地判平成13・６・27欠陥住宅判例［第２集］32頁、東京高判平成13・12・26判タ1115号185頁（新築売買・木造）
　　一般に土地建物を購入する者にとって、買い受ける土地の性状がいかなるものであるのかという点は重大な関心事であり、その意味で本件各土地が軟弱地盤であるかどうかは当該土地を購入するかどうかの意思決定において大きな要素となると判示したうえで、買主が土地の性状について質問していた事実から、購入するかどうかを決定するに際して決定的に重要な要素であると認定し、仲介業者は十分に説明告知をする義務を負っていたというべきところ、これを怠り、本件土地

が軟弱地盤であることをことさらに避けた説明をしたとして、説明告知義務違反を理由とする不法行為責任に基づく損害賠償の責任を認めた事例。控訴審判決は、水分が多くて軟弱であり、沈下を起こしやすい地盤という認識をしていれば告知義務違反を負うと判示した事例。

124. 大阪地判平成15・11・26欠陥住宅判例［第3集］172頁（中古売買・鉄骨造）

　　宅地建物取引業者は、建築の専門家ではないから、建物の隠れた瑕疵の有無については、原則として調査する義務まではないけれども、自らが認識した重要な隠れた瑕疵については告知ないし説明する義務があると解されるし、さらに自らが認識した瑕疵を前提として容易に知りうる重要な隠れた瑕疵については、適宜の方法で事実確認し、買主側に告知・説明する義務があると解するのが相当であるとして仲介業者の告知・説明義務違反に基づく損害賠償責任を認めた事例。

125. 東京地判平成18・7・24（ウエストロー・ジャパン）（新築売買・木造）

　　建物の売買では、目的物が建築確認を経て最低限の強度が確保されていることが前提となっているので、目的物が建築確認を経ておらず最低限の強度が確保されていないのであればこれを買主に告げる義務があるとして、仲介業者が建築確認申請図書と著しく異なる施工がされていると知っていたという事案において、構造計算等で法令の求める強度が確保されているか確認などもせず、結果として建築基準法令に違反した建物の売買を仲介したことに過失があるとして仲介業者の賠償責任を肯定した事例。

Ⅷ 追加・変更工事代金請求、工事中断・残工事代金請求に関する裁判例

追加・変更工事代金請求、工事中断・残工事代金請求に関する裁判例には、以下のものがある。

(1) 最高裁判決

126. 最判昭和56・2・17集民132巻129頁（請負・木造）
　　請負工事が未完成の状態で請負人の債務不履行により解除された場合に、工事内容が可分であり、既施工部分の給付に関し利益を有するときは、特段の事情がない限り、未施工部分の一部解除ができるにすぎないとした。

(2) 下級審裁判例

127. 東京地判昭和48・7・27判時731号47頁（請負・木造）
　　請負契約の既施工部分以外は、請負人の債務不履行を理由に解除されているとし、その後工事完了に要する費用を請負代金から控除した代金を出来高と認定した事例。

128. 東京地判昭和51・4・9判時833号93頁（請負・木造）
　　請負工事が中途で合意解約され、出来高算定で争われた事案において、各工事の段階に対応する代金の合意も確定し得ないような極めて大雑把な口頭契約によるものであるため、出来高は、請負代金から未完成部分を完成させるために要する費用を差し引く方法によるしかないとされた事例。

129. 名古屋地判平成18・9・15判タ1243号145頁（請負・木造）
　　請負人が施主に設計変更の打診をせず、設計図書、見積書、工程表を速やかに交付せず、無断で設計内容を変更したことは、請負契約の付随的義務に反しており、この義務違反により施主と請負人間の信頼

関係は破壊されたとして請負契約の解除を認めた。また、既施工部分についても、杭工事が終了し、コンクリート工事に着手された程度であり、解除後も既施工部分が利用されることはなく、むしろ、法令上の制限について事実を誤認したまま設計され、施主の同意もなく基礎の工法も変更されたものであるという事情から、施主が利益を受けているとは認められず、請負契約の全部について解除を認めた事例。

130．名古屋地判平成19・3・30裁判所ウェブサイト（請負・木造）

施主が基礎工事の不良を発見して請負人に指摘し補修を要求したが、業者が施工不良を認めず工事が中断した事案において、工事の施工不良を認定したうえで、業者の対応やその対応から施主が不信を抱き解除通知を送っていることなどから請負人の帰責事由によって社会通念上履行不能となっているとして解除を認めた。また、既施工部分についても、いまだ基礎工事の打設のみであり、その工事に施工不良があるため施主に利益はないとして請負契約の全部についての解除を認めた事例。

131．札幌地判平成24・1・13判例集未登載（請負・木造）

請負人が追加工事として追加工事代金を請求した事案において、追加工事の主張はいずれも、不具合の是正、本契約の内容であるのに見積りから落ちていたもの、打合せ記録もなく当初の仕様がわからないためそもそも追加変更なのかわからないものが大半であり、これらは、追加変更の認定・注文者の指示による追加変更の事実を認定できないとし、また、最低限「有償での追加変更工事を注文者から委託された」という事実が認定されなければ、工事に追加変更があったという事実だけで、商法512条に基づく報酬債権の発生を認定することはできないとした事例。

IX 地盤・宅地の瑕疵に関する裁判例

地盤・宅地の瑕疵に関する裁判例としては、以下のものがある。

132. 仙台高判平成12・10・25判時1764号82頁
　　一般的な造成地として販売する場合には、震度5程度の地震動に対して、地盤上の建築物に軽視できない影響を及ぼすような地盤の亀裂、沈下などが生じない程度の耐震性を備えることが要求されているとみるべきであり、右の程度の地震動により本件各宅地に亀裂等が発生するなどしてこれに耐えられなかった場合には、本件各宅地は、一般的な造成宅地として通常有すべき品質性能を欠いていると解すべきと判示し、売主の瑕疵担保責任を認容した事例。

133. 前橋地裁沼田支判平成14・3・14欠陥住宅判例［第2集］412頁
　　市から代替地として買い受け、新築建物を建てた土地について、かつて堀を埋め立てた土地であり、表層部3〜4mが礫分やごみを含む盛土層であったため、不同沈下したことに関して、あらかじめ地盤の地質調査を十分に行い、その調査結果を適切に買主に説明すべき信義則上の義務があるのにそれに違反した債務不履行および不法行為責任を認め、杭打ち地業（PC杭）とべた基礎とする補修方法による損害賠償を認めた事例。

134. 名古屋高判平成22・1・20裁判所ウェブサイト
　本件地盤には、支持力ゼロの部分を含む強度の軟弱な箇所が、垂直方向にも水平方向にも相当程度の厚さと広さで広がっており、そのまま本件土地上に建物を建築した場合には、不同沈下等が発生する可能性が高く、現に本件では、特に大規模大重量ではない通常の範囲内の建物を建築するにあたり、湿式柱状改良工法で地盤改良を行う必要があったと認められるとして、土地改良費用相当額の損害賠償を認めた

事例。

135. 仙台高判平成22・10・29判例集未登載

宅地上に建築される住宅等の建物は、その建物の利用者等の生命、身体または財産を危険にさらすことがないよう建物としての基本的な安全性を備えていなければならないところ、その敷地の地盤の性状がその上に建築される建物の基本的な安全性に影響を与えることは明らかであるから、宅地の地盤は建物の建築に適した強度や安全性を有していなければならず、このような強度や安定性は宅地としての基本的な安全性というべきであるとし、宅地の造成販売を行う者は、宅地の造成販売にあたり、直接の契約関係がない建物建築主等に対する関係でも、当該宅地に宅地としての基本的な安全性が欠けることがないように配慮するなど第三者が不測の損害を被ることがないように注意すべき義務を負うものと解するのが相当であるとした事例。

136. 福島地裁郡山支判平成29・4・21消費者法ニュース113号271頁

市が造成し販売した分譲地が、東日本大震災により崩壊し、分譲地上の建物も損傷し使用不可能となった事案において、当時の宅地造成や盛土施工等に係る知見に照らすと、盛土の安定性を阻害する水を盛土外へ排出する盛土施工を行うことは標準的な工事水準であったものと認められるがこれに反しているとして不法行為責任を認めた。また、東日本大震災の地震動は大きいものであるが、崩落事故の誘因となったにすぎないとした事例。

X　シックハウスに関する裁判例

シックハウスに関する裁判例には、以下のものがある。

137. 東京地判平成17・12・5欠陥住宅判例［第4集］438頁（新築売買・鉄筋コンクリート造）

　環境物質対策基準を充足するフローリング材等を使用した物件である旨をチラシ等にうたった分譲マンションについて、厚生労働省指針値を超えるホルムアルデヒドが検出された事案で、当事者が前提としていた水準に到達していない瑕疵が存在すると認定して、瑕疵担保責任に基づく契約解除と損害賠償請求を認めた事例。

138. 東京高判平成18・8・31判時1959号3頁

　室内で使用した電気ストーブから発生したアセトアルデヒド、ホルムアルデヒド等の化学物質によって、健康を害し、慢性的な化学物質に対する過敏症状が発生している被害者の損害賠償請求（健康被害の発生は2001年）において、当該ストーブの販売者である大手スーパーに、健康被害の予見可能性があった等と認定して、不法行為責任を認めた事案。なお、判例は、被害者の後遺障害等級を14級と認定し、被害者の逸失利益、後遺障害慰謝料を認めた事例。

139. 大阪地判平成18・12・25判時1965号102頁

　看護師が、勤務先病院で使用されたグルタルアルデヒドを含む殺菌消毒剤によって、平成10年頃より段階的に健康被害を生じて化学物質過敏症を発症したという事案で、病院側に、安全配慮義務違反を認めるとともに、被害者の後遺障害等級を12級と認定し、被害者の逸失利益、後遺障害慰謝料を認めた事例。

140. 東京地判平成21・10・1欠陥住宅判例［第5集］244頁（新築売買・鉄筋コンクリート造）

平成12年（建築基準法2003年改正前）に引き渡された新築マンションに居住していた被害者が、同マンションに用いられている建材から放散されるホルムアルデヒドにより、シックハウス症候群および化学物質過敏症に罹患した事案で、室内濃度に関する法規制がなくても、売主には、建材の選定のみならず使用した建材に関するリスクを説明し、事前測定して適切に対処するなど、買主その他の建物の居住者等に対する関係において、その生命、身体および重要な財産を侵害しないような基本的安全性を確保する義務があるとして、売主の過失を認め、不法行為責任を認定した。

　　シックハウス症候群ないし化学物質過敏症につき、建材が原因であるとして売主の不法行為責任を認めた初の裁判例であり、居住者の健康被害について、後遺障害等級を11級1号と認定して、逸失利益、後遺障害慰謝料を認めた事例。

141．大阪地判平成26・10・6 欠陥住宅判例［第7集］462頁
　　飲食店を経営していた賃借人が、建物全体の外壁塗装工事により、化学物質過敏症に罹患し廃業せざるを得なくなった事案で、外壁塗装工事業者の不法行為責任を認めて、通院治療費、交通費のほかに、後遺障害等級について、症状が化学物質に曝露すれば悪化するが離れれば治まる性質をもっており、症状が軽いときは調理師として勤務可能であるとして、14級と認定し、逸失利益、後遺障害慰謝料を認めた。

XI　その他の裁判例

その他、以下の裁判例がある。

---

(1)　最高裁判決

142．最判昭和51・3・4民集30巻2号48頁

　注文者の瑕疵修補に代わる損害賠償請求権が瑕疵担保責任の存続期間を経過した場合であっても、請負人の注文者に対する請負代金請求権と相殺適状に達していたときは、民法508条の類推適用により、損害賠償請求権を自働債権とし請負代金請求権を受働債権として相殺をなしうるものと解すべきであると判断した。

143．最判平成4・10・20民集46巻7号1129頁

　民法570条、民法566条3項の期間制限の定めは除斥期間を規定したものと解すべきであり、この損害賠償請求権を保存するには、売主の担保責任を問う意思を裁判外で明確に告げることをもって足り、裁判上の権利行使をするまでの必要はないと解するのが相当であると判断した。

144．最判平成9・2・14民集51巻2号337頁（請負・木造）

　注文者の瑕疵担保責任に基づく損害賠償請求権と、請負人の報酬債権とは同時履行の関係に立ち、注文者は、瑕疵の程度や交渉態度に鑑み、信義則に反すると認められるときを除いては、報酬残債権全額の支払いを拒むことができると判断した。

145．最判平成9・7・15民集51巻6号2581頁（請負・鉄筋コンクリート造）

　請負人の報酬請求権に対し注文者がこれと同時履行の関係にある瑕疵修補に代わる損害賠償債権を自働債権とする相殺の意思表示をした場合、注文者は、請負人に対する相殺後の報酬残債務について、相殺の意思表示をした翌日から履行遅滞による責任を負うものと解するの

が相当であると判断した。

146. 最判平成13・11・27民集55巻6号1311頁（中古売買・木造）

瑕疵担保責任に基づく損害賠償請求権に、民法167条1項の消滅時効の規定の適用があるとした最高裁判決。

瑕疵担保責任に基づく損害賠償請求権は、金銭請求権という債権にあたり、買主が売買の目的物の引渡しを受けた後であれば、遅くとも通常の消滅時効期間の満了までの間に瑕疵を発見して損害賠償を行使することを買主に期待しても不合理であるとはいえないと解されるのに対し、消滅時効の規定の適用がないとすると買主が瑕疵に気づかない限り、買主の権利が永久に存続することになるがこれは売主に過大な負担を課することになり適当ではないとして、消滅時効の規定の適用を認めた。

147. 最決平成17・6・24判時1904号69頁

民間指定確認検査機関が行った建築確認について、地方自治体が行政事件訴訟法21条1項所定の「当該処分又は採決に係る事務の帰属する国又は公共団体」にあたると判断した。

148. 最判平成25・3・26集民243号101頁（請負・鉄筋コンクリート造）

建築主事による建築確認が国家賠償法1条1項の適用上違法となるケースについて判示した最高裁判決。

建築主事による建築確認が、たとえば、計画の内容が建築基準関係規定に明示的に定められた要件に適合しないものであるときに、申請書類の記載事項における誤りが明らかで、当該事項の審査を担当する者として他の記載内容や資料と符合するか否かを当然に照合すべきであったにもかかわらずその照合がなされなかったなど、建築主事が職務上通常払うべき注意を怠って漫然とその不適合を看過した結果当該計画につき建築確認を行ったと認められる場合には、特段の事情がない限り、国家賠償法1条1項の適用上違法となるものと解されると判断した。

(2) 下級審裁判例

149. 山口地裁岩国支判昭和36・2・20下民集12巻2号320頁（請負・鉄筋コンクリート造）

　構造計算書を添付すべきものでありかつ添付されている以上は、建築主事はその構造計算が法令の規定に適合するかどうかを審査する職務上の義務を有するのであってこの義務に違反し、構造計算の瑕疵を看過して確認した場合には、当然過失の責に任ずべきであると判示した事例。

150. 横浜地判昭和50・5・23判タ327号236頁（請負・木造）

　瑕疵が、社会通念上新築住宅としての性状および価値において受忍限度を超えている場合には、工事は不完全履行にあるとして、請負人に対する債務不履行責任を認めた事例。

151. 神戸地判昭和61・9・3判時1238号118頁（新築売買・鉄筋コンクリート造）

　宅地建物取引業者が一般消費者に対し新築住宅として建物を売却する場合、明示の特約がなくとも、瑕疵なき建物を給付すべき債務を負い、給付した建物に瑕疵がある場合はこれを修補すべき債務を負うと解するのが相当であるとして、売買契約における売主に対し瑕疵修補義務を肯定した事例。

152. 東京地判平成3・6・14判時1413号78頁（請負・鉄筋コンクリート造）

　請負契約にいう仕事の完成とは、建築請負契約の場合、専ら請負工事が当初予定された最終の工程まで一応終了し、建築された建物が社会通念上建物として完成されているかどうか、主要構造部分が約定どおり施工されているかどうかを基準に判断すべきものと解するとした事例。

153. 横浜地判平成24・1・31欠陥住宅判例［第7集］298頁

　指定確認検査機関が確認申請において構造計算上の問題を指摘し、その指摘に基づいて構造計算の修正が行われたが、その修正方法に問

題があることを指定確認検査機関が見逃したため、保有水平耐力の比率が0.64しかないマンションが建築されるに至ったことについて、指定確認検査機関、設計事務所、建築士に対して、マンション建替えに必要な費用の損害賠償を認めた事例。

第10章

欠陥住宅問題に関する参考資料

第10章　欠陥住宅問題に関する参考資料

Ⅰ　日弁連の意見書等

　全訂三版では、「建築基準法改正に関する意見書――『住宅検査官』による検査制度の導入を」（1997年10月17日）、「建築基準法改正についての申入書」（1998年3月18日）、「安全な住宅に居住する権利を確保するための法整備・施策を求める決議」（2005年11月11日）の全文を掲載していた。この点、いずれも今なお重要な意味をもつ意見であるが、とりわけ2005年決議は、第48回人権擁護大会における決議として安全な住宅に居住する権利が基本的人権であることを確認しておくものとして、欠陥住宅被害予防救済に取り組む基本的視点・姿勢ともなるものであるから、本書でも資料①として掲載する。また、前記2005年決議以降の欠陥住宅関係の意見書を一覧として以下に記すとともに、東日本大震災で社会的にも認識されるに至った宅地被害に関する「宅地被害者の救済及び予防のための法改正等を求める意見書」（2012年3月15日）、および「4号建築物に対する法規制の是正を求める意見書」（2018年3月15日）を資料②③として掲載する。

【2005年11月以降の意見書等一覧】

2005年12月2日	虚偽の構造計算書作成問題についての会長声明
2006年2月15日	社会資本整備審議会建築分科会基本制度部会「建築物の安全性確保のための建築行政のあり方について中間報告（案）」に対する意見書
2006年2月16日	安全な住宅を確保するための提言――構造計算偽装問題を契機として
2010年8月25日	建築基準法見直しについての意見書
2011年4月15日	リフォーム被害の予防と救済に関する意見書
2012年3月15日	今後の大震災に備えるための建築物の耐震化に関する意見書
2012年3月15日	宅地被害者の救済及び予防のための法改正等を求める意見書
2012年3月15日	住宅建築請負契約における前払金の規制に関する意見書
2015年11月13日	建築生産システムの見直しを改めて求める会長声明
2018年3月15日	4号建築物に対する法規制の是正を求める意見書

> **資料①** 安全な住宅に居住する権利を確保するための
> 法整備・施策を求める決議
>
> 2005年11月11日
> 日本弁護士連合会

　1995年1月17日に発生した阪神・淡路大震災においては、死者6400余名の8割近くが建物等の倒壊による圧死であった。しかも、その後の調査で、倒壊した建物の大半が「新耐震基準」が施行された1981年以前の建築物であり、また、築年数を問わず建物の構造安全性に問題がある住宅も少なからず存在したことが判明した。

　阪神・淡路大震災の後も、鳥取県西部地震（2000年10月）、新潟県中越地震（2004年10月）、福岡県西方沖地震（2005年3月）、宮城県沖地震（2005年8月）等の震度6以上の地震が多発し、さらなる大規模地震の発生も予測されている。

　一方、この10年の間に、建築物の耐震改修の促進に関する法律の制定（1995年）、建築基準法の大改正（1998年）、住宅の品質確保の促進等に関する法律の制定（1999年）その他の諸改革がなされてきたことは事実である。しかし、現在も、建築基準法が定める最低限の安全基準にも達しない「欠陥住宅」が多数生み出されており、また、建築当時の建築基準法には適合していたが法改正によって現行の耐震基準には適合しなくなった「既存不適格住宅」が全体の約25％にあたる約1150万戸も存在すると推計されている。このような現状では、我が国において住宅の安全性が確立されたとは到底いえず、その意味で、この10年間の法整備や諸改革は、いまだ途上といわざるをえない。

　住宅は、地震等の外力から人間の生命・身体を守る器であり、生活の基盤となる。安全な住宅が確保されなければ、個人の尊厳や幸福追求の基盤が損なわれ、健康で文化的な最低限度の生活を営むこともできない。

　地震大国である我が国においては、住宅の安全性は全国民の問題であり（被害の普遍性）、しかも地震による建物倒壊被害が高度の蓋然性をもって予測される以上（危険の切迫性）、地震による建物倒壊で生命・身体が侵害される危険は一日も早く除去されなければならない（被害回避の緊急性）。すなわち、国民にとって「安全な住宅に居住する権利」が確保されなければならない。これは、憲法13条、25条に基づく基本的人権であり、また、世界人権宣言3条、経済的、社会的及び文化的権利に関する国際規約11条1項に関する一般的意見第4号からも裏付けられるものである。

そこで、当連合会は、既存不適格住宅を含むすべての欠陥住宅をなくして、安全な住宅に居住する権利を確保するため、国に対し、下記のような法整備・施策の実現を求め、ここに決議する。

記

1. 安全な住宅に居住する権利が基本的人権であることを宣言し、関係者の責務や安全な住宅の確保のための基本的施策を定める「住宅安全基本法」(仮称)を制定すること。
2. 建築士の監理機能の回復のために、建築基準法、建築士法の改正を含め、建築士について、その資質向上を図り、かつ、施工者からの独立性を担保するための具体的措置を講ずること。
3. 建築確認、中間検査、完了検査制度の徹底及びその適正性確保のため、一層の制度改善を図ること。
4. 建築物の耐震改修の促進に関する法律を改正し、住宅を含め耐震基準を満たさない建物について、耐震改修促進のための施策を充実させること。

2005年(平成17年)11月11日

日本弁護士連合会

提案理由

第1 欠陥住宅被害の現状

1 欠陥住宅とは

欠陥住宅とは、住宅として通常有すべき品質や性能を欠くもの、あるいは、契約において特に示された品質や性能を有しないものをいう。このうち、建築基準法令の定める最低限の構造基準(安全基準)を遵守していない場合を構造欠陥という。いわゆる既存不適格建物も、安全性能を欠いているという意味で、広い意味での欠陥住宅(広義の欠陥住宅)といえる。

2 我が国における「安全な住宅」の必要性

1995年1月17日午前5時46分、阪神・淡路大震災が発生し、6400余名もの方々の命が奪われた。死者の8割近くは、建物等の下敷きによる圧死といわれている。風雨をしのぎ地震や台風など自然界の外力から私たちの生活を守る器であるはずの住宅が「凶器」と化した瞬間であった。倒壊した建物の大半は、いわゆる新耐震基準が施行された1981年以前の建築物であったが、その後の調査により、倒壊建物には築年数を問わず、手抜き工事による欠陥住宅が含まれていたことが判明した。

新耐震基準さえ徹底されていれば、多くの命は助かったはずである。

　阪神・淡路大震災の後、この10年の間にも、2000年10月6日の鳥取県西部地震、2004年10月23日の新潟県中越地震、2005年3月20日の福岡県西方沖地震、2005年8月16日の宮城県沖地震と震度6以上の地震が多発している。発生確率が高いと予想される東海・東南海・南海地震に限らず、日本では、地震はいつでもどこでも起こりうるのである。

　当連合会では、阪神・淡路大震災の翌年の1996年から2000年まで毎年1回、全国一斉の「欠陥住宅被害110番」を実施した。そこには、毎年702件から1153件にものぼる多数の相談が寄せられ、その内容も、傾き・亀裂（クラック）・雨漏り等多岐にわたった。その後も、各地の行政相談窓口や民間団体等には毎年多数の欠陥住宅被害の相談が寄せられており、その被害は多数かつ深刻である。

3　「安全な住宅に居住する権利」の人権性

　人間は、我が家という住空間において、日々を過ごす。住宅は、地震や台風等の外力から人間の生命・身体を守る器である。さればこそ、万一の地震に耐えうる耐震性能等の安全性能が厳しく要求されている。

　ところが、そのような安全性能を欠いた住宅は、地震のとき、忽ち人間の生命・身体を奪う「凶器」と化す。阪神・淡路大震災における死者6400余名の8割近くが建物等の倒壊による圧死であった。倒壊建物の大部分は、当時の耐震基準さえ満たさない住宅であった。生命・身体を侵害されてからでは手遅れである。人災を繰り返さないためには、平常時から、住宅の安全性を確保するための意識改革、制度改革が必要である。

　にもかかわらず、国土交通省によれば、我が国には、現在、いわゆる新耐震基準を満たさない既存不適格住宅が1150万戸も存在するとされ、新築建物においても欠陥住宅被害が多発している。これら安全基準を充足しない多くの建物に居住する国民は、阪神・淡路大震災クラスの地震が起きたとき、同様の生命・身体の安全が侵害される危険に晒されているのである。

　地震大国である我が国においては、住宅の安全性は全国民の問題であり（被害の普遍性）、しかも地震による建物倒壊被害が高度の蓋然性をもって予測される以上（危険の切迫性）、地震による建物倒壊で生命・身体が侵害される危険は一日も早く除去されなければならない（被害回避の緊急性）。すなわち、生命・身体の安全に対する侵害が危殆化している今、手遅れにならないためには、その一歩手前で国民の生命・身体を守るべく、「安全な住宅に居住する権利」を重要な基本的人権として保障する必要がある。

この「安全な住宅に居住する権利」は、憲法13条の個人の尊厳と幸福追求権に基づき、生命・身体の安全を侵害するような住宅から国民が保護されなければならないという側面と、憲法25条に基づき「健康で文化的な最低限度の生活を営む」権利の一内容として、安全な住宅に居住する権利の実現のために国家に対し作為を求める権利を包含する概念である。この権利は、「すべて人は、生命、自由及び身体の安全に対する権利を有する」と規定する世界人権宣言3条や、「住居に対する権利は、安全…をもって、ある場所に住む権利とみなされるべきである。…第一に、住居に対する権利は、他の人権及び、規約が則っている基本原則と不可分に結び付いている。…『十分な住居とは…十分な安全…が、すべて合理的な費用で得られるものを意味する』」などと規定する「経済的、社会的及び文化的権利に関する国際規約」11条に関する一般的意見第4号（1991年）7項からも裏付けられる。

　また、スペインやポルトガルなどの憲法にも明記されている「消費者の権利」には、「安全に関する権利」も含まれる。また、我が国の消費者基本法2条（基本理念）には「…消費者の安全が確保され…ることが消費者の権利である…」と規定されている。

　当連合会も、1989年9月16日、「消費者被害の予防と救済に対する国の施策を求める決議」において、「消費者の権利」として「消費者が、その消費生活のすべての場面で、安全及び公正を求める権利」を宣言している。かかる「消費者の安全に関する権利」の中に、消費者の生命・身体を守るべき器である住宅が含まれることに疑問の余地はないから、消費者にとって「住宅の安全を確保する権利」すなわち「安全な住宅に居住する権利」は、憲法規範レベルで認められるべき基本的人権である。

　「安全な住宅に居住する権利」が基本的人権であるならば、その実現のため、これを最大限尊重するための基本的施策を定める「住宅安全基本法」（仮称）の制定や、建築基準法や建築士法の改正等を含む、欠陥住宅を生まない建築生産システムを構築するための具体的措置や諸制度の改善、及び、既存不適格住宅に関する耐震改修促進のための施策の促進・充実等を、議論、検討すべきである。

第2　欠陥住宅が生み出される原因
　1　施工者に起因する問題
　施工者に起因する問題として、1）施工者のモラルの低下、2）重畳的下請、一括下請による生産システム、3）施工技術の低下、4）優秀な技能者の適正評価と育成制度の欠落、が指摘されている。
　2　建築士制度の問題点
　　(1)　監理の形骸化
　建築基準法は、安全で適正な建物を建築させるために、関係法令を遵守した「設

計」、設計どおりに建物を建築する「施工」、施工が設計どおりに行われているかどうかをチェックする「監理」という3つの概念を設けている。これは、それぞれ三権分立における立法・行政・司法になぞらえることができ、このうち「設計」と「監理」は、資格を有する建築士（建物の規模に応じて、一級建築士、二級建築士、木造建築士がある。）が行うことになっている。

　ところが、我が国では、多数の建築士が施工業者に所属するか、人的・経済的に密接な関係にあるのが現状である。その最も顕著な形態は、施工業者自らが併設している建築士事務所、いわゆる併設設計事務所に、自社物件の監理を行わせる方法である。これでは、実質的に同一人によって施工と監理が行われているに等しく、三権分立的な意味での「監理」は形骸化しているといわざるをえない。

　また、形骸化の最たるものとして、最初から現場監理をする予定もないのに建築確認申請書に「監理者」として届出だけを行う「名義貸し」が横行している。

　(2)　統一的な研修制度の不整備

　建築士は、その経験・知識の多寡を問わず、誰でも設計や監理を行う権限が認められ、専門家としての高度の監理能力や職業倫理が求められている。にもかかわらず、現行制度においては、統一した倫理規定や研修制度が設けられておらず、一部の建築士について、監理能力の不足や職業倫理の低下が指摘されている。

　(3)　建築士に対する指導・監督の不十分

　建築士に対する指導・監督は、一級建築士は国土交通大臣（旧建設大臣）、二級・木造建築士は都道府県知事が行うことになっているが、直接の指導・監督はほとんどなされておらず、資格をもった建築士がどれだけ現存し、活動しているかさえ把握できていない現状にある。日本建築家協会や各都道府県の建築士会、建築士事務所協会といった団体もあるが、いずれも任意加入団体であり、またその加入率も決して高くない。

　その結果、相当数の建築士に対しては、監督官庁による指導・監督が事実上及ばない状況にある。

　(4)　監理業務の不明確さと監理者の権限の弱さ

　現行建築士法には、監理の方法、内容、程度、範囲等が定められておらず、実際の監理は、監理者の能力や誠実さの程度によって大きく左右されている。

　また、現行建築士法には、工事が設計図書のとおりに実施されていない場合であっても、監理者には工事差止めなどの強い権限が与えられておらず、欠陥住宅予防の決め手を欠いている。

　3　確認・検査制度の不十分さ

建築基準法は、設計・施工・監理という建築現場でのいわば「自治」に加え、建築前に行政が建築内容をチェックする「建築確認」、設計どおり施工が行われたかを検査する「完了検査」制度を設け、行政が補完的にチェックするという建前をとっている。にもかかわらず、行政の人手不足もあって、完了検査の実施率がわずかに3割程度にすぎない地域があるなど、全国的にも完了検査が十分に実施されていない実態が長い間続き、確認どおりの施工が行われないケースが多かった。

4 消費者と住宅供給者の間の知識・情報の格差

「夢のマイホーム」という言葉があるように、消費者にとって、住宅の取得は人生最大の買物であり、欠陥住宅を取得することによる経済的・精神的被害はまさに重大な消費者問題である。その根本原因としては、消費者と住宅供給者の間に、非常に大きな知識・情報の格差があり、消費者は、住宅の安全に関する情報のほとんどすべてを、住宅供給者側に依存せざるをえないという実情がある。

第3 この10年間の制度改革とその到達点

1 「住宅の安全」に対する国民の意識の変化

阪神・淡路大震災を契機として、住宅の品質・性能に関する国民の認識は、災害時における安全性を重視するように変化してきた。地震や台風に遭遇したとしても居住者の生命・身体が危険に晒されないことは、建築基準法の理念でもあり、国民の意識の中に浸透してきたといえる。

2 司法判断による被害救済と制度改革の促進

この10年間において、被害者とその訴えを受けた弁護士、裁判所が果たしてきた欠陥住宅被害の救済と、制度改革の促進の役割には、大変大きなものがあった。とりわけ、ここ数年間で、次のような3つの最高裁判決が出され、被害救済は大きく前進した。

(1) 欠陥判断の基準

従前の欠陥住宅訴訟においては、欠陥住宅を供給した業者側からの、「建築基準法令は行政取締法規であるから、これに違反しても契約法上の瑕疵には該当しない」とか、「契約に違反しても、機能上あるいは法令上の問題が生じなければ、瑕疵とはいえない」などといった反論がなされることがあった。

しかし、今日では、1）建築基準法令は最低限の基準を定めたものゆえ、これに反することは当然に瑕疵にあたる（客観的瑕疵）、という判断が司法においても定着した。

また、最高裁の2003年（平成15年）10月10日判決は、2）契約者間で約定されて契約の重要な内容になっていた品質・性状を欠く場合には、仮に建築基準法令の基

準を満たしていても瑕疵にあたる（主観的瑕疵）、との判断を示した。
　こうして、欠陥（瑕疵）の基準は、建築基準法令及び契約を基準とすることが定着したといえる。
　(2)　取壊し建替え費用の賠償
　請負契約における瑕疵担保責任として建物の取壊し建替え費用の損害賠償請求が認められるか否かについて、従前、下級審裁判例は判断が分かれていたが、最高裁は2002年（平成14年）9月24日判決によって、これを正面から認めるに至った。
　(3)　建築士の責任
　建築確認申請において監理建築士として名義だけを貸して実際には監理を行わなかった建築士が、欠陥住宅について法的な責任を負うか否かについて、最高裁は2003年（平成15年）11月14日判決で、名義のみを貸し監理を放棄した建築士の責任を認めた。
　3　法律の整備
　(1)　建築基準法改正
　1998年（平成10年）改正においては、1）中間検査制度を導入して、従前の設計段階の建築確認と竣工段階の完了検査という2回のみのチェックから、建築途中における数次の適法性等のチェックが行われうる仕組みをつくり、2）これまで専ら行政において行われていた建築確認・検査業務を民間にも開放して、大量・迅速に処理できる制度とし、3）建築技術の進展に柔軟に対応できるように、建物の安全性等に関する技術基準である単体規定について、従前の仕様規定中心の定め方から、性能規定中心の規定方法に転換し、4）市街地建築規制を合理化する（連担建築物設計制度の創設）など、建築基準法施行以来50年ぶりの大改正が行われた。
　また、2004年（平成16年）改正では、1）既存不適格建築物における建築行為の規制の合理化、2）建築物にかかる報告・検査制度の充実と監督の強化が図られた。
　(2)　住宅の品質確保の促進等に関する法律
　他方、建築基準法令による最低基準とは別に、より良質な住宅の普及を目指し、また、欠陥住宅被害の対策として、1999年（平成11年）に住宅の品質確保の促進等に関する法律（品確法）が制定され、翌2000年4月に施行された。同法では、1）住宅の性能を表示する共通基準を定めるとともに、性能評価の仕組みを整備し、性能に関する契約内容の明示を図り（住宅性能表示制度）、2）性能評価住宅における紛争について裁判外紛争処理制度を創設し（住宅紛争審査会制度）、3）新築住宅の瑕疵について10年間の担保責任を強制した（瑕疵保証制度）。なお、2002年（平成14年）には、住宅性能表示制度が既存住宅についても拡張された。

第10章　欠陥住宅問題に関する参考資料

第4　さらなる法整備・施策の必要性

　しかし、欠陥住宅の予防・救済のためのシステムづくりは、いまだ途上であり、以下のような法整備・施策が必要である。

　1　住宅安全基本法（仮称）の制定

　いわゆる「基本法」は、ある分野・問題についての基本的な考え方や施策のあり方を定める法律であり、憲法上の人権を、行政の施策や私人間の関係に具体化する橋渡しの役割をも果たすものである。

　住宅の安全の重要性と現在の実情に鑑みるとき、少なくとも次のような内容を有する「住宅安全基本法」（仮称）の制定が急務である。

　1.基本理念（安全な住宅に居住することが基本的人権であることの宣言）
　2.関係者の責務（国・地方公共団体・事業者）
　3.住宅の安全確保のための基本的施策

　なお、現在「住宅基本法」（仮称）制定の動きがあり、2006年の通常国会には法案として提出されることが報じられている。同法は住宅のストック、供給、街づくり等についての政策を実現するためのものと推測されるが、もし住宅に関する「基本法」が立法されるのであれば、あわせて上記内容を取り込んだ法律とすべきである。

　2　建築士制度の改革

　欠陥住宅の大部分は施工者の施工技術の不足や手抜きによって起こるのであるから、施工者に対する指導・監督を強化すべきは当然である。

　とりわけ故意又は過失により欠陥住宅を発生させた施工者には、建設業法・建築基準法違反に基づく厳正な行政処分・刑事罰を課すべきである。

　しかし、それだけでは十分とはいえない。建築基準法や建築士法が、建物の建築に際して設計・監理を専門家である建築士に行わせることにしていることに鑑み、下記のような建築士制度の改革が必要である。

　(1)　建築士の現状把握と資質向上

　建築士に対する指導・監督の前提として、きちんとした各級の建築士名簿を整備し、登録事項に変更があれば速やかに反映するようにすべきである。

　また、現在活動している任意団体への加入を促進すべく、一定の特典を与えることも含めて、加入を誘導すべきである。

　その上で、すべての建築士に対して、定期的な研修を義務づけるとともに、違法・不適切な業務を行った建築士に対する処分を含め、十分な指導・監督を行うべきである。

　(2)　工事監理の内容の法定と工事監理者の権限の強化

監理業務の内容を法定し、また工事差止めを含む権限の強化を図るべきである。
　(3)　施工業者から独立した第三者監理の義務化（仮称・登録監理建築士制度）
　施工業者がその支配下にある建築士や併設設計事務所に設計を行わせる場合については、監理が厳格に行われるような制度的仕組みが必要である。
　例えば、次のような制度（仮称・登録監理建築士制度）が考えられる。
1.　建築士が監理業務を行おうとする場合は、それぞれ国土交通大臣ないし都道府県知事が作成する名簿に登録し、かつ施工監理に関する法令、監理業務、監理における倫理について研修を受けなければならない。
2.　建築基準法及び建築士法の定める工事監理（建築基準法5条の4第2項、7条の5、建築士法2条6項、3条、3条の2、3条の3、18条4項）は、1）によって登録した建築士（仮称・登録監理建築士）のみが行うことができる。
3.　仮称・登録監理建築士は、その者又はその配偶者が役員もしくは使用人、又は過去1年以内にこれらの者であった施工業者の行う施工、その他当該仮称・登録監理建築士と著しい利害関係を有すると認められる施工業者の行う施工について、監理を行ってはならない。
　3　確認・検査制度の改善・充実等
　(1)　確認・検査制度の改善・充実
　1998年（平成10年）の建築基準法改正により、工事開始後、各特定行政庁（建築主事を置く市町村の区域については当該市町村の長をいい、その他の市町村の区域については都道府県知事をいう。）で定める「特定工程」にかかる工事を終えたときに検査を受ける、いわゆる中間検査制度が導入された。また確認・検査主体も、建築主事とともに民間確認検査機関にも開放され、現在では全確認・検査業務の5割弱を民間確認検査機関が行っており、完了検査率も飛躍的に向上している。
　しかしながら、建築基準法6条1項4号の木造戸建住宅等（いわゆる4号建物）について中間検査制度を導入している特定行政庁は、いまだ半数程度であり、導入している場合でも、検査対象である特定工程の指定が不十分であり、さらに増やす必要がある。また、民間確認検査機関は行政と異なり、確認申請者からの手数料収入を事業収益としている民間事業者であることを考えると、これら機関による確認検査業務が信頼性、実効性をもつのかという疑問も指摘されている。
　したがって、確認・検査制度については、中間検査制度を拡大・充実させ、民間確認検査機関の業務内容の信頼性、実効性確保を図る必要がある。
　(2)　予防のための関連制度の整備
　さらに、以下のような関連制度の整備も検討すべきである。

1. 建物登記制度との連携

　　完了検査は、建築確認と相まって違法建築・欠陥建築の出現を防止する最低限の検査であるから、これを確実に受検させるため、建物の保存登記の要件として、不動産登記法上、検査済証を必要的添付書類とすべきである。

2. 住宅ローンとの連携

　　金融機関が住宅資金を融資する場合に検査済証の提出を要件とする制度を導入すべきである。

3. 重要事項説明範囲の拡大

　　宅地建物取引業者から、あるいは、これを介して建物を買い受ける場合には、宅地建物取引業者は買主に対して重要事項説明を行うことが義務づけられているが（宅地建物取引業法35条）、現行法上説明すべき重要事項に、当該建物の建築確認・中間検査・完了検査が行われているか否かの事実は含まれていない。これを重要事項に加えるべきである。

　また、性能評価住宅については、その内容の説明や「設計」性能評価なのか「建設」性能評価なのか等についても、重要事項として説明を義務づけるべきである。

4. 耐震基準を満たさない建物に対する耐震改修促進策の立案

　狭い意味の欠陥住宅にとどまらず、既存不適格住宅、老朽化や破壊的リフォーム等の結果、現時点で法令の定める耐震基準を満たしていない建物は相当数存在する。

　阪神・淡路大震災後の1995年（平成7年）12月には、建築物の耐震改修の促進に関する法律が施行されたが、耐震診断・耐震補修につき建物所有者への法的拘束力がなく（努力義務）、また、対象建物が百貨店等の規模の特定建築物に限られるという問題点がある。個人住宅の耐震診断・補修には現実問題として公的援助が不可欠であるところ、一部自治体の熱心な取り組みはあるもののいまだ不十分であり実際には耐震補修は進んでいない。この現状を受けて、地震防災推進会議も2005年6月には「10年間で耐震化率90％を目指すべき」として、さらなる耐震補修支援策の充実すること提言している。しかし、東海地震を例にとっても、いつ発生してもおかしくなく、最悪ケースで9000人を超える死者が想定されていることから、政策としては極めて不十分である。安全な住宅に居住する権利が人権であることに照らせば、既存不適格建物に住まざるをえないことそのものが人権侵害状態であり、速やかにこの状態を解消するため、より実効的で迅速な施策の立案が急務である。

第5　結語

　国土の多くが廃墟と化した敗戦からの60年間、我が国においては、世界でもまれな経済的復興・発展により、風雨をしのぐという意味での住宅に居住するという

面はほぼ確立されてきた。しかし、既存不適格住宅を含むすべての欠陥住宅が根絶されない限り、「健康で文化的な最低限度の生活」はおろか、個人の尊厳や幸福追求の根源にある生命・身体の安全すら、実質的に保障されていないことになる。阪神・淡路大震災から10年を経た今日、改めてこのことを確認するとともに、「安全な住宅に居住する権利」を確保するための第一歩を踏み出さなければならない。

　そこで、当連合会は、欠陥住宅を根絶し、安全な住宅に居住する権利を確保するための法整備・施策を求め、主文のとおり決議するものである。

資料②　宅地被害者の救済及び予防のための法改正等を求める意見書

2012年3月15日
日本弁護士連合会

第1　意見の趣旨
　当連合会は、東日本大震災による宅地被害者の救済及び今後の被害予防のため、以下の事項の実現を求める。
1　宅地被害者の救済のため、
　(1)　国及び被災地の地方自治体に統一的な被災者相談窓口を設置し、宅地被害者が、現行制度における被害救済の内容、他の被災地での運用実態等について分かりやすい説明と情報提供を受けられ、統一的かつ継続的な相談ができる体制を構築し、被災者が容易にアクセスできるよう周知・徹底すること。
　(2)　宅地被害者が、生存権の基盤である安全な宅地ひいては住居を再び確保し、生活再建を図れるよう、被災者生活再建支援法の対象に住宅のみならず宅地も加えるとともに、被災宅地の再造成・是正、買取り、移転に対する公的助成、及び税制上の優遇措置等の制度を拡充・創設すること。
2　宅地被害の予防のため、
　(1)　国が作成しているハザードマップにつき対象範囲を拡大し、より迅速な完成を図ること。
　(2)　地盤の許容応力度・土質等の性状、過去の土地形状・利用状況等の土地の性状に関わる来歴情報、及びハザードマップ掲載情報を始めとする各種災害を想定した地形情報につき、宅地建物取引業者が説明義務を負う重要事項の項目として明文化し、宅地購入者らに正確な情報を伝えること。

(3) 住宅建築に当たって、近隣の地盤に関する情報資料等により不要とされる場合を除き、設計者及び施工業者に敷地の地盤調査（貫入試験）の実施・報告を義務付け、仮に物理的な制約等から貫入試験を実施できない場合には、代替措置を執った上で、貫入試験を実施しないことによって生じる危険性について、建築主に十分に説明することを義務付けること。
(4) 宅地防災マニュアルを法制化するなど宅地の安全性の技術基準を定め法制化すること。
3 現在及び将来の宅地被害に関する民事的救済のため、宅地被害における「不法行為の時から二十年」（民法第724条後段）につき、「損害の全部又は一部の発生」によって損害が顕在化した時を起算点と解すべきことを内容とする注意的規定を盛り込んだ特別法を制定し、不法行為の認識可能性が存しない状況の下で消滅時効又は除斥期間が成立することのないようにすること。

第2 意見の理由
1 宅地被害者の救済について
(1) 2011年3月11日に発生した東日本大震災及びその後の地震・台風等の自然災害により、13県において宅地被害件数（液状化被害以外）は5467件、液状化による宅地被害件数は2万6914件に上るといわれ（国土交通省・同年9月27日時点（マンション等の被害は1棟を1件として把握））、その宅地の甚大な被害状況は、市民の生活の基盤を失わせ、今なお深刻な被害を生じさせ続けている。
(2) 宅地被害とは、一般に、地滑り、地割れ、沈下及び液状化等により宅地への立入りが危険とされ、あるいは十分に注意を要する、又は、当該宅地上の建物で居住等する場合、生活上の不便等が発生したり、居住者の精神状態に悪影響等を及ぼす可能性のあるものをいう。そもそも住宅被害と異なり被災者生活再建支援法の支援策と直結しないものとされてきたことから、被害実態の把握すら十分でない面が存するところ、上記の件数は、あくまでも同日時点で国土交通省が把握し得た被害件数にすぎない。例えば、宮城県では、同日後の調査により、さらに1000件を超える被害が把握され、そこに住む住民らが、移転あるいは危険宅地での生活を余儀なくされるなど、被害は増加、継続している状況にある。
(3) 当連合会は、被災地の会員から、随時、現地の被害状況の報告を受けるのみならず、2011年7月17日・18日には宮城県仙台市内において公益社団法人地盤工学会東北支部の方々からのヒアリング及び同市青葉区の崩落地盤や

名取市の津波被害の現地調査を実施し、同年8月21日には同市内の数か所の宅地被害者の方々からヒアリングを行うなどの調査・検討を重ねてきた。

　現地調査においては、地域一帯が地滑りで崩壊状態にあること、建物には大きな損傷がないにもかかわらず宅地の崩落によって居住不能となっていること等を目の当たりにした。

　また、ヒアリングにおいては、「土地購入時に盛土と切土の混在状況の説明はなかった。」、「昔水田があったそうだが今回の被災で初めて知った。」、「行政に相談しても今後の具体的方向性が示されない。」、「行政側からここで住むには1000万円の個人負担が必要と言われた。」、「他の被災地の救済状況などが全く見えず孤独感・焦燥感が強い。」、「余震のたびに宅地が崩落するのではないかと怯えているが、年齢・体力的に迅速に逃げることもできない。」といった悲痛な声の数々に接した。

　これらの被害実態調査を通じて、宅地被害が生活の基盤たる住居・生活空間を根底から失わせ、日々、甚大な被害を生じ続けるものであることを再認識するとともに、1日も早く救済の道筋を示すこと及び将来の被害を予防するための制度を構築することの必要性を痛感するに至った。

(4)　この点、被害宅地の中には、数年前に造成されたばかりで造成業者あるいは造成許可を行った行政に対する法的責任の追及の可能性が考えられるようなケースばかりではなく、各被害宅地によって、造成年時、関係者等が異なり、また、被災者の生活状況や被害状況も個々的に相違することを考えれば、一見すると一律の救済を図ることは困難とも思われる面もある。

　しかしながら、最終的な具体的救済方法につき、再造成か、移転か、買取りか等で異なることはあるにせよ、被害実態を直視すれば、全ての被害宅地につき、生存権の基盤である安全な宅地ひいては住居を再び確保し、生活再建を図るための救済手段が必要不可欠であることは疑いない。

　もとより被災者の側に法的落度は全くないのであるから、造成業者あるいは行政に対する法的責任を追及し得る可能性の有無に関わらず、全ての被災者の救済が図られなければならない。

(5)　宅地被害者にとって、まず必要なことは、自らの被害状況を正しく知ること、その上で、現行制度における被害救済の内容を把握し、生存権の基盤である安全な宅地ひいては住居の確保及び生活再建を図るため、統一的かつ継続的に相談及び情報提供を受けられる窓口を確保することである。

　なぜなら、被災者の生存権の基盤である安全な宅地や住居の確保及び生活

再建は、今後も長期的にかつ間断なく続けられていくものであるところ、正しい情報を得て初めて、生存権回復のための生活設計・復旧復興の意思形成も行えるからである。

(6) さらに、宅地被害者救済のため、以下の3つの措置を講じるべきである。

① 被災者生活再建支援法の支援対象となるのは住宅に限られており、宅地に被害があっても住宅に影響がなければ、住宅を取り壊さない限り支援が得られない仕組みになっているが、被害の甚大性、重大性を直視すれば、より端的に、宅地に被害が生じたときは支援金を支給するよう法改正をするべきである（当連合会の2011年7月29日付け「被災者生活再建支援法改正及び運用改善に関する意見書」参照）。

② 被災宅地の再造成・是正、買取り、移転については、被災者の生活再建の基盤整備や地域の迅速な復興に資することが明らかであり、私人間の民事的救済だけで済ませるべき問題ではないから、国又は自治体において、こうした宅地の回復・確保に対する補助金や助成金等の公的助成制度を拡充・創設するべきである。

③ 宅地被害者の自主的な再建を間接的に促すために、税制上の優遇措置等の制度を設けるべきである。

2 宅地被害の予防について

(1) 今般の東日本大震災による甚大な被害実態は、二度とこうした被害を生じさせてはならないという思い、及び、今回の被害に謙虚に学び将来の災害への予防策を構築しなければならないという思いを改めて強くさせるものであった。

そもそも、宅地被害の予防には、当該宅地の許容応力度、土質等の性状、過去の土地形状及び利用状況等の情報が不可欠である。これらの情報なしに、宅地被害に対する効果的な対策は講じられない。

この点、国は、阪神淡路大震災（1995年1月17日）、新潟県中越沖地震（2007年7月16日）を踏まえ、自然災害による被害が予測される範囲等を示したいわゆるハザードマップの作成を進めてきたが、かかるハザードマップは、その存在すら一般市民には十分認識されない状況であったといわざるを得ず、今般の東日本大震災の被害状況に鑑みれば、必ずしも十分に機能していなかったことについて猛省せざるを得ない状況である。

(2) その原因として、ハザードマップの対象範囲、完成状況が不十分であったことに問題がある。

しかし、それ以上に根深い問題として、ハザードマップが当該宅地に居住する人々に十分周知・理解されていなかったという当該制度の設計及び運用の在り方こそ直視しなければならない。

　そもそも、ハザードマップは、当該宅地に居住する人々にその情報が周知され、正確に理解されてこそ、被害予防・対策に資するものである。ところが、これまで、ハザードマップの情報は不十分にしか公表されず、これを居住者らに確実に伝え理解を得るための法制度上の担保が何らなされてこなかった。そのため、居住者らの災害リスクについての認知・理解も極めて不十分にとどまってしまったのである。

　そして、その背景として、ハザードマップを作成・公表すると対象地域の宅地取引価格の下落を招くという懸念から、経済性との調整が図られ、それゆえに、公表方法等も抑制的・制限的であったとの指摘がなされている。

　しかしながら、宅地の安全性が国民の生命・身体及び生存権に直結することに鑑みれば、経済性との調和が図られることに合理性はない。災害時における国民の生命・身体を守るためには、宅地の安全性の前提となる基礎的情報、すなわち、地盤の許容応力度・土質等の性状、過去の土地形状・利用状況等の土地の性状に関わる来歴情報、及び、ハザードマップ掲載情報を始めとする各種災害を想定した地形情報については、確実かつ優先的に居住者らに伝え、災害に対する適切かつ十分な備えを可能ならしめなければならないものである。

　かかる観点からは、少なくともこれらの情報を、宅地建物取引業者の重要事項説明義務（宅地建物取引業法第35条）の項目として明文化し、居住者らに宅地の安全性に関わる正確な情報を伝え、理解させることが必要である。宅地居住者に当該宅地に関する情報を提供し、宅地被害に対する効果的対策を講じられるようにするためにも、国が作成しているハザードマップにつき対象範囲を拡大し、より迅速な完成を図ることが必要である。

(3) 今回の震災後、茨城県弁護士会が実施した液状化に関する相談会において、住宅建築当時、スウェーデン式サウンディング試験（以下「ＳＳ試験」という。）等の簡易な地盤調査を行った際に問題を指摘されなかった住宅においても、東日本大震災によって多額の修理費用を要するような液状化被害が発生した事例が複数報告されている。

　確かに、現行法上、住宅などの小規模建築物の建築にあっては、土質調査を兼ねた標準貫入試験（いわゆるボーリング調査）等の本格的な地質調査を

明確に義務付けている規定はない。そのため、住宅の建築に当たっては、費用が安く、作業も容易な簡易方式であるＳＳ試験によって、表層地盤の堅さだけを調査していることが多いのが現状である。

しかしながら、今回の震災においては、比較的最近建築され、一定の地盤調査は行っていると思われる住宅においても液状化被害が発生している状況にある。また、造成地において盛土部分が崩壊した地域においても、ＳＳ試験以上の一定の深さまで地質構成を含む地盤調査が十分になされていれば、被害を予防できた可能性も十分に考えられる。

無論、標準貫入試験を行ったとしても、全ての宅地被害が予防できるわけではないであろう。しかし、住宅を建築し、そこで生活をしていた被災者からの「なぜ、地盤調査をして問題がないと言われたにもかかわらず、これほど甚大な宅地被害が発生するのか。」という声は、極めて重い。

一たび宅地被害が発生すれば、その補修には少なくとも数百万円、多いときには数千万円を超える費用を要し、その費用を支払ったとしても安全な宅地に戻るかどうかまでは保証されない。かかる現実を直視すれば、被害を未然に防ぐため最善の調査方法を実施する方向で英知を集めるべきである。

この点、独立行政法人住宅金融支援機構の基準においては、「敷地地盤については、工事計画上支障のないように、地盤調査を実施するか、あるいは近隣の地盤に関する情報資料等により検討する。」、「構造耐力上安全な木造住宅を建設する前提条件として、建築予定敷地の地盤調査を行い許容地耐力を確認し、地業を十分に行い構造的に安全な基礎の設計を行う必要がある。」とされていた。

また、判例上、およそ「建物の建築に携わる設計者、施工者及び工事監理者は、建物の建築に当たり、契約関係にない居住者等に対する関係でも、当該建物に建物としての基本的な安全性が欠けることがないように配慮すべき注意義務を負う」（最高裁第２小法廷平成19年７月６日判決）とされているところ、「一般に建物の建築をする業者としては、安全性を確保した建物を建築する義務を負うものであるから、その前提として、建物の基礎を地盤の沈下又は変形に対して構造耐力上安全なものとする義務を負うものというべきであり、右義務を果たす前提として、建物を建築する土地の地盤の強度等についての調査をすべきであり、その結果強度が不十分であれば、盛り土部

---

1 一式５か所のＳＳ試験で５万円から10万円、１本の標準貫入試験で20万円から40万円といわれている。

分に対して十分な点圧を掛けるか、強度が出る地盤まで支持杭を伸ばして基礎を支える構造にするなどの措置をとる義務を負う」（福岡地裁平成11年10月20日判決）とする裁判例もある。

　以上の点からすれば、住宅を建築する際の事前の調査義務として、設計者及び施工業者に対し、近隣の地盤に関する情報資料等により不要とされる場合を除き、基本的に標準貫入試験を行うことを義務付けるべきであり、そのために建築基準法令を整備すべきである。

　他方、敷地条件等のため、物理的に標準貫入試験を行うことができない場合、関係学会・関係業界の知見に基づき基準を定めて代替手段を実施させる必要がある。もっとも、代替手段を採ったとしても、標準貫入試験を行えば発見できたかもしれない危険要素を見落としている可能性を払拭できない以上、その点について、十分に建築主に説明をした上で、建築主に選択の機会を与えるべきである。

　なお、通常は建築費用の中に貫入試験の費用が含まれ、建築主により負担される。

(4)　今般の大震災の教訓として、現在の宅地造成に関する法制は、その規制範囲、技術的基準、施工業者に対する技術的基準の拘束力、及び、適正な施工を確保する制度的担保の点において不十分であることが明らかになった。今後の宅地被害の予防を実効化するためには、宅地造成に関する法制度を整備し直し、宅地造成時の規制及び技術基準を具体的に法制化する必要がある。

　現在の宅地造成に関する主な法規制は、宅地造成等規制法によるものである。その内容としては、まず宅地造成工事に関して許可制を採用しているところ、この規制は宅地造成工事規制区域内における500㎡以上の宅地造成面積等一定の工事に関してのみ、都道府県知事の許可が必要とされているにとどまる（宅地造成等規制法第3条、第8条[i]）。そして要求される工事の技術基準については、同法第9条による委任を受けた同法施行令第2章[ii]に一定の技術基準が設けられている。また、検査については、工事が完了した際に都道府県知事等の検査を受けることとされている（宅地造成等規制法第13条[iii]）。他方、宅地造成等規制法以外の法規制としては建築基準法第19条による規制があり[iv]、宅地造成等規制法の対象外の造成工事の規制を補う形となっている。

　しかしながら、このような現行の法規制では、①宅地造成の規制範囲が限定されており、小規模な宅地造成に関して規制の対象となっていないこと、

②法令の規制内容は擁壁に対する規制が中心であり、地盤に関しては締め固めや排水に関して具体的な規制を欠いており、液状化を始めとする地震時の災害に対する技術規制が不十分であること（なお、現実の宅地造成工事に関しては、「宅地防災マニュアル」（1988年建設省策定）、「宅地造成技術マニュアル」（各地自治体策定）による審査がなされるため、その技術基準に従った工事がなされるが、もとよりこれらのマニュアルが法令と全く同等の法的拘束力を有するかは疑義をいれる余地が残る。）[v]、③検査が完了検査のみであり、造成工事業者の技術基準規制の履行を担保する制度が不十分であること等、宅地造成の安全性を確保するに当たって問題点があった。

その結果、今般の大震災にあっては宅地の崩壊、液状化など、防災対策の不足による様々な問題が現実化した。さらに、被害を受けた個人宅地所有者の造成業者に対する責任追及による被害回復の観点からしても、宅地被害が発生するのは造成工事から長年を経過した後のことであるから、時効あるいは除斥期間の期間制限の問題が生じることが予想される上（この点に関しては後述する。）、上記②記載のとおり、法令では擁壁に関するものを除いて地盤に関する規制が抽象的であること、さらに、技術基準に関する「宅地防災マニュアル」等の整備や施行令による基準がおかれたのも1988年以降であることからすると、施工業者がその当時の技術基準に照らして劣悪な工事を行った場合でも、法的責任追及に困難が予想されるのである。

現状の法制度のままでは、宅地造成工事における技術基準が十分に担保できずに宅地の崩壊や液状化、さらにはそれによる人身被害が起こり得る上、現に被害が発生した場合に個人が造成業者に対する責任を追及して被害回復を図ることに困難を伴うことから、結局、法制度の不備によるしわ寄せは被災者が受け続けることになる。

以上から、今後の宅地被害の予防のため、以下の内容を含む法整備を行うべきである。

① 宅地造成等規制法の許可制の適用範囲を広げ、全ての宅地造成工事に適用されるようにすること。
② 宅地造成等規制法の規制内容について、液状化対策等を目的とした規定を具体化し、義務化すること。その際、最低でも「宅地防災マニュアル」が定める技術基準と同等の内容を盛り込むこと。
③ 宅地造成工事中の検査を義務付けること。
④ 宅地の所有者が、宅地造成業者に対し、②記載の宅地造成等規制法の義

務に違反した瑕疵のある地盤造成について民事責任の追及を容易にすること（造成業者が現在の宅地所有者に対し民事上の責任を負うことを明文化すること。）。
3　宅地被害に関する消滅時効の問題について
(1)　そもそも宅地被害には、地震等の災害や長期間の継続的使用に対して脆弱な瑕疵のある宅地造成がなされていたための不法行為による被害という側面もある。ところが、このような被害は、実際に地震等に遭遇したり、あるいは、長期間が経過して発生する沈下等何らかの被害現象が実際に発現するまでは問題が顕在化することがなく、平時には瑕疵の問題が潜在化し続けているという特殊性がある。

　もし、当該瑕疵のある宅地造成行為時をもって、不法行為に基づく損害賠償請求権に関する期間制限の起算点（民法第724条の後段の「不法行為の時」）と考えるとしたならば、実際に地震等により宅地被害を受けた際には既に20年の期間が経過してしまっており、被害救済の途が断たれるという、まさに宅地被害者にとって不測の事態が生じてしまうことになる。

　しかし、このような結果は、あらゆる意味で不当である。

(2)　経験則上、大規模な地震に見舞われる周期は相当の長期が想定される。

　例えば、建築基準法が耐震基準において想定している大地震とは、建物の耐用年数中に一度遭遇するかもしれない程度の大地震とされている（一般財団法人日本建築センター『1997年版建築物の構造規定－建築基準法施行令第3章の解説と運用－』16頁参照）。

　建物でさえ、建築関係法令等によって20年をはるかに超える長期間についての安全性を法的に要求されているのであるから、ましてや、その上に建物が安全に存続しなければならない宅地については、建物よりも更に長期間にわたる安定的な品質・性状・耐久性が要求されてしかるべきものである。

　にもかかわらず、その要求を充たしていないことによる民事責任が、その品質・性状・耐久性の維持が要求される期間よりも短い期間のうちに権利行使の制限を受けるとしたならば、極めて不都合な結果を招くことは明らかである。

　というのも、損害が潜在化しているがゆえに被害者にとって認識可能性がおよそ存しない状況下において、時効あるいは除斥期間といった権利行使制限期間が刻々と進行してゆき、損害が顕在化した時点では被害救済の途が閉ざされてしまうということは、不法行為に基づく損害賠償責任において最重

視されるべき「被害の救済」の理念を没却することになるからである。なお、「被害の救済」は「損害の公平な分担」に優越する理念と解すべきであり、かつ、過失相殺に関する民法第722条第2項と同法第418条との対比、相殺に関する同法第509条からもかかる解釈が可能であろう。

(3) 他方、宅地造成業者は、そもそも前記のような長期間にわたる品質・性状・耐久性が要求あるいは期待されることを当然の前提として宅地造成工事を施工しており、かつ、そのことによって相応の（他の消費財に対する対価に比して高額な）対価を得ている上、安全性・耐久性を確保する施工に関する専門技術的知見も相当程度に得られている以上、長期間経過後であっても当該宅地が品質・性状の保持を期待される期間内において、瑕疵のある造成工事による損害賠償責任を負わせること自体は何ら酷な結果とはいえない。

(4) さらにいえば、宅地造成の被害は、当該宅地及び同地上の建物のみならず、往々にして隣接する宅地及び同地上の建物に対しても危害を与える結果をもたらすことが多い。

例えば、ひな壇式造成地において擁壁欠陥により地震時に擁壁が倒壊した場合、当該造成宅地の下方にある宅地及び建物が何らの被害を受けないなどということは到底考えられない。

このような場合、倒壊した宅地所有者は、隣接土地・建物の所有者から、土地工作物責任（民法第717条第1項）を追及されることになるが、同責任は損害を与えた時から時効等の権利制限期間が進行することになるため、瑕疵のある宅地の所有者は、瑕疵による被害が顕在化しない限り永久に責任追及の危険性にさらされ続ける結果となる。

このような事態との均衡から見ても、元々瑕疵のある宅地造成を行った施工者が、被害が顕在化しないうちに責任を免れることになるような法令の適用あるいは解釈は、明らかに失当である。

(5) この点、筑豊じん肺訴訟における最高裁平成16年4月27日判決（民集58巻4号1032頁）は、次のような判断を示している。

すなわち、「民法724条後段所定の除斥期間の起算点は、『不法行為ノ時』と規定されており、加害行為が行われた時に損害が発生する不法行為の場合には、加害行為の時がその起算点となると考えられる。しかし、身体に蓄積した場合に人の健康を害することとなる物質による損害や、一定の潜伏期間が経過した後に症状が現れる損害のように、当該不法行為により発生する損害の性質上、加害行為が終了してから相当の期間が経過した後に損害が発生す

る場合には、当該損害の全部又は一部が発生した時が除斥期間の起算点となると解すべきである。なぜなら、このような場合に損害の発生を待たずに除斥期間の進行を認めることは、被害者にとって著しく酷であるし、また、加害者としても、自己の行為により生じ得る損害の性質からみて、相当の期間が経過した後に被害者が現れて、損害賠償の請求を受けることを予期すべきであると考えられるからである。」。

そして、①当該最高裁判決は、「当該不法行為により発生する損害の性質上、加害行為が終了してから相当の期間が経過した後に損害が発生する場合」として不法行為類型を一般化した規範を示しており、その射程は加害行為時から相当期間経過後に損害が顕在化する態様の全ての不法行為類型を制限なく対象としていること、②損害が潜在化している間に期間完了による権利制限が生じることが被害者にとって著しく酷であることは、じん肺などの身体的被害の場面のみならず、瑕疵のある造成工事による宅地被害者においてもまさしく妥当すること、③加害者たる宅地造成業者としても、自ら行った瑕疵のある造成工事により生じ得る損害の性質から見ても、損害賠償請求を当然に予想し得るべき立場にあることからすると、瑕疵のある造成工事による宅地被害の場面においても、同最高裁判決と同様の解釈がなされてしかるべきである。

(6) もっとも、上記じん肺訴訟においても時効に関する法解釈が争点化して紛争が先鋭化・長期化した経緯があるのであり、宅地被害について上記最高裁判決の射程が及ぶことについては、加害者として責任追及された者から反論が提出されて紛糾することもあり得ないことではない。

とすれば、宅地被害で苦しむ被害者に、長期間の訴訟を強いることがないよう、念のために、上記解釈上の問題が生じるおそれを立法的に解決しておくことが望ましいといえる。

(7) よって、宅地被害に基づく損害賠償請求権に関しては、不法行為に関する20年の期間制限について、その起算点である「不法行為の時」（民法第724条後段）を「損害の全部又は一部が発生した時」と解すべきことを内容とする注意的規定を盛り込んだ特別法を制定すべきである。

(8) さらにいえば、そもそも宅地被害に関する紛争において消滅時効が争点化するのは、前述のとおり、宅地造成の品質・性状が長期間の耐久性をもって要求されるにもかかわらず、宅地の瑕疵は平時において潜在化している結果、宅地の被害が顕在化するのは長期間経過後であることが多いからにほかなら

ない。つまり、宅地が品質・性能の保持を要求される数十年単位の期間に対し、一般的な不法行為責任に関する時効期間（20年）を適用すること自体に根本的な矛盾があるといわざるを得ない。

そこで、宅地の瑕疵による被害に関しては、20年を超える相当長期の期間制限を導入すべきである。

この点、民法上の期間制限を特別法で伸長する例として、いわゆる特定住宅瑕疵担保責任につき、消費者に有利な片面的強行規定として、民法上の1年を10年に伸長する住宅の品質確保の促進等に関する法律の例がある。また、現在、法制審議会で審議されている債権法改正に関する議論においては、消滅時効の在り方をめぐって、生命・身体等の損害につき、20年を超える長期の時効期間を定める案も検討されており、立法対応として、20年以上の時効期間を定めること自体、決して不可能ではない。

したがって、今後の検討課題として、宅地造成の責任に関する民事責任の期間制限について、20年を超える長期の時効期間の立法的手当を検討する必要がある。

4 最後に

(1) 今般の東日本大震災及びその後の地震・台風等の自然災害に接するとき、もはや今後は地震・津波等の自然災害が生じることを当然の前提とし、その被害予防・軽減を図ることはもとより、生じた負担を全国民の負担で早急に救済する制度設計が必要であることを痛感する。

なお、私有財産制度の観点から、個人財産たる宅地に対する直接的救済に消極的な意見も存するが、憲法の保障する私有財産制度（憲法第29条第1項）は、国家権力による個人財産の侵害を禁ずる人権規定にすぎないのであって、生存権回復のための積極的施策を制限する視点にはなり得ない。

(2) 既に当連合会は、1994年2月、「災害対策基本法等の改正に関する意見書」を公表し、自然災害による被災者を立法により救済することを提言している。

例えば、上記意見書は、防災目的工事のために私有地を公用収用するに当たり、当該私人に「正当な補償」をしなければならないことが、憲法第29条第3項による当然の要請であることを言明した上で、「当該被災の影響を受ける直前における土地の正常な取引価格」を基準として、損失補償を行うべきであるとしている。また上記意見書は、損失補償に当たる行政の担当者に無用の混乱が生じることを回避する必要があることや、損失補償が被災者に対する公的支援として機能することを指摘し、上記の損失補償基準について

は、法的に明文規定を置くべきであるとしている。

　さらに、上記意見書は、集団移転に応じた被災者の所有する被災地の買上げについても、被災前の時価を基準とすべきことを提言している。

　大規模な自然災害によって、衣食住の拠点である宅地に大きな被害を受けた被災者が、個人的な努力によって宅地の安全性を回復し、あるいは安全な代替地を確保しようとしても、有効な手立てを講ずることは難しいと考えられる。例えば、多くの宅地は相互に連続的に造成されているため、個別の区画の所有者が自らの所有地について安全性の回復を求めても、周辺の土地を含む大規模な事業を行わない限り、目的が果たされない。この一事を見ても、個人の自助努力に依拠するのみでは、有効な救済に結び付かないことが明らかである。

　同様に被災の予防に関しても、個々の宅地所有者の自助努力に期待するのみで、十分な効果が得られるはずがない。

　そのため宅地被害についても、上記意見書が指摘するような損失補償の枠組等を整えるとともに、関連する法律の整備を急ぎ、宅地被害者の救済及び予防に向けた具体的な施策を実現していかなければならない。

　そこで、迅速な宅地被害者の救済と被害予防を期して、早急に意見の趣旨のとおり各事項の実現を求める次第である。

　　　　　　　　　　　　　　　　　　　　　　　　　　　　　　以上

---

i　宅地造成等規制法　第三条、第八条
第三条　都道府県知事（地方自治法（昭和二十二年法律第六十七号）第二百五十二条の十九第一項の指定都市（以下「指定都市」という。）、同法第二百五十二条の二十二第一項の中核市（以下「中核市」という。）又は同法第二百五十二条の二十六の三第一項の特例市（以下「特例市」という。）の区域内の土地については、それぞれ指定都市、中核市又は特例市の長。第二十四条を除き、以下同じ。）は、この法律の目的を達成するために必要があると認めるときは、関係市町村長（特別区の長を含む。以下同じ。）の意見を聴いて、宅地造成に伴い災害が生ずるおそれが大きい市街地又は市街地となろうとする土地の区域であって、宅地造成に関する工事について規制を行う必要があるものを、宅地造成工事規制区域として指定することができる。
2　前項の指定は、この法律の目的を達成するため必要な最小限度のものでなければならない。
3　都道府県知事は、第一項の指定をするときは、国土交通省令で定めるところにより、当該宅地造成工事規制区域を公示するとともに、その旨を国土交通大臣に報告し、かつ、関係市町村長に通知しなければならない。
4　第一項の指定は、前項の公示によってその効力を生ずる。
第八条　宅地造成工事規制区域内において行われる宅地造成に関する工事については、造成主は、当該工事に着手する前に、国土交通省令で定めるところにより、都道府県知事の許可を受けなけ

ればならない。ただし、都市計画法（昭和四十三年法律第百号）第二十九条第一項又は第二項の許可を受けて行われる当該許可の内容（同法第三十五条の二第五項の規定によりその内容とみなされるものを含む。）に適合した宅地造成に関する工事については、この限りでない。

ii　宅地造成等規制法施行令　第二章
第二章　宅地造成に関する工事の技術的基準
第四条　略
第五条　法第九条第一項の政令で定める技術的基準のうち地盤について講ずる措置に関するものは、次のとおりとする。
　一　切土又は盛土（第三条第四号の切土又は盛土を除く。）をする場合においては、崖の上端に続く地盤面には、特別の事情がない限り、その崖の反対方向に雨水その他の地表水が流れるように勾配を付すること。
　二　切土をする場合において、切土をした後の地盤に滑りやすい土質の層があるときは、その地盤に滑りが生じないように、地滑り抑止ぐい又はグラウンドアンカーその他の土留（以下「地滑り抑止ぐい等」という。）の設置、土の置換えその他の措置を講ずること。
　三　盛土をする場合においては、盛土をした後の地盤に雨水その他の地表水又は地下水（以下「地表水等」という。）の浸透による緩み、沈下、崩壊又は滑りが生じないように、おおむね三十センチメートル以下の厚さの層に分けて土を盛り、かつ、その層の土を盛るごとに、これをローラーその他これに類する建設機械を用いて締め固めるとともに、必要に応じて地滑り抑止ぐい等の設置その他の措置を講ずること。
　四　著しく傾斜している土地において盛土をする場合においては、盛土をする前の地盤と盛土とが接する面が滑り面とならないように段切りその他の措置を講ずること。
第六条　略
第七条　略
第八条　略
第九条　略
第十条　略
第十一条　略
第十二条　法第九条第一項の政令で定める技術的基準のうち崖面について講ずる措置に関するものは、切土又は盛土をした土地の部分に生ずることとなる崖面（擁壁で覆われた崖面を除く。）が風化その他の侵食から保護されるように、石張り、芝張り、モルタルの吹付けその他の措置を講ずることとする。
第十三条　法第九条第一項の政令で定める技術的基準のうち排水施設の設置に関するものは、切土又は盛土をする場合において、地表水等により崖崩れ又は土砂の流出が生ずるおそれがあるときは、その地表水等を排除することができるように、排水施設で次の各号のいずれにも該当するものを設置することとする。
　一　堅固で耐久性を有する構造のものであること。
　二　陶器、コンクリート、れんがその他の耐水性の材料で造られ、かつ、漏水を最少限度のものとする措置が講ぜられているものであること。ただし、崖崩れ又は土砂の流出の防止上支障がない場合においては、専ら雨水その他の地表水を排除すべき排水施設は、多孔管その他雨水を地下に浸透させる機能を有するものとすることができる。
　三　その管渠の勾配及び断面積が、その排除すべき地表水等を支障なく流下させることができるものであること。

四　専ら雨水その他の地表水を排除すべき排水施設は、その暗渠である構造の部分の次に掲げる箇所に、ます又はマンホールが設けられているものであること。
　　イ　管渠の始まる箇所
　　ロ　排水の流路の方向又は勾配が著しく変化する箇所（管渠の清掃上支障がない箇所を除く。）
　　ハ　管渠の内径又は内法幅の百二十倍を超えない範囲内の長さごとの管渠の部分のその清掃上適当な箇所
五　ます又はマンホールに、ふたが設けられているものであること。
六　ますの底に、深さが十五センチメートル以上の泥溜めが設けられているものであること。
第十四条　略

ⅲ　宅地造成等規制法　第十三条
第十三条　第八条第一項本文の許可を受けた者は、当該許可に係る工事を完了した場合においては、国土交通省令で定めるところにより、その工事が第九条第一項の規定に適合しているかどうかについて、都道府県知事の検査を受けなければならない。
２　都道府県知事は、前項の検査の結果工事が第九条第一項の規定に適合していると認めた場合においては、国土交通省令で定める様式の検査済証を第八条第一項本文の許可を受けた者に交付しなければならない。

ⅳ　建築基準法第19条
第十九条　建築物の敷地は、これに接する道の境より高くなければならず、建築物の地盤面は、これに接する周囲の土地より高くなければならない。ただし、敷地内の排水に支障がない場合又は建築物の用途により防湿の必要がない場合においては、この限りでない。
２　湿潤な土地、出水のおそれの多い土地又はごみその他これに類する物で埋め立てられた土地に建築物を建築する場合においては、盛土、地盤の改良その他衛生上又は安全上必要な措置を講じなければならない。
３　建築物の敷地には、雨水及び汚水を排出し、又は処理するための適当な下水管、下水溝又はためますその他これらに類する施設をしなければならない。
４　建築物ががけ崩れ等による被害を受けるおそれのある場合においては、擁壁の設置その他安全上適当な措置を講じなければならない。

ⅴ　地震時における地盤災害の課題と対策　2011年東日本大震災の教訓と提言」（公益社団法人地盤工学会）29頁
　　宅地の液状化対策の未整備に関して、に以下の指摘がある。「地盤の液状化に関する最新の技術が実質的に有効に適用されていない場合が多いなど、技術管理システムが未整備であった。すなわち、宅地の設計・施工に関しては、「宅地防災マニュアル」が1988年に制定され、1998年、2007年に改定された。2007年の改訂版では、地盤の液状化に関する項目が取り入れられている。各自治体では「宅地造成技術マニュアル」をそれぞれ制定しており、軟弱地盤が予想される場所では、地盤の液状化の調査を行うことが示されている。しかし、地盤の液状化に関しては「宅地造成等規制法」などによる法律的な規制がないため、これに関する検討の実施が限定的であった。」

> 資料③　４号建築物に対する法規制の是正を求める意見書
>
> 　　　　　　　　　　　　　　　　　　　　　　　　2018年３月15日
> 　　　　　　　　　　　　　　　　　　　　　　　　日本弁護士連合会

第１　意見の趣旨

　建築基準法20条１項４号所定の建築物（以下「４号建築物」という。）に関する安全性を確保するために、建築基準法令を以下のとおり改正すべきである。

1　建築基準法20条１項４号を改正して同号イに定める方法（仕様規定に適合すれば構造計算が免除される方法）を無くし、４号建築物についても、それ以外の建築物と同様に、常に構造計算を行うべきことを法的に義務付けるべきである。

2　仮に、同法20条１項４号イに定める方法を残すのであれば、４号建築物に適用される仕様規定（同法施行令36条３項に基づき適用される36条から80条の３までの規定）の定める技術的基準を全面的に改め、構造計算を行った場合と同等以上の構造安全性を確保できるようにすべきである。

　　具体的には、①要求値の見直し（垂直剛性を確保するため、施行令46条４項による壁量計算の見直し等）、②建築物に応じた仕様を要求する技術的基準への改正（水平剛性を確保するため、施行令46条３項において住宅品質確保促進法の規定に準ずる床倍率計算の導入等）、③欠如している技術的基準の追加（壁直下率・柱直下率、梁断面性状等に関する規定の新設等）の改正を行うべきである。

3　手続面において、建築基準法６条１項４号所定の建築物についても、建築確認手続及び中間検査・完了検査手続において例外なく構造安全性の審査及び検査を行うものとし、そのため建築確認申請時に構造関係の設計図書の添付を義務付けるべきである。

第２　意見の理由

1　はじめに―欠陥住宅被害が頻発する現状

　住宅は、最も根本的な生活基盤であり、居住者や訪問者等が生命、身体及び財産を預けるにふさわしい安全性その他の品質・性能を備えていなければならない。

そこで、建築基準法（以下「法」という。）は、建築物に関する「最低の基準」を定め、「国民の生命、健康及び財産の保護を図」ることを目的としている（法1条）。

ところが、このような最低限の安全性すら備えていない欠陥住宅が、いまだに社会に多数存在しており、かつ、日々生み出されているという現実がある。

このような欠陥住宅が生み出される要因には種々のものが考えられるが、その一つとして、建築基準法令による規制自体の不十分さがある。とりわけ、戸建住宅のような小規模な建築物に対する極めて不十分な法規制の在り方が、地震等に脆弱な欠陥住宅を生み出す素地になっている。

当連合会は、2017年4月8日、シンポジウム「木造戸建住宅の耐震性は十分か？─熊本地震を契機として4号建築物の耐震基準を考える─」を開催し、国土交通省住宅局建築指導課長、構造設計を専門とする日本建築構造技術者協会所属の一級建築士、木質構造を専門とする研究者、建築行政実務に携わる地方自治体職員を招いて議論を行った結果、4号建築物、とりわけ木造在来軸組工法の建築物に対する法規制は不十分かつ不適正なものにとどまっている実態が浮き彫りになった。

2　4号建築物に対する現行法の特例的取扱い

(1)　4号建築物とは

4号建築物とは、おおむね、木造の2階建若しくは平家建の建築物、又は、鉄筋コンクリート造若しくは鉄骨造の平家建の建築物で、小規模なものを指し、我が国における戸建住宅の大多数がこのカテゴリーに含まれることになる。

この4号建築物は、それ以外の建築物と異なり、現行の建築基準法令上、次のような特例的な取扱いがなされている。

(2)　実体的な特例〜構造計算の免除

第1に、実体的な特例として、構造計算の免除が認められている。

すなわち、法20条1項は、「建築物は、自重、積載荷重、積雪荷重、風圧、土圧及び水圧並びに地震その他の震動及び衝撃に対して安全な構造のものとして、次の各号に掲げる建築物の区分に応じ、それぞれ当該各号に定める基準に適合するものでなければならない。」として、建物規模ごとに構造安全性を確保するための基準を定めている。

そして、4号建築物以外の建築物は、全て建築基準法施行令（以下「令」という。）81条以下に規定されている構造計算（以下「構造計算」という。）を

行うことが義務付けられている。

　これに対し、4号建築物については、法20条1項4号において、構造計算を行うルートも定められているものの（同号ロ）、これと並列して選択的に、令36条から80条の3までの規定（以下「仕様規定」という。）に適合すれば構造計算を免除されるルートが認められている（法20条1項4号イ、令36条3項）。

(3) 手続的な特例〜構造審査の省略

　第2に、4号建築物のうち建築確認が義務付けられている建築物に対する手続的な特例として、建築確認・検査手続における構造審査の免除ないし省略が認められている（いわゆる「4号特例」）。

　すなわち、4号建築物以外の建築物は、建築確認手続及び中間・完了検査において、建築確認検査機関によって法適合性の審査及び検査が義務付けられている（法6条、6条の2、7条〜7条の4）。

　これに対し、上記の4号建築物については、①「建築士の設計に係るもの」である場合、建築確認手続において構造安全性の審査が省略され（法6条の4第1項3号）、また、②「建築士である工事監理者によって設計図書のとおりに実施されたことが確認されたもの」である場合、中間検査及び完了検査手続において構造安全性の検査が省略される（法7条の5）。

　その結果、上記の4号建築物については、確認申請書に構造関係の設計図書（軸組図、伏図等）を添付しなくともよい。

3　4号建築物における規制の不十分さと欠陥住宅被害の実態

(1) 以上のような4号建築物に対する法令の特例的取扱いは、戸建住宅における欠陥住宅被害、特に生命、身体及び財産に深刻な被害をもたらす構造欠陥の被害が生み出される温床になっている。

(2) 仕様規定の定める技術的基準の不十分さ

　まず、法20条1項4号イによって適用される仕様規定が、構造計算を行った場合に比べて不十分であるため、形式的に仕様規定を充たしただけでは建築基準法令の要求する耐震性能を必ずしも確保できないことが指摘されている。

　とりわけ、木造在来軸組工法の建築物に関する仕様規定については、次の各観点から見て、構造安全性に関する技術基準として著しく不十分であり、「最低の基準」（法1条）として十分条件たり得ていないため、設計者等に誤解を与えかねない内容となっている。

ア　規定水準についての不十分さ
　　　　例えば、令46条４項は、垂直構面の剛性に関して耐力壁の簡易な計算（壁量計算）を規定しているが、同計算結果は、構造計算（許容応力度計算）によって要求される壁量の約６～７割程度の水準にとどまっている。[1]
　　イ　規定形式についての不十分さ
　　　　例えば、令46条３項は、水平構面の剛性に関して火打梁等の設置を求めているが、建築物の規模・形状等に応じた仕様を要求する内容になっていない。このため、実際の建築物の規模や形状等によっては、単に火打梁を設置しただけでは十分な水平剛性が確保できないこともある。
　　ウ　規定項目についての不十分さ
　　　　例えば、①梁の断面に関して、柱や筋かいのような断面寸法に関する規定（令43条、45条）が設けられていない、②平面プランに狭窄部等がある場合に、狭窄部で分割して建築物の部分ごとに壁量等の構造検討を行うこと（ゾーニング）を要求する規定が設けられていない、③耐力壁や柱の上下階における一致割合（壁直下率・柱直下率）に関する規定が設けられていない等、構造計算をする際には検討されるべき項目について、仕様規定が不足している。
(3)　建築確認・検査手続における構造審査の免除の不合理性
　　また、４号建築物については、建築確認・検査手続において構造安全性の審査・検査が免除されているため、確認申請書に構造関係の設計図書（軸組図、伏図等の構造図面）を添付しなくともよい。
　　その結果、建築士が設計・監理に関与した４号建築物については、構造安全性について公的なチェックを受ける機会もなく、たとえ構造図面を作成していなくとも建築が可能である。そのため、建築構造に習熟していない意匠設計者の場合、平面図・立面図程度しか作成せずに建築木材製材業者（プレカット業者）にプレカット材を発注し、プレカット業者が作成するプレカット図面（施工図の一種で、設計図書ではない。）を構造図に代替させる、などといった実態がある。

1　前記日弁連シンポジウム資料集52頁掲載の金箱温春工学院大学建築学部特別専任教授の提供資料「許容応力度計算を行うと、46条壁量の1.5倍以上は必要となる」、同資料集66頁掲載の大橋好光東京都市大学工学部建築学科教授の提供資料「壁量設計で実現できる耐力は、構造計算で必要な耐力の3/4以下しかない」等参照。

(4) 不十分な法規制の下における欠陥住宅被害の実態

　以上のような不十分な法規制の下、4号建築物において、法20条1項イによる仕様規定のルートを選択した場合、仕様規定を形式的に充足しただけでは、法令が要求する構造安全性を確保できないことが少なからずある。

　特に、意匠重視の設計者は、大きな開口部や広い居室空間等といった垂直構面の耐力要素を仕様規定の極限まで減少させるプランニングをする傾向が強く、同時に、大きな吹抜やスキップフロア等といった水平構面の耐力要素も減少させるなど、構造安全性に配慮のない設計をするため、構造計算をすればエラー（NG）の結果が出る欠陥住宅が数多く存在している。

　また、4号建築物について特例的取扱いによる弊害が生じている実態は、例えば、以下のような実例からも垣間見ることができる。

ア　岩手県は、10件以上の4号建築物につき壁量不足等の建築基準法違反が発覚したため、設計をした建築士に対し免許取消処分がなされた上、2012年3月から2014年9月までの期間は4号建築物の建築確認検査に際して構造計算書を提出するよう要請する取扱いを行っていた。[2]

イ　また、関東・東海地方をエリアとするプレカット工場で加工された物件から、2階建て木造軸組住宅の4号建築物に限り、無作為に100件を対象として、プレカット工場に渡された図面とプレカット伏図を基に構造計算（許容応力度計算）を試みた結果、100件全てにおいてエラー（NG）の結果が出たという調査報告もなされている。[3]

ウ　国土交通省国土技術政策総合研究所等による熊本地震における建物被害の調査分析において、新耐震基準導入以降で倒壊した建築物77棟について被害要因分析を行った結果、73棟において現行規定の仕様となっていない接合部が確認できたとの報告がなされている。[4]

　これらの倒壊建物については、①接合部が現行規定の仕様となっていない建物も確認されており、これは4号建築物に対する構造審査・検査を実施することによって防止することができるし、②倒壊建物について

2　『日経ホームビルダー 2016年2月号』14頁。
3　「プレカットを用いた木造軸組住宅（四号建築物）に関する研究 その4－許容応力度計算による結果－」日本建築学会大会学術講演梗概集（東海）2012年9月。
4　国土交通省住宅局「『熊本地震における建築物被害の原因分析を行う委員会』報告書のポイント」6頁。

設計図書の調査まで行っていないため不明であるが、倒壊建物の中には設計瑕疵が存したものもあった可能性もあり、これを防ぐには構造計算を義務付けることが有効である。

(5) 国土交通省も規制の見直しを検討していたこと

　他方で、国土交通省も、法規制の不十分さを認めており、2008年4月22日付け国住指第255号「四号建築物に係る確認・検査の特例の見直しについて」と題する文書において、「先般、四号特例が適用された建売住宅において、壁量計算を行っていない等の不適切な設計が行われ、約1,800棟の住宅で構造強度不足が明らかになる事態が発生したことを踏まえ、四号特例の見直しを予定しているところですが、見直しの具体的な内容や時期については今後の検討課題であり、また、その実施にあたっては、設計及び審査の現場が混乱しないよう十分に周知等を図ることとしています。」とした上、「建築関係者の皆様におかれては下記の点にご留意ください。」として、「【留意点その1】今後、構造設計一級建築士制度の創設等を内容とする改正建築士法が施行されますが、四号特例の見直しを改正建築士法の施行と同時に実施するものではありません。四号特例の見直しは、設計者等が十分に習熟した後に行うことにしており、その実施時期はまだ決まっておりません。」、「【留意点その2】四号特例の見直しに関連し、本年夏頃より全国各地で、設計者など実務者向けに戸建て木造住宅の構造計画に関する講習会を実施します。」などと記載している。

　つまり、国土交通省自ら、4号特例を直ちに見直し（廃止）すると、習熟していない設計者等によって設計及び審査の現場が混乱するため、設計者を対象に木造戸建住宅の構造計画に関する講習を行わなければならない、という実情を認めていたのである。

4　4号建築物に関する現行法規制を改正する必要性

(1) 進まぬ法改正

　2005年11月に発覚した耐震偽装事件を契機として、建築基準法等が改正され、大規模建築物については構造設計一級建築士制度や構造計算適合性判定制度等が創設されて構造安全性を確保するための一定の手当がなされた。

　他方、4号建築物については、上記のとおり、2008年4月22日付け国住指第255号からも明らかなように、構造強度不足の被害が多数発生しており、国土交通省も問題があることは十分に理解した上で、4号特例（手

続的特例）を廃止ないし見直す改正を予定していたものの、「設計及び審査の現場が混乱」することを避けるべく、改正が「延期」された。

　ところが、それから約10年が経過しているにもかかわらず当該改正が実施されることもなく、国土交通省は現時点において改正する意思を示していない。

　実際、現在進行中の国土交通省の社会資本整備審議会建築分科会において、「今後の建築基準制度のあり方」に関し検討がなされた結果について、「建築物の安全性確保と既存建築ストックの有効活用及び木造建築関連基準の合理化の両立に向けて（仮称）（第三次報告）」の取りまとめ作業がなされているが、その中でも4号建築物の問題には全く触れられていない。

　つまり、4号建築物に対する法規制については、問題があるため、いったん具体的な改正についても議論されていたにもかかわらず、「官製不況が生じる」などといった建設業界からの反発・批判を受けて、改正を延期した上、今や先送りないしうやむやにしようとしている現状にある。

(2)　規制の不十分さを指摘する建築専門家の意見

　今般、各都道府県の建築士会や建築士事務所協会、主要な指定確認検査機構、建築学科を置く主要な大学等に対して、本意見書の趣旨の内容についてアンケート調査を実施した。

　その結果、以下のような回答結果が得られた（なお、アンケートに対しては「保留」との回答もあったことから、割合（％）は、明示的な回答がなされたものを母数としている。割合（％）の後ろに括弧書きで、具体的な回答数と保留を除く有効回答数を分数で示している。）。

ア　現行法における4号建築物に対する実体的規制としての仕様規定について、①令46条4項の壁量規定が不十分であるとの回答が64％（16/25）、②令46条3項以外の水平剛性の規定が必要であるとの回答が88.5％（23/26）、③梁の断面性状に関する規定が必要であるとの回答が58％（14/24）、④狭窄部等がある場合の分割検討（ゾーンニング）に関する規定が必要であるとの回答が50％（12/24）、⑤柱直下率・壁直下率に関する規定が必要であるとの回答が64％（16/25）と、技術的基準の水準が不十分であるとの意見が多く見られた。

イ　現行法における4号建築物に対する手続的特例としての構造審査・検査の省略について、「妥当と考えられない」との回答が62.5％（15/24）であり、現行の4号特例に問題性を認める意見が多く見られた。

ウ 4号建築物に対する規定を改正する場合の改正案について質問したところ、①4号建築物に構造計算を義務付ける案について賛成意見が28%（7/25）、②4号建築物に適用される仕様規定を改正して構造計算をした場合と同等の安全性を確保できるだけの余力をもった内容に改める案について賛成意見が56%（14/25）、③4号特例を廃止して4号建築物についても構造審査を行うようにする案について賛成意見が52.2%（12/23）という回答結果であった。

以上のアンケート結果からすると、4号建築物の現行法規制には問題があるとの意見を示す建築士等が一定数いることが認められ、その改正方向として、本意見書の意見の趣旨に対しては、1項を除き、アンケート回答者の過半数が賛成意見を示していることが確認できた。

前述のとおり、国土交通省は建設業界の反対意見を危惧して改正を先送りにしているものと思料されるが、建設業界内部にいる建築士等の建築専門家の間においても、4号建築物に関する法規制について改正の必要があると認識されていることを物語っている。

(3) 早急に法改正が求められること

かねてより発生が予想されている東海地震や南海トラフ地震のみならず、最近では、北海道沖巨大地震等も予想されるなど、我が国では、いつ、どこで大地震が発生してもおかしくない状況にある中、建築物の耐震性を始めとする安全性の確保は喫緊の課題である。

耐震性不足は生命、身体及び財産に対する重大な侵害となる欠陥住宅被害であって、一たび被害に遭った場合、司法による事後救済では回復困難な甚大な損害が生じる。ましてや地震で建物が倒壊した場合を想定すれば、まさに取り返しがつかない被害であるため、事前の法規制こそが重要なのである。

とりわけ、4号建築物の多くは小規模住宅といった個人所有建築物であり、専門的知識に乏しい一般市民にとって、構造計算の免除や手続の省略は建築コスト軽減という目先の利益につながりやすい上、現代においては、広く明るい居室や吹抜による大空間など、耐力要素となる柱・壁・床の少ない建物が指向される傾向も見られ、仕様規定が想定していた建築物とは様相を異にしている。他方、4号建築物は、小規模な工務店や設計事務所にとって主力業務となっているが、そのような零細な事業者に、明確な法的義務が課されていない構造計算の任意の実施を期待することは現実

的でなく、そもそも構造設計に関する専門的知識もなく、構造図面も作成せずプレカット業者の作成するプレカット図面のみで建築されている例も非常に多い（前述のとおり、4号建築物を扱う設計者等が構造設計に習熟していないことが4号特例廃止の延期の理由とされていた。）。これらがあいまって、構造安全性の検討がなされない危険な建築物が生み出されているのが実情である。

耐震偽装など過去繰り返されてきた欠陥住宅被害の歴史と、上記のような4号建築物を取り巻く実情を直視すれば、国によって安全性を確保するための建築法制こそが求められる。

(4) 4号建築物に関し構造安全性確保の法的要請をより明確にすべきこと

さらに言えば、欠陥住宅訴訟においては、現に構造計算をすればエラー（NG）という結果が出る4号建築物についても、「仕様規定を充足している」、「建築確認を受けている」などとして瑕疵該当性が争われることがあり、これに対し、裁判所も、明らかな建築基準法令違反あるいは瑕疵と認めることに躊躇することも見られ、また、いわゆる建築専門部の裁判官らにより、4号建築物に関して、「基本的に、法令上は構造計算をすることが求められていない（建基法20条4号イ）。」、「建築物の安全性を確保するという見地からは、これらの建築物であっても構造計算をすることが望ましいといえるし、実際に構造計算がされている例も多いと考えられる（建築基準法自体、構造計算によって安全性を確かめることも想定している〔20条4号ロ〕。）。しかし、現行の建築基準法の規定による限り、当事者間に特段の約定等がない限り、構造計算によって確かめられる安全性を有することは設計契約及び建築請負契約の内容となっていない（したがって、仮に構造計算をすれば安全性に問題があるとしても、この点が直ちに設計上及び施工上の瑕疵にあたるとはいえない。）ものと考える。」と述べられる状況にもある。[5]

もちろん、建築基準法令の理念及び趣旨に照らせば、構造安全性の欠如が明らかな建築物を法が許容するものでないことは明らかであるが、法的規制の不完全さゆえに解釈上の問題を招いているのである。

このように、4号建築物に対する現行の法的規制の在り方が、構造欠陥の被害の司法的救済についても妨げとなってきているのが実情である。

---

5 小久保孝雄外『リーガルプログレッシブ・シリーズ14建築訴訟』青林書院。

(5) 構造計算の義務付けに対する反対意見には合理的理由がないこと

　なお、４号建築物についても常に構造計算を義務付けるという法改正については、実現可能性、作業量の増加、効果面への疑義、消費者の住宅取得コストの増加等を指摘する反対意見も存する。

　しかし、前記のような現実の被害実態があること、建築基準法上４号建築物以外の建築物は全て構造計算を行うことが原則であること、構造計算ソフト等の技術的進歩も見られ、作業量やコストの増加と言ってもさほど大きなものでないこと（例えば、木造３階建住宅は、一般に敷地面積や規模が小さく、取得費用も４号建築物と同等かそれ以下の水準のものが多いが、構造計算が法的に義務づけられて現に実施されている。）、４号建築物のほとんどは住宅であって４号建築物こそ居住者の生命、身体及び財産の安全に直結するものであり、構造計算による安全性確保が要請されるといえること等に鑑みれば、このような反対意見は構造計算の義務付けの必要性を否定する理由になり得るものではない。

5　結語

　以上を踏まえ、４号建築物に関する安全性を確保するために、意見の趣旨記載の建築基準法令の改正を求める次第である。

　　　　　　　　　　　　　　　　　　　　　　　　　　　　　　以上

Ⅱ　参考文献

1　事典・用語辞典等

① 橋場信雄『建築用語図解辞典』(理工学社、1970)
② 斎藤幸男編『絵で見る建設図解事典（全11巻）』(建築資料研究社、1990～91)
③ 遠藤浩ほか編『明解不動産用語辞典』(第一法規出版、1991)
④ 彰国社編『建築大辞典〔第2版〕』(彰国社、1993)
⑤ ACEネットワーク『図解よくわかる建築・土木——しくみと基礎知識』(西東社、1997)
⑥ 日本建築学会編『建築学用語辞典〔第2版〕』(岩波書店、1999)
⑦ 日本建築技術者センター編『建築技術の基礎知識——住宅を中心として〔第29版〕』(霞ヶ関出版社、2004)
⑧ 建築施工用語研究会編『「図解」施工用語辞典〔改訂版〕』(井上書院、2006)
⑨ 『誰にも聞けない家造りのコトバ——すまいのビジュアル事典（エクスナレッジムック）』(エクスナレッジ、2007)
⑩ 建築技術者試験研究会編『新しい建築用語の手びき〔第13次改訂版〕』(霞ヶ関出版社、2010)
⑪ 日本建築学会編『構造用教材〔改訂第3版〕』(日本建築学会（丸善）、2014)

2　技術基準解説書

① 地盤改良のトラブルの要因とその対策編集委員会編『地盤改良のトラブルの要因とその対策』(土質工学会、1993)
② 日本建築センター出版部編『建築物の構造規定——建築基準法施行令第

3章の解説と運用〔第2版〕』（日本建築センター出版部、1995）
③　日本建築学会編『建築物の遮音性能基準と設計指針〔第2版〕』（技報堂出版、1997）
④　日本建築学会編『シックハウス事典』（技報堂出版、2001）
⑤　直井正之『住宅をつくるための「住宅基礎の地盤」がわかる本』（建築技術、2002）
⑥　日本建築学会編『シックハウス対策のバイブル』（彰国社、2002）
⑦　柳沢幸雄ほか『化学物質過敏症（文春新書）』（文藝春秋、2002）
⑧　岩瀬文夫『ひび割れのないコンクリートのつくり方』（日経BP社（日経BP出版センター）、2003）
⑨　大阪府建築士会ほか編『シックハウスがわかる――現場から学ぶ本質と対策』（学芸出版社、2004）
⑩　日本建築学会編著『建築工事標準仕様書・同解説（JASS）11・木工事図解』（日本建築学会（丸善）、2005）
⑪　日本建築学会編著『鉄筋コンクリート造建築物の収縮ひび割れ制御設計・施工指針（案）・同解説』（日本建築学会（丸善）、2006）
⑫　日経アーキテクチュア編『水が招く建築トラブル解消術――事例に学ぶ「雨漏り」「結露」の予防と対策』（日経BP社（日経BP出版センター）、2006）
⑬　枠組壁工法建築物設計の手引・構造計算指針編集委員会編『枠組壁工法建築物設計の手引（2007年）』（日本ツーバイフォー建築協会（工業調査会）、2007）
⑭　日本建築学会編著『小規模建築物基礎設計指針』（日本建築学会（丸善）、2008）
⑮　青木博文ほか『建築構造』（実教出版、2008）
⑯　住宅金融支援機構監修『鉄筋コンクリート造・鉄骨造・補強コンクリートブロック造（補強セラミックブロック造）・鉄筋コンクリート組積造住宅工事仕様書（全国版）〔平成22年改訂〕』（住宅金融普及協会、2010）
⑰　住宅金融支援機構監修『枠組壁工法住宅工事仕様書・解説付（全国版）〔平

成22年改訂〕』(住宅金融普及協会、2010)
⑱　日本建築学会編『シックハウス対策マニュアル』(技報堂出版、2010)
⑲　第二東京弁護士会消費者問題対策委員会・99建築問題研究会編『欠陥住宅紛争解決のための建築知識〔改訂〕』(ぎょうせい、2011)
⑳　今村仁美ほか『図説やさしい建築一般構造』(学芸出版社、2009)
㉑　山辺豊彦『世界で一番やさしい木構造――110のキーワードで学ぶ〔増補改訂カラー版〕』(エクスナレッジ、2013)
㉒　日本グラウト協会編『正しい薬液注入工法――この一冊ですべてがわかる〔新訂4版〕』(日刊建設工業新聞社(鹿島出版会)、2015)
㉓　住宅金融支援機構編著『木造住宅工事仕様書』(井上書院、年版)
㉔　一般社団法人公共建築協会編『建築工事施工監理指針(上)(下)』(建設出版センター、年版)

3　法令集・法令解説

①　安藤一郎『実務　新建築基準法――民法との接点』(三省堂、1993)
②　伊藤滋夫編著『逐条解説住宅品質確保促進法』(有斐閣、1999)
③　澤田和也『実務のための住宅品質確保法の解説』(民事法研究会、2002)
④　建築基準法令研究会編著『わかりやすい建築基準法〔新訂第2版〕』(大成出版社、2009)
⑤　岡本正治ほか『逐条解説宅地建物取引業法〔改訂版〕』(大成出版社、2012)
⑥　甲斐道太郎ほか編『消費者六法』(民事法研究会、年版)　※民間連合約款収録
⑦　国土交通省住宅局建築指導課・建築技術者試験研究会編『基本建築関係法令集』(井上書院、年版)
⑧　国土交通省住宅局建築指導課編『図解建築法規』(新日本法規出版、年版)
⑨　日本建築学会編『建築法規用教材』(日本建築学会(丸善)、年版)
⑩　建築申請実務研究会編『建築申請memo』(新日本法規出版、年版)

4　法律実務書

① 　欠陥住宅被害全国連絡協議会編『消費者のための欠陥住宅判例［第 1 集］』（民事法研究会、2000）、同［第 2 集］（民事法研究会、2002）、同［第 3 集］（民事法研究会、2004）、同［第 4 集］（民事法研究会、2006）、同［第 5 集］（民事法研究会、2009）、同［第 6 集］（民事法研究会、2012）、同［第 7 集］（民事法研究会、2016）

② 　中村幸安『住まいの建て方と選び方100章――失敗しないためのチェックポイント』（鹿島出版会、1983）

③ 　中村幸安「だれにでもできる住まいの診断100章」（鹿島出版会、1986）

④ 　田中峯子＝中村幸安『住まいの法律100章』（鹿島出版会、1989）

⑤ 　荒井八太郎ほか編著『建築の裁判例（生活紛争裁判例シリーズ）』（有斐閣、1992）

⑥ 　荒井八太郎ほか『建築の法律紛争〔新版〕』（有斐閣、1995）

⑦ 　澤田和也『欠陥住宅紛争の上手な対処法』（民事法研究会、1996）

⑧ 　日本弁護士連合会消費者問題対策委員会編『いま、日本の住宅が危ない！――我が国の欠陥住宅の現状と被害救済・被害防止への指針』（民事法研究会、1996）

⑨ 　花立文子『建築家の法的責任』（法律文化社、1998）

⑩ 　東京弁護士会弁護士研修委員会編『弁護士泣かせの建築紛争解決法』（商事法務研究会、1998）

⑪ 　平野憲司『 3 階建て住宅が危ない!!』（民事法研究会、1998）

⑫ 　黒田七重『裁判官は建築を知らない!?』（民事法研究会、1999）

⑬ 　吉岡和弘ほか『欠陥住宅に泣き寝入りしない本』（洋泉社、1999）

⑭ 　内田勝一ほか編『現代の都市と土地私法』（有斐閣、2001）

⑮ 　仙台弁護士会編『欠陥住宅紛争解決の実務』（仙台弁護士協同組合、2002）

⑯ 　大内捷司編著『住宅紛争処理の実務』（判例タイムズ社、2003）

⑰ 　澤田和也ほか『Q&A誰でもできる欠陥住宅の見分け方〔第四版〕』（民事

法研究会、2004)

⑱　横浜弁護士会編『建築請負・建築瑕疵の法律実務――建築紛争解決の手引』(ぎょうせい、2004)

⑲　東京地方裁判所建築訴訟対策委員会編著『建築訴訟の審理』(判例タイムズ社、2006)

⑳　澤田和也編著『訴訟に役立つ欠陥住宅調査鑑定書の書き方〔第2版〕』(民事法研究会、2008)

㉑　田中峯子編『建築関係紛争の法律相談〔改訂版〕(新・青林法律相談3)』(青林書院、2008)

㉒　原田剛『請負における瑕疵担保責任〔補訂版〕』(成文堂、2009)

㉓　日本弁護士連合会消費者問題対策委員会編『まだまだ危ない！日本の住宅』(民事法研究会、2009)

㉔　簑原信樹ほか編著『ひと目でわかる欠陥住宅――法律実務家のために』(民事法研究会、2010)

㉕　岡本正治ほか『詳解不動産仲介契約〔全訂版〕』(大成出版社、2012)

㉖　松本克美ほか編『建築訴訟〔第2版〕(専門訴訟講座2)(民事法研究会、2013)

㉗　小久保孝雄ほか編著『建築訴訟(リーガル・プログレッシブ・シリーズ14)』(青林書院、2015)

㉘　日本弁護士連合会消費者問題対策委員会編『消費者のための住宅リフォームの法律相談Q&A――正しい発注契約からトラブル対応まで』(民事法研究会、2015)

㉙　岩島秀樹ほか編著『建築瑕疵の法律と実務』(日本加除出版、2015)

㉚　地盤工学会関東支部地盤リスクと法・訴訟等の社会システムに関する事例研究委員会編『法律家・消費者のための住宅地盤Q&A』(民事法研究会、2017)

㉛　齋藤繁道編著『建築訴訟(最新裁判実務大系6)』(青林書院、2017)

5　その他資料

① 「マイホーム建築の心得──建築工事紛争の未然防止のための手引き』（建築業振興基金）

② 「瑕疵補修請求の手引き」（日本住宅公団分譲住宅管理組合連絡協議会、1972.5.20）

③ 伊藤健二ほか『これだけは知っておきたい防水工事の知識』（鹿島出版会、1983）

④ 滝井繁男『建設工事契約』（ぎょうせい、1991）

⑤ 高木佳子ほか『高齢者のすまいデータブック──弁護士と建築家からのアドバイス』（有斐閣、1993）

⑥ 「倒産しないから安全、とは言えない」（日経アーキテクチュア1995.4.10）

⑦ 集合住宅維持管理機構「集合住宅の大規模改修セミナーテキスト」（関西分譲共同住宅管理組合協議会、1995.11.10）

⑧ 須賀好富「マンションはなぜ倒壊したか」（SEKAI、1995.6）

⑨ 山村寛之ほか『阪神大震災の教訓──検証・建造物はなぜ壊れたのか』（第三書館、1995）

⑩ 小林一輔『コンクリートが危ない（岩波新書）』（岩波書店、1999）

⑪ 坂本功『木造建築を見直す（岩波新書）』（岩波書店、2000）

⑫ 建築ジャーナル編『夢のわが家で泣かないために──欠陥住宅・シックハウスの実例から学ぶ』（建築ジャーナル、2002）

⑬ 東京地方裁判所建築訴訟対策委員会「建築鑑定の手引き」判時1777号3頁（2002）

⑭ 日本弁護士連合会編『家づくり安心ガイド』（岩波書店、2004）

⑮ 日本弁護士連合会消費者問題対策委員会編『消費者のための家づくりモデル約款の解説〔第2版〕』（民事法研究会、2011）

⑯ 谷合周三「注文者側代理人からみた建築紛争」東京弁護士会弁護士研修センター運営委員会編『住宅瑕疵紛争の知識と実務（弁護士専門研修講座）』

192頁（ぎょうせい、2015）
⑰　名古屋地方裁判所民事プラクティス検討委員会「請負報酬請求事件における追加変更工事に関する実務上の諸問題」判タ1412号86頁（2015）
⑱　民間（旧四会）連合協定工事請負契約約款委員会編著『民間（旧四会）連合協定工事請負契約約款の解説〔第5版〕』（大成出版社、2016）
⑲　民間（旧四会）連合協定工事請負契約約款委員会編著『民間〈旧四会〉連合協定小規模建築物・設計施工一括用工事請負等契約約款及びリフォーム工事請負契約約款の解説』（大成出版社、2016）
⑳　高嶋卓「大阪民事実務研究会　外壁タイルの瑕疵と施工者の責任」判タ1438号48頁（2017）
㉑　門口正人ほか「裁判官に聴く　訴訟実務のバイタルポイント（No.3・No.4）建築訴訟(1)(2)」ジュリスト1506号・1507号（2017）
㉒　建築資料研究社編『積算ポケット手帳建築編（建築材料・施工全般）』（建築資料研究社、年2回発行）
㉓　欠陥住宅被害全国連絡協議会（欠陥住宅全国ネット）「ふぉあ・すまいる」（№1（1999）から年2回発行）

Ⅲ 欠陥住宅紛争に関する相談窓口・紛争処理機関

1 全国の弁護士会紛争解決センター一覧

地　域	都道府県	センター名	電話番号(※は会代表)
北海道	北海道	札幌弁護士会　紛争解決センター	011-251-7730
東　北	宮城県	仙台弁護士会　紛争解決支援センター	022-223-2383
東　北	山形県	山形県弁護士会　示談あっせんセンター	023-635-3648
東　北	福島県	福島県弁護士会　示談あっせんセンター	024-534-2334(※)
関　東	東京都	東京弁護士会　紛争解決センター	03-3581-0031
関　東	東京都	第一東京弁護士会　仲裁センター	03-3595-8585(※)
関　東	東京都	第二東京弁護士会　仲裁センター	03-3581-2249
関　東	神奈川県	神奈川県弁護士会　紛争解決センター	045-211-7716
関　東	埼玉県	埼玉弁護士会　示談あっせん・仲裁センター	048-710-5666
関　東	栃木県	栃木県弁護士会　紛争解決センター	028-689-9000
関　東	山梨県	山梨県弁護士会　民事紛争解決センター	055-235-7202(※)
関　東	新潟県	新潟県弁護士会　示談あっせんセンター	025-222-5533(※)
関　東	群馬県	群馬弁護士会　紛争解決センター	027-234-9321
関　東	長野県	長野県弁護士会　紛争解決センター	026-232-2104(※)
関　東	静岡県	静岡県弁護士会　あっせん・仲裁センター	054-252-0008(※)
中　部	富山県	富山県弁護士会　紛争解決センター	076-421-4811(※)
中　部	愛知県	愛知県弁護士会　紛争解決センター	052-203-1777
中　部	愛知県	愛知県弁護士会　西三河支部紛争解決センター	0564-54-9449
中　部	岐阜県	岐阜県弁護士会　示談斡旋センター	058-265-0020(※)
中　部	石川県	金沢弁護士会　紛争解決センター	076-221-0242(※)
近　畿	大阪府	公益社団法人民間総合調停センター	06-6364-7644
近　畿	京都府	京都弁護士会　紛争解決センター	075-231-2378
近　畿	兵庫県	兵庫県弁護士会　紛争解決センター	078-341-8227
近　畿	奈良県	奈良弁護士会　仲裁センター	0742-22-2035(※)
近　畿	滋賀県	滋賀弁護士会　和解あっせんセンター	077-522-2013(※)

	和歌山県	和歌山弁護士会　紛争解決センター	073-422-4580（※）
中国	広島県	広島弁護士会　仲裁センター	082-225-1600（※）
	山口県	山口県弁護士会　仲裁センター	083-922-0087（※）
	岡山県	岡山弁護士会　岡山仲裁センター	086-223-4401（※）
四国	愛媛県	愛媛弁護士会　紛争解決センター	089-941-6279
九州	福岡県	福岡県弁護士会　紛争解決センター（天神弁護士センター）	092-741-3208
		福岡県弁護士会　紛争解決センター（北九州法律相談センター）	093-561-0360
		福岡県弁護士会　紛争解決センター（久留米法律相談センター）	0942-30-0144
	熊本県	熊本県弁護士会　紛争解決センター	096-325-0913
	鹿児島県	鹿児島県弁護士会　紛争解決センター	099-226-3765（※）
	沖縄県	沖縄弁護士会　紛争解決センター	098-865-3737（※）

2　住宅紛争審査会一覧

	名　称	住　所	電話番号
北海道	札幌弁護士会 住宅紛争審査会	060-0001　札幌市中央区北１条西10丁目 札幌弁護士会館２階	011-252-1147
	函館弁護士会 住宅紛争審査会	040-0031　函館市上新川町1-3	0138-41-0087
	旭川弁護士会 住宅紛争審査会	070-0901　旭川市花咲町4	0166-46-8847
	釧路弁護士会 住宅紛争審査会	085-0824　釧路市柏木町4-3	0154-41-0214
東北	仙台弁護士会 住宅紛争審査会	980-0811　仙台市青葉区一番町2-9-18	022-223-5506
	福島県弁護士会 住宅紛争審査会	960-8115　福島市山下町4-24	024-525-0501
	山形県弁護士会 住宅紛争審査会	990-0042　山形市七日町2-7-10 NANA BEANS 8階	023-622-2234
	岩手弁護士会 住宅紛争審査会	020-0022　盛岡市大通1-2-1 岩手県産業会館本館2階	019-604-7333
	秋田住宅紛争審査会	010-0951　秋田市山王6-2-7 秋田弁護士会内	018-862-3770

III 欠陥住宅紛争に関する相談窓口・紛争処理機関

	青森県弁護士会 　　住宅紛争審査会	030-0861　青森市長島1-3-1 日赤ビル5階	017-777-7285
関東	東京弁護士会 　　住宅紛争審査会	100-0013　千代田区霞が関1-1-3 弁護士会館	03-3581-9040
	第一東京弁護士会 　　住宅紛争審査会	100-0013　千代田区霞が関1-1-3 弁護士会館	03-3595-8587
	第二東京弁護士会 　　住宅紛争審査会	100-0013　千代田区霞が関1-1-3 弁護士会館	03-3581-1714
	神奈川住宅紛争審査会	231-0021　横浜市中区日本大通9 神奈川県弁護士会館内	045-222-0423
	埼玉住宅紛争審査会	330-0063　さいたま市浦和区高砂4-2-1 浦和高砂パークハウス1階	048-710-5783
	千葉県弁護士会 　　住宅紛争審査会	260-0013　千葉市中央区中央4-13-12	043-227-8431
	茨城県弁護士会 　　住宅紛争審査会	310-0062　水戸市大町2-2-75	029-222-3510
	栃木県弁護士会 　　住宅紛争審査会	320-0845　宇都宮市明保野町1-6	028-689-9003
	群馬弁護士会 　　住宅紛争審査会	371-0026　前橋市大手町3-6-6	027-230-1272
	静岡県弁護士会 　　住宅紛争審査会	420-0853　静岡市葵区追手町10-80	054-252-0008
	山梨県弁護士会 　　住宅紛争審査会	400-0032　甲府市中央1-8-7	055-221-0401
	長野県住宅紛争審査会	380-0872　長野市妻科432	026-238-8825
	新潟県弁護士会 　　住宅紛争審査会	951-8062　新潟市中央区西堀前通一番 町702　西堀一番町ビル102	025-226-7022
中部	愛知住宅紛争審査会	460-0001　名古屋市中区三の丸1-4-2	052-203-1651
	三重弁護士会 　　住宅紛争審査会	514-0032　津市中央3-23	059-228-2232
	岐阜県弁護士会 　　住宅紛争審査会	500-8811　岐阜市端詰町22	058-265-0020

第10章　欠陥住宅問題に関する参考資料

	福井住宅紛争審査会	910-0004　福井市宝永4-3-1 三井生命ビル7階	0776-23-5255
	金沢弁護士会 　住宅紛争審査会	920-0937　金沢市丸の内7番36号	076-221-0242
	富山県弁護士会 　住宅紛争審査会	930-0076　富山市長柄町3-4-1	076-421-4811
近畿	大阪住宅紛争審査会	530-0047　大阪市北区西天満1-12-5 大阪弁護士会館1階	06-6364-1244
	京都弁護士会 　住宅紛争審査会	604-0971　京都市中京区富小路通丸太町下ル	075-253-0634
	兵庫県弁護士会 　住宅紛争審査会	650-0044　神戸市中央区東川崎町1-1-3 神戸クリスタルタワー13階	078-367-3616
	奈良弁護士会 　住宅紛争審査会	630-8237　奈良市中筋町22-1	0742-22-2035
	滋賀弁護士会 　住宅紛争審査会	520-0051　大津市梅林1-3-3	077-510-8420
	和歌山弁護士会 　住宅紛争審査会	640-8144　和歌山市四番丁5	073-422-4580
中国地方	広島弁護士会 　住宅紛争審査会	730-0012　広島市中区上八丁堀2-73 広島弁護士会内	082-511-3324
	山口県弁護士会 　住宅紛争審査会	753-0045　山口市黄金町2-15	083-921-8087
	岡山弁護士会 　住宅紛争審査会	700-0807　岡山市北区南方1-8-29	086-223-4401
	鳥取県弁護士会 　住宅紛争審査会	680-0011　鳥取市東町2-221	0857-25-3350
	島根県弁護士会 　住宅紛争審査会	690-0886　松江市母衣町55-4 松江商工会議所ビル7階	0852-59-2477
四国	香川県弁護士会 　住宅紛争審査会	760-0033　高松市丸の内2-22	087-822-3693
	徳島弁護士会 　住宅紛争審査会	770-0855　徳島市新蔵町1-31	088-652-5768
	高知弁護士会 　住宅紛争審査会	780-0928　高知市越前町1-5-7	088-822-4867

	愛媛弁護士会 住宅紛争審査会	790-0003　松山市三番町4-8-8	089-941-6279
九州	福岡県弁護士会 住宅紛争審査会	810-0004　福岡市中央区渡辺通5-14-12 南天神ビル2階	092-737-8138
	佐賀県弁護士会 住宅紛争審査会	840-0833　佐賀市中の小路7-19	0952-24-3411
	長崎県弁護士会 住宅紛争審査会	850-0875　長崎市栄町1-25 長崎MSビル4階	095-824-3903
	大分県弁護士会 住宅紛争審査会	870-0047　大分市中島西1-3-14	097-536-1458
	熊本県弁護士会 住宅紛争審査会	860-0078　熊本市中央区京町1-13-11	096-325-0913
	鹿児島県弁護士会 住宅紛争審査会	892-0815　鹿児島市易居町2-3	099-226-3765
	宮崎県弁護士会 住宅紛争審査会	880-0803　宮崎市旭1-8-45	0985-22-2466
	沖縄弁護士会 住宅紛争審査会	900-0014　那覇市松尾2-2-26-6	098-865-3737

2017年9月現在。住宅紛争審査会では、建設住宅性能評価書が交付されている住宅(評価住宅)および住宅瑕疵担保責任保険が付されている住宅(保険付き住宅)にかかわる紛争処理(あっせん、調停、仲裁)を行います。評価住宅または保険付き住宅の取得者・供給者で紛争処理を希望される方は、お近くの住宅紛争審査会にお問い合わせください。

3　欠陥住宅被害全国連絡協議会・同地域ネット

名　称	郵便番号	住　所	電話番号 FAX番号
欠陥住宅被害全国連絡協議会(欠陥住宅全国ネット)	541-0041	大阪府大阪市中央区北浜2-5-23 小寺プラザ7階 弁護士　平泉憲一	06-6223-1717 06-6223-1710
欠陥住宅北海道ネット	060-0042	北海道札幌市中央区大通西10-4 南大通ビル東館8階 弁護士　石川和弘	011-209-7150 011-209-7151

欠陥住宅東北ネット	980-0811	宮城県仙台市青葉区一番町2-10-17 仙台一番町ビル7階 弁護士　伊藤佑紀	022-399-6483 022-399-6482
欠陥住宅関東ネット	103-0027	東京都中央区日本橋2-10-5 第2SKビル10階 弁護士　髙木秀治	03-3275-3380 03-3275-2020
欠陥住宅対策北陸ネット	918-8237	福井県福井市和田東2-1912 大橋ビル204 建築士　東畑慎治	0776-58-2668
欠陥住宅東海ネット	460-0002	愛知県名古屋市中区丸の内3-17-6　ナカトウ丸の内ビル3階 弁護士　水谷大太郎	052-973-2531 052-973-2530
欠陥住宅京都ネット	604-8166	京都府京都市中京区三条通烏丸西入御倉町85-1　KDX烏丸ビル5階 弁護士　上田　敦	075-221-2755 075-221-2756
欠陥住宅関西ネット	536-0015	大阪府大阪市城東区新喜多1-1-1 ツインプラザ202 弁護士　長瀬信明	06-6933-0296 06-6932-5685
欠陥住宅和歌山ネット	640-8105	和歌山県和歌山市三木町南ノ丁18番地 ライオンズマンション和歌山三木町202 弁護士　東　紘資	073-433-1088 073-428-2370
欠陥住宅神戸NET	657-0027	兵庫県神戸市灘区永手町5-2-7 イソベビル202 弁護士　中西大樹	078-959-5710 078-959-5711
欠陥住宅被害中国・四国ネット岡山支部	700-0811	岡山県岡山市北区番町1-5-5 弁護士　猪木健二	086-224-1105 086-224-1106
欠陥住宅被害中国・四国ネット高知支部	780-0984	高知県高知市西久万52-7 建築士　島田晴江	088-823-6016 088-875-2429
欠陥住宅被害中国・四国ネット	730-0012	広島県広島市中区上八丁堀7-10 HSビル2階 弁護士　森友隆成	082-224-2345 082-224-2255

III　欠陥住宅紛争に関する相談窓口・紛争処理機関

欠陥住宅ふくおかネット	810-0001	福岡県福岡市中央区天神1-3-38 天神121ビル6階 弁護士　朝雲　秀	092-791-7097 092-791-7987
欠陥住宅沖縄支部	905-0011	沖縄県名護市宮里457-7-3階 弁護士　中西良一	0980-53-1047 0980-53-1048

4　住宅リフォーム・紛争処理支援センター

名　称	郵便番号	住　所	電話番号 FAX番号
公益財団法人住宅リフォーム・紛争処理支援センター	102-0073	東京都千代田区九段北4-1-7　九段センタービル3階	03-3261-4567 03-3556-5559

Ⅳ 日弁連建築請負契約約款

　日弁連では、2001年5月に消費者の立場に立った「消費者のための家づくりモデル約款（日弁連）」を公表し、2011年1月に同モデル約款の改定版を公表した。同約款の主な特徴は、以下のとおりである。

1 遵守すべき技術基準と補修方法の明確化

　請負契約において遵守すべき技術基準として建築基準法令等を明記し（3条）、同基準に違反して瑕疵が生じてしまった場合の、瑕疵補修方法を具体的に特定して、同補修方法どおりに補修すべきことを義務づけた（25条、同約款添付の補修方法一覧表）。

2 監理者の地位と責任の明確化

　監理者が最低限行うべき監理業務および立ち会うべき工事工程を明記した（10条、14条）。

3 悪しき慣行・慣習の排除

　施工の一括下請を完全に禁止し（約款6条）、主任技術者・監理技術者が同時に担当できる棟数等を限定した（12条）。

　なお、住宅の請負契約書としては、「民間（旧四会）連合協定工事請負契約約款」をそのまま用いるか、これを若干修正した内容のものが多く利用されているようである。しかし、同約款は、必ずしも消費者（注文者）側の利益に十分配慮しているとはいいがたく、住宅をめぐる紛争をできるだけ回避するためには、日弁連モデル約款を使用することが望ましい。日弁連には、日弁連モデル約款は紛争のよりよい解決にも役立った、という消費者からの声が寄せられている。

住宅建築工事請負契約約款（日弁連）

第1章　総　　則

第1条（基本理念）

　住宅は、人間が生存し人格形成をしていく主要な場であり、健康で文化的な生活の基盤をなす。安全で快適な住宅に居住することは、基本的人権に属するものである。

　本約款の解釈は、常にこのことを念頭においてなされなければならない。

第2条（注文者、請負人、監理者の地位と責務）

1　住宅の建築請負人（以下「乙」という。）は、この契約（契約書並びにそれに添付された請負代金内訳明細書、この工事請負契約約款〔以下「約款」という。〕及び設計図、仕様書〔以下これらを「設計図書」という。〕を内容とする請負契約をいう。以下同じ。）に基づいて工事を完成し、目的物を注文者（以下「甲」という。）に引き渡し、甲は請負代金を支払う。

2　乙は、甲に対し、特定住宅瑕疵担保責任の履行の確保等に関する法律に基づき、住宅建設瑕疵担保責任保険契約の保険証券若しくはこれに代わるべき書面又は住宅建設瑕疵担保保証金の供託をしている供託所の所在地その他住宅建設瑕疵担保保証金に関し国土交通省令で定める事項を記載した書面を交付し、かつ、その記載内容について説明しなければならない。

3　監理者（以下「丙」という。）は、建築士法その他の関係法令に基づき、乙の施工が次条の技術基準に従ってなされることを監理するとともに、この契約が円滑に遂行されるよう協力する。

第3条（施工の技術基準）

1　乙は、建築工事にあたり、建築基準法、同施行令、その他建築関係法令（国土交通省（旧建設省）告示を含む。）を遵守するとともに、本契約時における最新の日本建築学会標準仕様書（以下「学会仕様書」という。）、住宅金融支援機構の住宅工事仕様書（以下「機構仕様書」という。）及び住宅瑕疵担保責任保険設計施工基準（以下「保険基準」という。）に定める技術基準を最低の基準としていずれも遵守し、施工する義務を負う。

2　乙は、建築工事にあたり、設計図書（設計図面及び仕様書をいう。以下同じ。）

に指示がない場合、又は設計図書によっても明らかでない場合は、前項の技術基準を最低基準とし、建設業法25条の27第1項に定める施工技術の確保に努めて施工しなければならない。
3　乙が設計図書若しくは第1項と異なる仕様に基づいて施工しようとするときは、第1項の仕様又は性能と同等又はそれ以上の仕様であることが証明され、かつ甲及び丙の書面による承認を受けた場合に限り、これを行うことができる。
4　設計図書に第1項又は第2項に違反する記載があったときは、当該記載部分は無効とする。

第4条（請負代金内訳明細書）
1　乙は、甲に対して、本契約締結と同時に、丙の承認を受けて、設計図書及び請負代金内訳明細書（以下「内訳明細書」という。）を提出しなければならない。
2　乙が前項の設計図書及び内訳明細書を提出しない場合には、甲は、乙に対して工事着工を拒否でき、相当期間を定めて催告してもなお、いずれかの提出に応じないときは、甲は、請負契約を解除することができる。この場合、甲は、乙に対する損害賠償責任を負わない。
3　乙は、前項の内訳明細書に誤記、違算又は請負代金の脱漏などがあっても、そのために請負代金の変更を求めることができない。

第5条（工程表）
1　乙は、甲に対して、本契約締結後速やかに、丙の承認を受けて、工程表を提出しなければならない。
2　乙が、前項の工程表を提出しない場合には、甲は、中間金の支払合意がある場合でも、中間金の支払を拒否できる。

第6条（一括下請・一括委任の禁止）
1　乙は、その請け負った建設工事全部を、委任その他何らの名義をもってするかを問わず、一括して単一業者に請け負わせてはならない。
2　乙は、建設工事全部の一括下請でなくても、その工事代金額の50％以上に相当する工事を単一業者に請け負わせるときは、その下請工事が必要である理由を付して甲及び丙の了解を求め、書面による承諾を得なければならない。

第7条（下請負人の明示及び変更請求）
1 乙は、甲の請求があったときは、乙の下請負人の住所・氏名及び工事内容を記載した書面を甲に対して交付しなければならない。
2 甲は、乙に対して、建設工事の施工につき著しく不適当と認められる下請負人があるときは、その変更を請求することができる。

第8条（権利義務の譲渡などの禁止）
1 甲及び乙は、相手方の書面による承諾がなければ、この契約から生ずる権利義務を第三者に譲渡することはできない。
2 甲及び乙は、相手方の書面による承諾がなければ、契約の目的物、建築資材、建築設備を第三者に譲渡若しくは貸与し、又は担保の目的に供してはならない。

第9条（保証人）
1 保証人は、この契約から生ずる債務（この契約履行に際して発生した不法行為上の債務を含む。）について、当事者と連帯して保証の責任を負う。
2 保証人が前項の義務を果たせないことが明らかとなったときは、当事者は相手方に対して保証人の変更を求めることができる。
3 請負代金の全部又は一部の前金払（初回金、中間金を問わず、工事の出来高以上の金額を前もって支払うこと。）をする定めがなされたときは、甲は乙に対して、何時でも、保証人を立てることを請求することができる。乙がこの請求を受けたときは、乙は第1項に定める保証人を立てなければならない。
4 乙が前項の規定により保証人を立てないときは、甲は、契約の定めにかかわらず、前金払をしないことができる。

第10条（監理者の業務及び責任）
1 丙は、工事を設計図書と照合し、それが設計図書のとおりに実施されているか否かを確認する責務を負う。
2 丙は、別に定めた監理契約書記載の業務のほか、最低限次の業務を行う。
　a 地業工事、構造耐力上主要な部分、防水、断熱、配線・配管設備の施工に立ち会いかつ検査し、それ以外の部分の施工については必要に応じて立ち会いかつ検査すること。
　b 工事が設計図書のとおりに実施されていないと認めるときは、直ちに乙に注意を与え、乙がこれに従わないときは、その旨を甲に報告すること。

c　設計図書に示されていない建築基準法、その他第3条1項記載の技術基準に違反する施工箇所を発見したときは、直ちに乙に注意を与え、乙がこれに従わないときは、その旨を甲に報告すること。
　　d　甲の指示が不適当であるときは、その旨を教示すること。
　　e　工事の追加、変更について検討し、助言を行うこと。
　　f　完成検査を行うこと。
3　丙は、前項の業務を誠実に執行し、建築物の質の向上に努めなければならない。
4　甲又は乙が施工に関して指図、検査、立会を求めたときは、丙は直ちにこれに応じなければならない。
5　丙は、工事監理が終了したときは直ちに写真を添付した工事監理報告書を作成し、工事監理中においては甲の求めに応じて随時書面又は口頭若しくは写真によって、その結果を甲に報告しなければならない。
6　丙は、工事監理のために自ら撮影した写真及び乙より提出を受けた工事写真を監理終了後10年間以上保存しなければならず、甲より請求を受けたときはいつでもこれを甲に提出しなければならない。

第11条（現場代理人）

1　乙は、本契約の履行に関し工事現場に現場代理人を置く場合においては、当該現場代理人の権限に関する事項及び当該現場代理人の行為について甲の乙に対する意見の申出の方法を、あらかじめ書面により甲に通知しなければならない。
2　現場代理人と次条に定める主任技術者又は監理技術者とは、これを兼ねることができる。

第12条（主任技術者・監理技術者の現場管理）

1　乙は、建設業法26条1項、2項の定めに従い、当該工事現場における主任技術者又は監理技術者を定め、現場の管理を行わせなければならない。
2　前項の主任技術者又は監理技術者は、同時に次のいずれかを超える工事の現場を担当してはならない。
　　a　3棟
　　b　延べ床面積の合計750平方メートル
3　同時期かつ同一現場での複数棟の工事等、工事管理に支障がないと認めら

れるときは、主任技術者又は監理技術者は前項の制限を超えて工事現場を担当することができる。この場合、乙は、工事管理に支障がないことの理由及び同時に担当する棟数及び延べ床面積の合計を示して、甲及び丙の書面による承認を得なければならない。

第13条（工事関係者の変更等）
1　甲は、乙の現場代理人、監理技術者又は主任技術者、専門技術者及び従業員のうちに、工事の施工又は管理について著しく適当でないと認めた者があるときは、乙に対して、その理由を明示した書面をもって、その交替等の必要な措置をとるべきことを求めることができる。
2　乙は、前項の求めを受けたときは、甲に対し、書面をもって、必要な措置をとるか否か、とる場合にはその措置の内容、とらない場合にはその理由について、回答しなければならない。
3　乙は、丙の業務を代理して行う監理者又は現場常駐監理者の処置が著しく適当でないと認めたときは、丙に対して、その理由を明示した書面をもって、その交替等の必要な措置をとるべきことを求めることができる。
4　丙は、前項の求めを受けたときは、甲に対し、書面をもって、必要な措置をとるか否か、とる場合にはその措置の内容、とらない場合にはその理由について、回答しなければならない。
5　乙は、丙の処置が著しく適当でないと認めたときは、その理由を明示した書面をもって、甲に対して、当該丙の処置の変更等を求めることができる。
6　甲は、前項の求めを受けたときは、乙に対し、書面をもって、処置の変更等を行うか否か、行う場合にはその内容、行わない場合にはその理由について、回答しなければならない。

第２章　建築工事の遂行

第14条（丙の立会）
1　乙は、次の工事を施工するときは、事前に丙に通知して、工事の日程を協議しなければならない。
　a　地業工事
　b　基礎工事
　c　構造躯体に関する工事（基礎と構造躯体に関する部材との接合工事、構造躯体に関する部材同士の接合工事）

d　内装工事
　　e　断熱、配線・配管工事
　　f　防水工事
　　g　屋根工事
　　h　前各号のほか、設計図書の定め、ないし丙の指示に基づいて丙の立会のうえで施工すべき工事
2　乙が、前項の通知をせず、かつ丙の立会なしで、前項各号の施工を実施した場合には、甲及び丙は、乙の費用によって当該施工の設計図書への適合性の有無を調査することができる。

第15条（設計の疑義・条件の変更）

1　乙は、次の場合には、甲及び丙に対して、直ちに書面をもってその判断内容を通知する。
　　a　設計図書の内容が明確でないと判断した場合
　　b　設計図書に基づく施工が不適当であると判断した場合
2　前項の通知を受けた丙は、甲及び乙に対して、書面をもって自らの判断を示し、設計図書の変更、施工内容に対する指示等を行う。
3　丙が自ら、第1項の判断をした場合にも、前項と同様とする。
4　前項ないし第2項に基づき、工事の内容、工期又は請負代金額を変更する必要があると認められるときは、甲、乙及び丙が協議して、変更内容、費用負担者等を決定する。
　　但し、工事代金額が増額になる場合には、その費用を甲に負担させることはできない。
　　この協議内容は、書面によらなければならない。

第16条（設計図書に適合しない施工）

1　施工について、図面、仕様書に適合しない部分があるときは、丙の指示によって、乙は、その費用を負担して速やかにこれを改造する。このために乙は、工期の延長を求めることはできない。
2　丙は、図面、仕様書に適合しない疑いのある施工について、必要と認められる相当の理由があるときは、甲の書面による同意を得て、必要な範囲で破壊してその部分を検査することができる。
3　前項による破壊検査の結果、図面、仕様書に適合していない場合は、破壊

検査に要する費用は乙の負担とし、図面、仕様書に適合している場合は、破壊検査及びその復旧に要する費用は甲の負担とし、乙は、甲に対しその理由を明示して必要と認められる工期の延長を請求することができる。
　　但し、14条2項に基づく破壊検査の場合には、図面、仕様書に適合しているときでも、破壊検査費用等は乙の負担とする。
4　次の各号の一によって生じた図面、仕様書に適合しない施工については、乙はその責を負わない。
　a　丙の指示によるとき。
　b　支給材料、貸与品、指定材料の性質又は指定施工の方法によるとき。
　c　その他施工について、甲又は丙の責に帰すべき理由によるとき。
5　前項の場合であっても、施工について乙の故意又は重大な過失によるとき、又は乙がその適当でないことを知りながらあらかじめ丙に通知しなかったときは、乙はその責を免れない。

第17条（中間検査）

1　建築基準法7条の3に基づく中間検査を必要とする特定工程がある場合には、丙は、甲を代理して、当該特定工程に係る工事完了日から4日以内に中間検査申請書を建築主事又は指定確認検査機関（以下「建築主事等」という。）に提出しなければならない。
2　丙は、前項の中間検査に立ち会い、中間検査済証を受領して甲に交付しなければならない。
3　建築主事等から中間検査済証の交付を受けられない場合には、甲、乙及び丙の協議により、中間検査済証の交付を受けるための修補等の必要な処置を取ることとし、中間検査済証の交付を受けられるまで同様の協議と処置を行うものとする。
4　前項による協議及び処置に要する費用は、乙又は丙の負担とする。

第18条（損害発生の防止）

1　乙は、完成した建物の引渡までの間、自己の費用で、建築中の建物その他契約の目的物、甲が支給した建築資材等の工事材料、又は近隣の工作物若しくは第三者に対して損害を発生させないため、法令と設計図書に基づき、工事と環境に相応した必要な処置をしなければならない。
2　当初予期できなかった損害発生防止処置が第1項の範囲を越えて必要と

なった場合は、その都度甲乙間で協議してその結果を書面化しなければならない。その際の費用負担については、特段の事情が存在しない限り甲の負担とする。上記の特段の事情の存在は、甲が主張立証しなければならない。
3　甲、乙、丙のいずれかが災害防止などのための緊急の処置を必要と認めた場合、乙は直ちにこれを実行しなければならず、甲、丙は直ちにこれを実行するよう乙に対して要求できる。
4　前項の処置に要した費用の負担については、甲、乙、丙が協議して定める。

第19条（第三者に発生させた損害の処理）
1　施工により第三者に損害を発生させた場合は、乙がこれを賠償する。但し、その損害のうち甲の責に帰すべき事由により生じたものについては、甲がこれを賠償し、丙の責に帰すべき事由により生じたものについては、丙がこれを賠償する。
2　前項の場合、その他施工について第三者との間に紛争が発生した場合は、乙がその処理にあたる。乙のみでは処理が困難な場合は、甲及び丙は乙に協力する。
3　契約の目的物それ自体に基づく日照阻害、風害、電波障害、その他甲の責に帰すべき事由による損害が第三者に発生した場合は、甲がその処理にあたり、乙は必要に応じて甲に協力する。上記の損害の賠償責任は甲が負う。但し、乙の責に帰すべき事由により上記の損害が生じた場合は、乙がその処理にあたり、上記の損害の賠償責任を負う。
4　前3項の場合において、乙が具体的理由を示して工期の延長を請求した場合は、甲はこれを許諾しなければならない。上記の延長日数は、甲、乙及び丙の協議によってこれを定める。

第20条（損害の処理）
1　工事の完成引渡までに契約の目的物、工事材料、支給材料、貸与品、その他施工一般について生じた損害は、乙の負担とし、工期は延長しない。
2　前項の損害のうち、次の各号のいずれかの場合に生じたものは甲又は丙の負担とし、乙は必要によって工期の延長を求めることができる。
　a　甲の都合によって着手期日までに工事に着手できなかったとき、又は甲が工事を繰延べ若しくは中止したとき。
　b　支給材料又は貸与品の受渡が遅れたため、乙が工事の手待又は中止をし

　　　　たとき。
　　c　前払又は部分払が遅れたため、乙が工事に着手せず又は工事を中止したとき。
　　d　その他甲又は丙の責に帰すべき事由によるとき。

第21条（保険加入）

　乙は、工事中、建築中の建物その他契約の目的物について、火災保険（各種共済を含む。以下同じ。）又は建設工事保険に加入し、その証書の写しを甲に提出しなければならない。設計図書、請負契約書に定められたその他の損害保険に加入した場合も同様とする。

第3章　検査・引渡

第22条（完成・検査）

1　乙は、工事を完了したときは、設計図書に適合していることを確認して、書面により丙に検査を求め、丙は、速やかにこれに応じて乙の立会のもとに検査を行う。
2　検査に合格しないときは、乙は、工期内又は丙の指定する期間内に補修又は改造して丙の検査を受ける。
3　乙及び丙は、第1項の検査の時期、方法につき請負契約締結時に甲に対し十分な説明を行った上で甲との間で書面により合意しなければならない。
4　丙は、第1項、第2項の検査の結果及び補修、改造について乙に対して行った指示の内容を詳細に記録した書類を速やかに作成し、甲に交付して報告・説明しなければならない。
5　丙は、甲を代理して工事完了日から4日以内に完了検査申請書を建築主事等に提出しなければならない。
6　丙は、完了検査に立ち会い、完了検査済証を受領して甲に交付しなければならない。
7　建築主事等から完了検査済証の交付を受けられない場合には、甲、乙及び丙の協議により、完了検査済証の交付を受けるための修補等の必要な処置を取ることとし、完了検査済証の交付を受けられるまで同様の協議と処置を行うものとする。
8　前項による協議及び処置に要する費用は、乙又は丙の負担とする。
9　乙は工期内又は丙の指定する期間内に、丙の指示に従って仮設物の取払、

後片付けなどの処置を行う。
10　前項の処置が遅れているとき、催告しても正当な理由がなくなお行われないときは、甲は、代わってこれを行い、その費用を乙に請求することができる。この場合、甲は撤去した仮設物について保管の義務を負わない。

第23条（部分使用）
1　契約の目的物の一部について、工事中であっても、甲は、乙の書面による同意を得て、これを使用することができる。乙は、工事に支障が生じる等の正当な理由がない限り前段の書面による同意をしなければならない。
2　甲の使用する部分の保管の責は甲が負う。
3　甲は部分使用することにつき丙に通知する。
4　丙は、前項の通知を受けた後、速やかに部分使用に関する技術的審査を行った上で、法令に基づいて必要とされる仮使用承認等の手続を甲に代理して行う。上記手続に要する費用は、甲の負担とする。
5　乙は、甲が部分使用を始めるに先立ち、甲が行う部分使用の方法等につき安全上注意すべき事項や工事の妨げとならないように注意すべき事項、その他、甲・乙及び第三者に損害が生じることを防ぐために必要な事項を文書を交付し説明しなければならない。
6　甲が前項の注意事項の遵守を怠り、乙に損害を及ぼしたときは、甲は、その損害を負担する。

第24条（請求・支払・引渡）
1　第22条1項の検査に合格したときは、乙は甲に契約の目的物を引き渡し、同時に、甲は、乙に請負代金の10分の9に相当する額を支払う。
2　甲は前項の引渡から2か月経過後に乙に請負代金の10分の1に相当する残額の支払を完了する。但し、引渡後に瑕疵が判明した場合には、乙によりその修補がなされるまで甲は上記残額の支払を拒むことができる。
3　契約の目的物の一部について、第22条1項又は2項の検査に合格したときは、甲は、その部分の引渡を受けることができる。引渡部分の請負代金の支払時期については前2項を準用する。
4　前項の部分引渡につき、法令に基づいて必要となる手続については、丙が甲を代理してこれを行う。
5　乙は、契約書に定めるところにより、工事の完成前に部分払を請求するこ

とができる。この場合、出来高払によるときは、乙の請求額は、丙の検査に合格した工事の出来形部分と検査済の工事材料に対する請負代金相当額の5分の4に相当する額とする。
6 乙が前項の部分払の支払を求めるときは、その額について丙の承認を経た上、支払請求締切日（支払日の5日以上前とする。）までに甲に請求する。
7 前払を受けているときは、第5項の請求額は、次の式によって算出する。

$$請求額 = 第5項による金額 \times \frac{請負代金額 - 前払金額}{請負代金額}$$

第4章　契約の変更・違反・責任

第25条（瑕疵の担保）

1 契約の目的物に瑕疵（設計図書、又は、第3条1項の技術基準に違反している場合をいう。以下同じ。）がある場合には、甲は、乙に対して、相当の期間を定めて、その瑕疵の修補を求め、又は修補に代え若しくは修補とともに損害の賠償を求めることができる。
2 前項の瑕疵修補の方法は、契約の目的物を、設計図書、又は、第3条1項の各技術基準に適合させ、瑕疵のない状態に回復させるために必要かつ相当な方法とし、別紙瑕疵補修方法一覧表に記載がある瑕疵については、同表記載のとおりの方法によることとする。
3 建築物の耐震改修の促進に関する法律に基づく補強方法は、修補方法としては採用できないものとする。
4 第1項による瑕疵担保期間は、甲に引き渡した時から10年間とする。
　但し、瑕疵が乙の故意又は重大な過失によって生じたものであるときは、甲に引き渡した時から20年間とする。
5 前各項の規定は、第16条4項の各号によって生じた契約の目的物の瑕疵又は滅失若しくは毀損については適用しない。但し、同条5項に該当するときはこの限りでない。

第26条（工事の変更、工期の変更及びこれらに伴う請負代金額等の変更）

1 甲及び乙は、相手方からの申出に応じて、工事の追加又は変更を合意することができる。
2 前項の合意は、追加又は変更の内容、追加又は変更に伴う請負代金額の増

減額、並びに、追加又は変更に伴う工期の変更の有無及び工期変更がある場合にはその変更後の工期について、書面に明記し、甲及び乙が署名又は記名押印して相互に交付しなければならない。
　但し、請負代金が増額となる場合、又は、工期が伸長する場合には、乙は、甲の書面による同意がない限り、代金増額、又は、工期延長を請求できない。
3　契約期間内に天災その他不可抗力により、工期の変更又は損害の負担が必要となる事態となった場合には、甲乙協議のうえ、請負契約を解除し、又は、工期を変更することができる。
4　前項に基づき請負契約を合意解除する場合には、甲及び乙は、相手方に対して、請負代金請求ないし損害賠償請求をすることができない。
5　第3項の場合において、工期を変更する場合には、甲乙協議のうえ、甲及び乙に生じた損害の負担について協議により各負担額を合意することとする。
6　価格等（物価統制令第2条に規定する価格等をいう。）の変動若しくは変更があった場合には、甲乙協議のうえ、請負代金額又は工事内容の変更を合意することとする。
7　前項の協議が調わない場合には、請負契約を合意解除し、甲及び乙は、相手方に対し、解除による損害賠償その他の金員請求を行うことができないものとする。

第27条（履行遅滞・違約金）
1　乙の責に帰すべき理由により、契約期間内に契約の目的物を引き渡すことができないときは、特約のない限り、甲は、請負代金に対し年6分の割合による遅延損害金を請求することができる。但し、甲はその他遅延により特別必要とした仮住居費用等や収益を目的とする建築物については、その収益の損失違約金を加えて別途請求できる。
2　甲が請負代金の支払を完了しないときは、乙は支払遅滞額に対し年6分の割合による遅延損害金を請求することができる。
3　甲が前払又は部分払を遅滞しているときは、前項の規定を適用する。但し、遅延判断は乙の工事の進行状況と対比して決定する。
4　甲が本条2項の遅滞にある場合であっても、支払遅滞額が請負代金額の10分の1を下回る場合は、乙は契約の目的物の引渡を拒むことができない。

第28条（甲の中止権・解除権）

1　甲は、必要によって、書面をもって工事を中止し又はこの契約を解除することができる。甲は、これによって乙に生じる損害を賠償する。
2　次の各号の一にあたるときは、甲は、書面をもって工事を将来に向かって中止し、又はこの契約を解除することができる。この場合、甲は、乙に損害の賠償を求めることができる。
　　a　乙が正当な理由なく、着手期日を過ぎても工事に着工しないとき。
　　b　工事が工程表より著しく遅れ、工期内又は期限後相当期間内に、乙が工事を完成する見込がないと認められるとき。
　　c　乙が第6条又は第16条1項の規定に違反したとき。
　　d　乙が建設業の許可を取り消されたとき、又はその許可が効力を失ったとき。
　　e　乙が強制執行を受け、資金不足による手形・小切手の不渡りを出し、破産・会社更生・会社整理・特別清算の申し立てをし、若しくは受け、又は民事再生の申し立てをするなど、乙が工事を続行できないおそれがあると認められるとき。
　　f　乙が第29条2項の各号の一に規定する理由がないのに、この契約の解除を申し出たとき。
　　g　その他、乙がこの契約に違反し、そのため契約の目的が達成できなくなったと認められるとき。
3　乙の工事が、建築基準法、同法施行令、その他同法令を実施するために定められた国土交通省（旧建設省）告示等の構造基準に著しく違反し、そのため契約の目的を達することができないと認められるときは、甲は、建物完成後であっても、この契約を遡及的に解除することができる。この場合、乙は既施工工事の結果を除去して工事用地を原状に復して明け渡し、既受領の請負代金を返還するとともに、これによってなお生じる甲の損害を賠償しなければならない。

第29条（乙の中止権・解除権）

1　次の各号の一にあたるとき、乙が相当の期間を定めて書面をもって催告してもなお甲に解決の誠意が認められないときは、乙は、工事を中止することができる。
　　a　甲が正当な理由なく前払又は部分払を遅滞したとき。
　　b　甲が正当な理由なく第15条4項による協議に応じないとき。
　　c　甲が工事用地等を乙の使用に供することができないため、又は不可抗力

　　　　などのため乙が施工できないとき。
　　d　前各号のほか、甲の責に帰すべき理由により工事が著しく遅延したとき。
2　次の各号の一にあたるときは、乙は、相当の期間を定め、書面をもってこの契約を解除することができる。
　　a　前項による工事の遅延又は中止期間が、工期の4分の1以上になったとき、又は2か月以上になったとき。
　　b　甲が工事を著しく減少したため、請負代金額が3分の2以上減少したとき。
　　c　甲がこの契約に違反し、そのため契約の目的が達成できなくなったと認められるとき。
　　d　甲が請負代金の支払能力を欠くことが明らかになったとき。
3　前各項の場合、乙は甲に損害の賠償を求めることができる。

第30条（解除に伴う措置）
1　前2条により、甲又は乙がこの契約を解除したときは、第28条3項による解除の場合を除き、甲は工事の出来形部分を引き受け精算するとともに、出来形部分及び工事材料・建築設備機器等の処理については、甲、乙、丙が協議して定める。
2　甲が第28条2項によってこの契約を解除し、精算の結果過払があるときは、乙は、過払額について、その支払を受けた日から法定利率による利息をつけて甲に返す。
3　前2条により、甲又は乙がこの契約を解除したときは、甲、乙、丙が協議して、当事者に属する物件について、期間を定めてその引取り、後片付けなどの処置を行う。
4　前項の処置が遅れているとき、催告しても、正当な理由なくなお行われないときは、相手方は、代わってこれを行い、その費用を請求することができる。

　第5章　紛争の解決

第31条（裁判の管轄）
　この契約について当事者間に紛争が生じたときは、甲の住所地を管轄する地方裁判所又は簡易裁判所を第一審管轄裁判所とする。

　第6章　付　則

第32条（付則）

契約書又はこの約款に定めのない事項については、必要に応じて甲、乙、丙が協議して定める。

瑕疵補修方法一覧表

各工法共通

	瑕疵の内容	補修方法
1	地盤内の不適切な異物混入（ガラ、廃棄物、伐木、古い浄化槽、毒物等）	建物をジャッキアップし、地盤を掘削して異物撤去、埋め戻し、基礎再施工後、建物を原状に復帰する。
2	宅地造成規制法または建築基準法の確認を受けていない擁壁	既存擁壁を撤去し、適法な確認を受けた後、再施工する。
3	構造安全性の欠落する擁壁	既存擁壁を撤去し、再施工する。
4	地盤に適合しない基礎構造（地耐力不足、不適切な基礎構造等）	1　地盤改良によって対応可能な場合は、建物をジャッキアップし、基礎を撤去し、地耐力を確保するための地盤改良を行い、そのうえで基礎を再施工する。 2　基礎構造が不適切であった場合は、当該地耐力に適合した基礎構造による再施工を行う。 3　アンダーピニング工法、薬液注入工法は、注文者が承諾したとき以外は採用しない。 4　ジャッキアップその他の基礎工事に伴って建物にひび割れ、建具の歪み、その他障害が発生したときは、その補修を行う。
5	基礎断面寸法（立上り幅および高さ、底盤の幅および厚さ等）の不足	建物をジャッキアップし、当該不良部分の基礎を必要な範囲でいったん除去し、再施工を行う。
6	基礎の芯ずれ	建物をジャッキアップし、当該不良部分の基礎を必要な範囲でいったん除去し、再施工を行う。
7	鉄筋のコンクリートかぶり厚さ不足	建物をジャッキアップし、当該不良部分の基礎を必要な範囲でいったん除去し、再施工を行う。 なお、かぶり厚さは、その部材ごとの最小かぶり厚さをいうものとする（仕上げの厚さは含まない）。

8	コンクリート強度不足	建物をジャッキアップし、当該不良部分の基礎を必要な範囲でいったん除去し、再施工を行う。
9	コンクリート打設不良（す、ジャンカ、コールドジョイント）	当該不良部分の基礎を必要な範囲でいったん除去し、再施工を行う。 必要に応じて、建物をジャッキアップして施工する。
10	ひび割れ	必要な範囲で当該部分をいったん撤去し、コンクリートを打設する。 ひび割れが貫通していた場合は、基礎全部を再施工する。
11	配筋不良	配筋不良部分の基礎を必要な範囲でいったん除去し、配筋不良を是正し、再施工を行う。
12	換気口等開口部の欠落	換気口を施工すべき基礎部分を必要な範囲でいったん除去し、開口部補強の配筋等を行ったうえ、再施工を行う。
13	水平・垂直の不良	1 不同沈下の場合は、その原因に従い、第1項ないし第5項による。 2 構造躯体に原因があるときは、その構造躯体の原因箇所から根本的に補修する。 3 構造躯体ではない下地材、仕上げ材の施工不良によるときは、これらの原因箇所を補修する。 補修工事を行うにあたっては、以下の事項を遵守する。 ① 設計図書、建築基準関係法令に反する施工の場合は、設計図書もしくは建築基準関係法令に適合すること ② 日本建築学会の標準仕様書に反する施工、メーカーの標準施工マニュアルと相違する施工は、これら基準に適合すること ③ 通常要求される基本的性能および契約上特に要求された性能を回復させること ④ 補修に伴い、構造、機能、その他の設備の性能に悪影響を及ぼさないこと

			⑤ 補修に伴い、意匠、仕上げに醜状を残さず、新築と同様の状態にすること
14	契約内容と相違する材料の使用		契約内容どおりの材料と交換する。
15	シックハウス		原因を特定し、その原因を取り除くための根本的な補修を行う。補修を行う場合の遵守事項は第13項と同様とする。
16	外壁タイルの浮き、落下、欠損		原因を特定し、その原因を取り除くための根本的な補修を行う。補修を行う場合の遵守事項は第13項と同様とする。
17	その他の瑕疵（防水、雨漏り、結露、断熱、配線、配管、内装・外装の取付けおよび仕上げ等に関する瑕疵で、本一覧表に列挙されていない瑕疵）		原因を特定し、その原因を取り除くための根本的な補修を行う。補修を行う場合の遵守事項は第13項と同様とする。

木造

	瑕疵の内容	補修方法
1	土台と基礎の緊結不良（アンカーボルト欠落等）	建物をジャッキアップし、緊結不良部分の基礎を必要な範囲でいったん除去してアンカーボルトを設置し、基礎の再施工を行う。
2	構造材の緊結不良（緊結金物欠落等）	所定の緊結を行う。ただし、貫通ボルト等、標準仕様どおりに施工することを要し、必要な場合は、外壁または内壁をいったん撤去して施工を行う。
3	材料不良（乾燥不足、節、腐れ、欠き込み等）	不良材料を交換する。
4	柱の断面寸法不足ないし強度不足	柱を所定の寸法のものに交換する。
5	梁の断面寸法不足ないし	前項に同じ

	瑕疵の内容	補修方法
	強度不足	
6	壁量不足	所定の壁量を確保するために、外壁または内壁を撤去し、必要な部分に耐力壁を施工する。
7	筋かい施工不良（欠落、欠き込み等）	外壁または内壁をいったん撤去し、筋かいを再施工する。
8	火打ち材施工不良（欠落等）	火打ち材を再施工する。ただし、再施工にあたっては、標準仕様どおり、貫通ボルトにより緊結し、そのために必要であれば、外壁、内壁、床、天井をいったん撤去して施工を行う。
9	構造用合板のクギ止め不良等施工不良	構造用合板を交換する。

鉄骨造（S造）

	瑕疵の内容	補修方法
1	柱脚接合部の構造計画不良 柱脚部コンクリートのかぶり厚さ不足 柱脚と基礎の緊結不良	柱脚部の取替えおよびアンカーボルト新設を行う。
2	柱、梁等断面寸法不足ないし強度不足	柱、梁を所定の寸法のものに交換する。
3	溶接不良	取り壊して建て直す。 　ただし、欠陥が軽微かつ局所的で、部分補修で対応可能なときは、該当部分だけ解体または現場溶接によって不良部分を設計図書ないし技術基準に適合するように溶接をやり直す。
4	板厚のずれ	不良部分を解体し、設計図書ないし技術基準に適合した状態に回復する。
5	錆止め不良	内装ないし外装を撤去して、錆止め不良のある鉄骨表面を現出させて、錆止め塗装を行い、内外装を復旧する。

鉄筋コンクリート造（RC造）

	瑕疵の内容	補修方法
1	垂直・水平の精度不良、芯ずれ	当該不良部分を必要な範囲でいったん除去し、再施工を行う。
2	鉄筋のコンクリートかぶり厚さ不足	当該不良部分を必要な範囲でいったん除去し、再施工を行う。 なお、かぶり厚さは、その部材ごとの最小かぶり厚さをいうものとする（仕上げの厚さは含まない）。
3	コンクリート強度不足	コンクリートの強度が設計基準強度を下回るときは、当該不良部分を必要な範囲でいったん除去し、再施工を行う。 強度不足が建物の過半に及ぶときは、取り壊して建て替える。
4	コンクリート打設不良（す、ジャンカ、コールドジョイント）	当該不良部分を必要な範囲でいったん除去し、再施工を行う。
5	ひび割れ	必要な範囲で当該部分をいったん撤去し、コンクリートを打設する。 ひび割れが貫通していた場合は、当該不良部材全部を再施工する。
6	配筋不良	配筋不良部分の基礎を必要な範囲でいったん除去し、配筋不良を是正し、再施工を行う。
7	構造スリットの欠落	構造スリットを設置する。
8	ひび割れ誘発目地、伸縮調整目地の欠落、施工不良	設計図書どおりに目地を施工する。

【事項索引】

[英数字]
4号建築物　239
4号特例　240
ADR　25，94
JASS　11，21，24，126，150，245，259
JIS→日本工業規格
JSCA建築構造士　122
N値　229
SWS試験→スウェーデン式サウンディング試験

[あ行]
アセトアルデヒド　301
雨漏り　20，50，60，62，65，84，103，251
蟻被害　50，281
アンカーボルト　274
安全率　154
慰謝料　61
慰謝料請求　134
逸失利益　59
一般財団法人日本建築センター　24
請負契約が中途で終了　173
請負人の瑕疵担保責任　27，28
請負人の債務不履行責任　27，30
請負人の不法行為責任　30
売主の瑕疵担保責任　48
売主の不法行為責任　51，289
上向き溶接　250
営業保証金制度　99

営業利益　270
液状化被害　220
応力集中　184

[か行]
ガウジング　186
拡大損害　60
確認済証　9，22，104，111
隠れた瑕疵　48
瑕疵一覧表　136，190
瑕疵原因→欠陥原因
瑕疵現象→欠陥現象
瑕疵修補請求　28，49
瑕疵修補費用　58
瑕疵担保責任　18，27
過失相殺　157
瑕疵の一応の推定　20
瑕疵判断の基準→欠陥（瑕疵）の判断基準
かたぎ大入れ　236
かぶり厚さ　69，76，77，233，268，275，287
仮住まい賃料　59，271
慣行上認められている標準的な工法　21，25，124
含水率　239
完全溶込み溶接　247，248，273
鑑定　140，148
鑑定意見書　119
鑑定人　119
鑑定人質問　151

379

事項索引

監理契約の法的性質　39
完了検査　9，56，240，242
基礎　231，234
基礎杭　230
基本設計　35，36
基本設計図書　35
客観的瑕疵　18，19
休業損害　59
旧住宅金融公庫融資住宅共通仕様
　　書　11，21，22，51，104，124，
　　126，150，153，236，257
行政取締法規　153
供託　98
協力建築士　107，118，122，136，
　　145
居住利益控除論　160，270
許容応力度　228，230
切土　224
杭基礎　231
釘ピッチ　239
管柱　236
クロルピリホス　208，209
傾斜　52，252
契約解除　27，29，49，60，160，
　　280，297
契約書なき追加・変更工事　166
桁　234
欠陥（瑕疵）の判断基準　18，21，
　　124，137，153，256
欠陥原因　11，19，108，113，119，
　　137，251
欠陥原因の主張・立証責任　20
欠陥現象　11，19，109，113，119，
　　122，137，251
欠陥住宅被害全国連絡協議会　355
欠陥調査鑑定費用　59
結露　252
権威ある建築団体の定める技術基準
　　124
建設工事紛争審査会　94
建設住宅性能評価書　93
建築確認　9，22，45，56，110，
　　241，304
建築基準関係法令　21，22，124，
　　126，153
建築計画概要書　110
建築士の責任　34
建築士の不法行為責任　42
建築集中部　93
建築主事　9，45
建築積算士　122
現地見分　138
工事監理　8，37，38，39，42
工事監理ガイドライン　40
工事監理者　110
控除方式　176
公序良俗　159
公序良俗違反　18
剛心　235
構造クラック　245
構造計算　241，243，258，268，305
構造計算適合判定資格者　122
構造設計一級建築士　122
降伏　184
国家賠償　45
国家賠償法　46，304

小屋組　236

[さ行]
裁判外紛争解決手続→ADR
債務不履行解除　173
債務不履行責任　27, 52
在来工法　103, 234
座屈　236, 246
残代金請求　163
軸組構法　103, 234
仕口　184, 236, 237, 273, 288
時効　114, 177, 178, 179, 304
時効中断事由　92, 95
示談　90
シックハウス　44, 50, 52, 301
シックハウス症候群　206, 302
シックハウス問題　206
実施設計　35, 36
指定確認検査機関　9, 10, 45, 46, 304
地盤　228
地盤工学会　225
地盤沈下　125
地盤品質判定士　122
司法支援建築会議　149
重心　235
住生活基本法　53
住宅瑕疵担保責任保険設計施工基準　25
住宅瑕疵担保履行法　11, 19, 25, 94, 96, 105
住宅性能評価書　94
住宅性能表示制度　105

住宅の品質確保の促進等に関する法律
　　→品確法
住宅紛争処理機関　25, 94, 105
住宅紛争審査会　25, 94, 105, 352
住宅リフォーム・紛争処理支援センター　357
集団規定　156
重点監理　41
重要事項説明　54
主観的瑕疵　18, 19, 33
主任技術者　33
仕様規定　241
使用者責任　33
常駐監理　41
証人尋問　145
商法512条による請求　171
商法522条　178
除斥期間　114, 177, 178, 179, 303
人証調べ　139
信頼利益　28, 48, 61
垂直性　253
水平性　253
スウェーデン式サウンディング試験　228, 229
筋かい　234, 236
隅肉溶接　247, 248, 273
スラブ　78
製造物責任法（PL法）　43
性能評価住宅　105
積算方式　175
施工技術確保義務　33
施工業者の責任　52
施工者の不法行為責任　286

施主（買主）同意　156
施主（買主）の要望　262
設計　34
設計業務における債務不履行　36
設計契約の法的性質　35
設計上の瑕疵　37
設計図書　21, 34, 40, 104, 110, 124, 137
接道要件　50, 56, 283
設備設計一級建築士　122
専門委員　139, 141, 142
相殺　303
相殺の抗弁　164
争点整理　136, 141
相当な補修方法　58
損益相殺　160, 270
損害賠償請求　28

[た行]
耐火性能　50, 156
耐火被覆　246, 247
耐震強度偽装事件　10, 11, 45, 46
ダイヤフラム　274, 278
耐力壁　234
タイル剥離　21
宅地建物取引業者　53
宅地建物取引業保証協会　99
宅地としての基本的な安全性　221, 300
宅地被害　220
宅地被害者　319
建物完成の時期　27
建物としての基本的な安全性を損なう瑕疵　32, 33, 285
垂木　234
短期曝露　207
単体規定　22, 156
遅延損害金　163
仲介業者の責任　53
仲介業者の説明義務　54
仲介業者の調査義務　56
仲介業者の不法行為責任　294
中間検査　9, 56, 240
柱脚　247
仲裁　93
注文者の指図　157
超音波探傷検査　250
超音波探傷法　249
長期曝露　207
調査報告書　119, 120, 126, 138, 192
調停　92
追加・変更工事　165, 297
追加合意　168
追加主張の時期　161
ツーバイフォー　103, 239
突き合わせ溶接　183, 247
継手　184, 237
出来形　173
出来高　173, 297
出来高算定　173
鉄筋コンクリート造　103, 244
鉄骨造　103, 246
手直し工事　170
同時履行　303
同時履行の抗弁　163

通し柱　236
特定工程　9
特定住宅瑕疵担保責任　96
特定住宅瑕疵担保責任の履行の確保等に関する法律→住宅瑕疵担保履行法
土台　234
トラス構造　246
取壊し・建替え費用　58, 159, 160, 185, 272
取締役の責任　34

[な行]
二重起訴の禁止　162
二重取り論　159
日弁連建築請負契約約款　358
日本工業規格　247
認定工法　103
布基礎　230, 231, 232

[は行]
破壊調査　125
羽子板ボルト　237
柱　234, 237
柱の小径　238
梁　234, 237
反対尋問　145
火打材　78
火打梁　236
東日本大震災　220
引っ越し費用　59, 270, 271
ひび割れ　244, 254
評価住宅　94

標準貫入試験　125, 228, 229
標準的な技術基準　150
標準的な工事水準　300
品確法　19, 25, 94, 96, 105, 114, 177, 178, 180, 253
吹き抜け　242
部材供給者の責任　43
付調停　139, 141
不同沈下　20, 50, 56, 76, 228, 231, 280, 281, 282
部分溶込み溶接　247
不法行為　52, 285
不法行為責任　54
フラット35　24, 124, 249
ブレース構造　246
紛争処理ガイドライン　25
ヘアクラック　244
平板載荷試験　228, 229
べた基礎　230, 231, 232
別府マンション事件　31, 42, 285
弁護士費用　59, 270, 271
偏心　235
防火性能　51, 67
放射線検査法　249
ホールダウン金物　237, 273, 276
保険付住宅　105
保険法人　25, 98, 105
補修方法　115, 133, 150, 264
ホルムアルデヒド　84, 207, 208, 209, 215, 216, 301, 302

[ま行]
間柱　236

民間（四会）連合約款　39, 174
民間指定確認検査機関→指定確認検査
　　機関
民法改正　1, 11, 19, 29, 30, 49,
　　180
棟木　234
名義貸し建築士　42
面材　234
木造　103, 234
母屋　234
盛土　224

[や行]
有償性　165
床の傾斜　20
溶接　247
予備調査　112, 118, 121

[ら行]
ラーメン構造　183, 246
履行不能　298
履行利益　28, 48

[わ行]
和解勧試　140
割合方式　175

あとがき

　本書は、欠陥住宅被害の予防と救済に取り組む実務家（弁護士・建築士・研究者・消費者相談員はもとより裁判官等）の方々に広く使用されてきました。

　阪神・淡路大震災の筆舌しがたい被害や土地・住宅部会の立上げの経過は、はしがきや序文に書かれているとおりです。

　本書の具体的改訂作業は、森竹和政前部会長のもとスタートしました。森竹前部会長は、1995年（平成7年）1月17日発生の阪神・淡路大震災を学生として体験された弁護士です。その経験（不安と恐怖）と被害救済への想いには心うたれるものがありました。当時、私も親族が神戸市長田区におり（宿泊したこともありましたので）安否確認のため何度も何度も電話しましたがつながらず、言葉に表せない不安や恐怖を感じたものです。2011年（平成23年）発生の東日本大震災のときは、地元宮城県（仙台市）の事務所（10階建てマンション）で打合せを終えた直後で、「倒壊するのではないか」との恐怖を感じながら相談者には早々に事務所から退去してもらったこと、沿岸部の津波被害の映像を見ながら底知れぬ不安感・恐怖が込み上がってきたことは、今なお鮮明に覚えています。東日本大震災直後、被災現場に足を運ぶ中、隣の建物はそのままなのに「先生、どうしてうちのは倒壊したのですか」、「業者は、宮城県沖地震、阪神・淡路大震災を受けて『安全』『安心』と言っていました。それなのになぜ……」等々の涙ながらの切実な訴えを受けながら、あらためて住宅が人間生活の基礎をなすこと、「安全な住宅に居住する権利」が1人ひとりの生活の場で実現されるべきであることを心に刻みました。

　建築訴訟に関する裁判例が蓄積され、各種論考・書籍が公表される中、建築訴訟の技術・理論の一定の進化が図られてきたことは、欠陥住宅被害の予防と救済の面にも有意なことではあります。他方、これら論考・書籍は、必ずしも現実に欠陥住宅被害に遭っている市民の救済の視点からのものではなく、被害救済と予防の観点から本書の改訂を求める声に接することも多くなってきていました。

あとがき

　本書が、「安全な住宅に居住する権利」を実現すべく、欠陥住宅被害救済に取り組もうとする心ある方々の一助になることを期待しています。

　本書は、当部会所属の委員と幹事の熱心な議論と検討によるもので、心から謝意を表します。とりわけ、森友隆成委員には実質上の編集長として作業を取りまとめていただき、森友委員の奮闘なくしては発行に至れなかったものです。また、民事法研究会の軸丸和宏氏には、膨大な作業に熱心かつ根気強くお付き合いいただきながら的確なアドバイスをいただき、心から感謝申し上げます。

　2018年5月

日本弁護士連合会消費者問題対策委員会
副委員長（土地・住宅部会長）　千　葉　晃　平

● **執筆者一覧** ●　（五十音順）

石津　剛彦（和歌山）	松本　知佳（福岡県）
上田　　敦（京都）	三浦　直樹（大阪）
河合　敏男（第二東京）	御子柴　慎（岐阜県）
神崎　　哲（京都）	水谷大太郎（愛知県）
齋藤　拓生（仙台）	森竹　和政（兵庫県）
谷合　周三（東京）	森友　隆成（広島）
千葉　晃平（仙台）	安田　周平（鹿児島県）
長谷川陽一（茨城県）	山田　　学（札幌）
平泉　憲一（大阪）	吉岡　和弘（仙台）
増田　　尚（大阪）	※（　）は所属弁護士会名

欠陥住宅被害救済の手引〔全訂四版〕

平成30年6月14日　第1刷発行

定価　本体 4,200円＋税

編　者　日本弁護士連合会消費者問題対策委員会
発　行　株式会社　民事法研究会
印　刷　文唱堂印刷　株式会社

発行所　株式会社　民事法研究会
〒150-0013　東京都渋谷区恵比寿3-7-16
〔営業〕TEL 03（5798）7257　FAX 03（5798）7258
〔編集〕TEL 03（5798）7277　FAX 03（5798）7278
http://www.minjiho.com/　　info@minjiho.com

組版／民事法研究会　　カバーデザイン／袴田峯男
落丁・乱丁はおとりかえします。ISBN978-4-86556-230-9 C2032 ¥4200E

最新実務に役立つ実践的手引書

地盤に関する法制度、地盤の調査方法とその結果の見方、土地の選び方などをQ＆A方式でわかりやすく解説！

法律家・消費者のための住宅地盤Q＆A

地盤工学会関東支部地盤リスクと法・訴訟等の社会システムに関する事例研究委員会　編　（Ａ５判・186頁・定価 本体2300円＋税）

第6集発行後の最新判決を中心に、物件別、入手経緯別、構造別に分類して解説！

消費者のための欠陥住宅判例[第7集]
―被害の救済から予防をめざして―

欠陥住宅被害全国連絡協議会　編　　　　　　　（Ａ５判・564頁・定価 本体5400円＋税）

リフォーム検討時の留意点から、事後のトラブルへの対応方法までをＱ＆Ａ方式で解説！

消費者のための住宅リフォームの法律相談Q＆A
―正しい発注契約からトラブル対応まで―

日本弁護士連合会消費者問題対策委員会　編　　　（Ａ５判・207頁・定価 本体1800円＋税）

建築の技術的知識や救済法理が理解できるように、写真・イラストや図・表を豊富に収録！

ひと目でわかる欠陥住宅――法律実務家のために――

１級建築士　簑原信樹・弁護士　幸田雅弘　編著　（Ａ５判・260頁・定価 本体2500円＋税）

欠陥部位の多様な事例をもとにした実際の調査鑑定書を示しつつ、これと立体的・有機的に関連づけて解説！

訴訟に役立つ
欠陥住宅調査鑑定書の書き方〔第2版〕

弁護士　澤田和也　編著　　　　　　　　　　　（Ａ５判・450頁・定価 本体3900円＋税）

消費者が安全・安心な住宅を手に入れるために建設業者と結ぶ、あるべき請負契約約款を公表！

消費者のための
家づくりモデル約款の解説〔第2版〕

日本弁護士連合会消費者問題対策委員会　編　　　（Ａ５判・150頁・定価 本体1600円＋税）

発行　民事法研究会
〒150-0013 東京都渋谷区恵比寿3-7-16
（営業）TEL 03-5798-7257　FAX 03-5798-7258
http://www.minjiho.com/　　info@minjiho.com

最新実務に役立つ実践的手引書

破産申立ての相談受任から手続終結まで各場面を網羅した解説と最新の書式を掲載！

事業者破産の理論・実務と書式

相澤光江・中井康之・綾 克己 編　　　　　　　（Ａ５判・701頁・定価 本体7400円＋税）

裁判例を類型化して精緻に分析・検証し、説得的な主張・立証のあり方、認定・算定の判断基準と実務指針を示す！

判例にみる慰謝料算定の実務

升田 純 著　　　　　　　　　　　　　　　　　（Ａ５判・511頁・定価 本体5000円＋税）

「財産分与」と「離婚時年金分割」の実務を柱に、基本知識や手続、ノウハウを解説！

Ｑ＆Ａ財産分与と離婚時年金分割の法律実務
―離婚相談の初動対応から裁判手続まで―

弁護士　小島妙子 著　　　　　　　　　　　　　（Ａ５判・234頁・定価 本体2800円＋税）

民事保全手続を手続の流れに沿って豊富な書式・記載例で確認でき、執務中の不意の疑問も解消！

簡裁民事ハンドブック④＜民事保全編＞

近藤 基 著　　　　　　　　　　　　　　　　　（Ａ５判・186頁・定価 本体2300円＋税）

各倒産手続の相互関係と手続選択の指針を明示し、実務上の重要論点について多数の判例を織り込み詳解！

倒産法実務大系

今中利昭 編集　四宮章夫・今泉純一・中井康之・野村剛司・赫 高規 著（Ａ５判・836頁・定価 本体9000円＋税）

売買・請負等、登記、物権・担保物権、賃貸借、区分所有、訴訟ほか不動産侵奪罪、被災不動産等最新のテーマに論究！

不動産法論点大系

澤野順彦 編　　　　　　　　　　　　　　　　（Ａ５判上製・711頁・定価 本体7600円＋税）

発行　民事法研究会

〒150-0013 東京都渋谷区恵比寿3-7-16
(営業) TEL 03-5798-7257　FAX 03-5798-7258
http://www.minjiho.com/　　info@minjiho.com

最新実務に役立つ実践的手引書

取引の仕組みから各法律の概要、法的論点と立証方法、カード会社の考え方など豊富な図・表・資料を基に詳解！

クレジットカード事件対応の実務
──仕組みから法律、紛争対応まで──

阿部高明 著　　　　　　　　　　　　　　　　（Ａ５判・470頁・定価 本体4500円＋税）

最新の問題に研究者が法理論を提示し、弁護士が実務現場での対応を解説！

先端消費者法問題研究
──研究と実務の交錯──

適格消費者団体 特定非営利活動法人 消費者市民ネットとうほく　編　（Ａ５判・270頁・定価 本体3400円＋税）

年金給付のために不可欠な関係法令・判例の解説から、実務上の留意点や必要関係書類の収集方法等まで解説！

法律家のための障害年金実務ハンドブック

日弁連高齢者・障害者権利支援センター　編　　　　（Ａ５判・388頁・定価 本体3800円＋税）

相談から裁判外交渉、訴訟での手続対応と責任論、損害論等の論点の分析を書式を織り込み解説！

事例に学ぶ損害賠償事件入門
──事件対応の思考と実務──

損害賠償事件研究会　編　　　　　　　　　　　（Ａ５判・394頁・定価 本体3600円＋税）

就業規則やガイドライン、予防策から事後対応、損害賠償請求まで、SNSの基本的知識も含めて解説！

ＳＮＳをめぐるトラブルと労務管理
──事前予防と事後対策・書式付き──

髙井・岡芹法律事務所　編　　　　　　　　　　（Ａ５判・257頁・定価 本体2800円＋税）

交渉から裁判手続、執行までの手続上の留意点や争点への戦略的アプローチを開示した実践的手引書！

実践　訴訟戦術［離婚事件編］
──弁護士はここで悩んでいる──

東京弁護士会春秋会　編　　　　　　　　　　　（Ａ５判・349頁・定価 本体3000円＋税）

発行　民事法研究会
〒150-0013 東京都渋谷区恵比寿3-7-16
（営業）TEL 03-5798-7257　FAX 03-5798-7258
http://www.minjiho.com/　　info@minjiho.com